KB134294

철학하는 삶

철학하는 삶

2021년 12월 10일 초판 1쇄 발행

지은이 　| 이정수
편집 　　| 이만옥
디자인 　| 달바다 design company
펴낸이 　| 이문수
펴낸곳 　| 바오출판사

등록 | 2004년 1월 9일 제313-2004-000004호
주소 | 서울시 마포구 신수동 448-6 한국출판콘텐츠센터 422-7호
전화 | 02)323-0518 / 문서전송 02)323-0590
전자우편 | baobooks@naver.com

ISBN 978-89-91428-34-8 03100

이 도서는 2021 경기도 우수출판물 제작지원사업 선정작입니다.

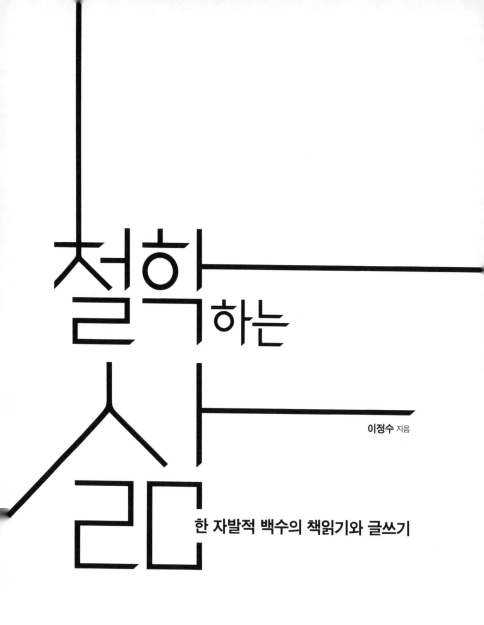

철학하는 삶

이정수 지음

한 자발적 백수의 책읽기와 글쓰기

1.

"사람들은 닭과 개를 잃어버리면 찾을 줄을 알면서도 마음을 잃어버리고는 찾을 줄을 모른다. 학문하는 방법은 다른 데서 찾는 것이 아니라, 자신의 잃어버린 마음을 찾는 것일 뿐이다."(맹자)

"젊을 때 철학하는 것을 주저해서는 안 되고, 또 나이가 들어서 철학하는 것을 게을리 해서는 안 된다. 자신의 영혼을 돌보는 일에는 이른 것도 늦은 것도 있을 수 없다."(에피쿠로스)

기원전 삼사 세기의 그 옛날에도 동서양 가릴 것 없이 대부분의 사람들은 자신의 마음을 잃어버린 채, 자신의 영혼을 돌보지 않고 바쁜 일상을 살았나 보다. 동양의 맹자는 사람들에게 잃어버린 마음을 찾으라 했고, 서양의 에피쿠로스는 사람들에게 영혼을 돌보라 했다. 굳이 마음 또는 영혼이라는 단어의 뜻을 깊이 헤아리지 않더라도 맑은 정신, 깨어 있는 정신으로 살아가라는 울림이 잔잔히 전해진다.

삶이란 예기치 못한 마주침 속에서 쉼 없이 새로운 길을 열어 가는 과정이다. 시간은 되돌릴 수 없기에, 마주침의 첫 느낌이 좋 든 싫든 각자는 그 속에서 다시 삶의 중심과 균형을 잡아 나가야 한 다. 그 길에는 늘 얼마간의 위험이 따르기 마련이고, 두려움과 용 기 사이에 줄다리기가 벌어진다. 두려움과 용기 사이의 미세한 차 이가 한 걸음 한 걸음의 방향을 결정한다. 지혜로운 사람이라면 그 발걸음이 조금 더 가벼울 것이다.

세상에는 우주와 자연, 인류에 대한 무수한 앎이 전해져온다. 하지만 어떤 앎이든 자신의 삶을 자유롭게 하거나 행복하게 하지 못한다면, 그 앎은 그저 장식용 교양, 레저용 교양에 머물고 만다. 철학함이란 것도 그렇다. 철학자나 혁명가가 아닌 일반인에게 유 의미한 '철학함'이란 '메타 과학'적 연구나 계급투쟁의 실천보다 는 "자신의 삶을 아름답고 훌륭한 작품으로 만드는 작업"(푸코)에 가깝다.

자신 또는 자신의 삶을 예술로 만드는 생산자, 작가 또는 예술 가는 자기 자신일 수밖에 없다. 따라서 철학함에는 늘 아름다움이 란, 훌륭함이란 어떤 것인지, 자신은 어떤 삶을 살고 싶은지, 무엇 이 되고 싶은지에 대한 물음이 따른다. 그 대답은 또한 매 순간 자 신의 삶의 양식, 라이프 스타일로 드러난다. 따라서 일반인의 철학 함이란 무엇을 먹고 어떤 활동으로 건강을 유지할지, 경제적 삶의 규모는 어느 정도로 할지, 누구와 우정을 맺고 무슨 일을 하며 일상 을 보낼지 등에 대해 자신의 기준을 세워나가는 일과 다르지 않다.

철학함이란 무엇보다 '좋은' 삶에 필요한 앎과 지혜를 추구하는 활동이다. 앎과 지혜를 통해 얻은 스스로의 깨달음은 외부의 시선으로부터 벗어나 자신에게 '진짜' 좋은 것이 무엇인지 돌아보게 하는 힘과 여유를 준다. 세상 모든 일이 그렇듯, 철학하는 삶도 어느 정도의 기본기와 노하우를 익혀갈수록 즐거움이 더해진다. 그런 점에서, 읽기와 쓰기는 철학하는 삶의 출발점이자 최고의 수련 방법이라 할 만하다.

읽기와 쓰기는 머리가 아니라 온몸으로 하는 활동이다. 읽기는 곧 듣기다. 독서란 저자의 말에 귀를 기울이는 것이다. 읽기는 글을 눈에 담는 동시에 귀로 들으며 마음속으로 따라 말하는 행위이다. 읽기는 자신의 삶 속에서 미처 알아채지 못했던 것 또는 자신이 경험해보지 못한 삶을 저자의 이야기를 들으며 배우는 과정이다. 쓰기는 자신에게, 나아가 타자에게 말 걸기다. 쓰기는 손으로 하는 말이다. 메모나 요약에서 독서일기나 한 편의 글에 이르기까지 모든 쓰기는 우선 자신을 향한 대화의 시도이다. 쓰기는 자신과의 대화에서 다듬어진 삶의 이야기를 누군가에게 전하고 그의 의견을 듣고자 하는 욕구의 표현이다.

읽기와 쓰기는 각자도생의 추구가 아니라 연대의 몸짓이며, 자신의 삶을 아름답고 멋진 작품으로 만들어가려는 자유인들의 삶의 방식이다. 읽기와 쓰기는, 일상적 대화에서라면 흩어지고 사라져버렸을 말과 사건, 깨달음을 글로 모아내고, 사람들 사이에서 그 내용을 지속적으로 변주하고 순환시키려는 훈련이자 놀이다. 그 과정을 통해 삶의 지혜는 하나둘 자신의 몸에 새겨지고, 그 깨달음을 얻고 나누는 기쁨은 철학하는 삶의 추동력이 된다. 그 길 위에 있는 사람들은 자신의 말과 글에 열린 마음으로 귀기울여주고 토론해주는 서로에게 늘 우정으로 보답하며 감사한다.

2.

누구에게나 한 번쯤은 지나온 삶을 돌아보고 앞으로의 새로운 인생에 대해 생각하게 되는 시간이 찾아온다. 내게는 오십대 초반, 자의반 타의반의 조금 이른 은퇴를 맞이한 시점이 그런 기회였다. 이십칠 년의 회사 생활을 접으면서 가보지 않은 길, 인생 후반을 '어떻게 살아가야 하는지'에 대해 조금은 진지한 자세로 고민하게 됐다.

　낯설지만 새로운 삶에 대한 희망과 '경력 단절'에 따른 경제적 두려움이 교차했다. 벌어둔 밑천에 기대어, 그야말로 '약간의' 용기를 내서 당분간 중년 백수의 자유를 누려보기로 했다. 그렇게 책을 친구 삼아 읽고 쓰면서 새로운 일상을 꾸리기 시작했고, 어렴풋이 생각했던 삼 년을 훌쩍 넘어 칠 년의 시간을 보내고 있다.

　나는 책을 좋아하고 지적 호기심도 많은 편이다. 그렇지만 학자나 작가가 아닌 일반인으로서 읽기와 쓰기를 삶의 일과로 삼는 데에는 적지 않은 시간과 시행착오가 따랐다. 일 년 정도 혼자 읽고 정리하는 시간을 보낸 후, 차츰 주변의 크고 작은 독서 모임이나 학당의 모습을 갖춘 배움 공간과 인연을 맺게 되었다. 그 과정에서 책 읽기는 신문 읽기의 습관에서 벗어나 조금씩 정밀해지면서 같은 책을 몇 번씩 되풀이해서 읽을 수도 있게 되었고, 서너 달에 한

번씩은 읽은 책들을 대상으로 글을 써보는 습관도 익히게 되었다. 자기개발서나 소설, 가벼운 인문학에서 시작된 읽기와 쓰기는 플라톤과 스피노자, 공맹과 노장의 철학으로 나가게 되었다.

그동안에 쓴 글들을 지금 다시 읽어보며, 여기저기서 논리적 비약이나 책 내용을 오해한 듯한 부분들을 마주하니 부끄러운 웃음을 머금게 된다. 그럼에도 나는 이 글들을 있는 그대로의 나의 사유 과정으로 받아들이려 한다. '읽고 쓰기'란 읽은 내용에 대한 그 시점에서의 이해와 지나간 삶, 당시의 관심사를 바탕으로 좌충우돌 자신의 문제의식을 벼려내고 사유를 전개하며 나름의 깨달음을 찾아가는 과정이라 생각하기 때문이다.

글쓰기는 학자나 작가의 특권이 아니다. 삶과 마찬가지로 우리의 읽고 쓰기에도 정답은 없으리라. 나는 그동안에 쓴 글들 속에서 책의 내용에 막히고 논리에 걸려 넘어지면서도 조금씩 읽고 쓰기에 재미를 더해가며 생각의 길을 내어온 자신을 발견한다.

낯 뜨겁고 모자란 글들을 지금 굳이 한 권의 책으로 묶어보려는 것은 육십의 나이를 눈앞에 두고 그동안의 공부 내용을 정리함으로써 작은 매듭이라도 하나 짓고, 그것을 계기로 앞으로의 공부에 대한 마음을 다잡아보려는 욕심 때문이다. 누구나 자신의 삶에서 건져 올린 나름의 깨달음이 있기 마련이다. 다소 과장을 해보자면, 읽고 쓰기를 통해 드러나는 한 개인의 삶의 경험은 그가 위치한 특정한 시공간에서 생겨난 '사람'의 이야기이자 '우주'의 한 조각 역사이다. 단 몇 줄이라도 그 과정에서 얻은 자신의 깨달음을 누군가와 교류할 수 있고 그것이 서로에게 작은 도움이라도 될 수 있다면 우리의 삶은 조금이나마 더 풍요로워질 것이라 믿는다.

현대인은 두 개의 뇌를 가지고 산다고 한다. 과학기술의 발전에 힘입어 우리는 각자의 손에 스마트폰이라는 또 하나의 뇌를 갖게 되었다. 새로운 두뇌는 타고난 두뇌가 수행하던 암기와 기억을 대신해줄 뿐 아니라 일상과 지식의 모든 궁금증을 실시간으로 해소해준다. 번거로운 일거리를 넘겨주고 한결 가벼워진, 우리의 타고난 두뇌는 이제 무슨 일을 하면 좋을까? 스마트폰이 할 수 없는 일, 자신의 삶을 아름답고 멋지게 가꾸고 그 속에서 존재의 의미와 깨달음을 찾아가는 활동이라면 어떨까? 그것이 자신의 삶 속에서 살아 숨 쉬는 읽기와 쓰기, 서로의 배움과 나눔이 된다면 더할 나위 없지 않을까?

이 나이에도 계속 읽고 쓸 수 있는 시간을 얻는다는 것은 한편으로는 세속적인 욕망과 어느 정도 거리를 두겠다는 개인적 의지의 표명이기도 하지만, 또 한편으로는 당분간은 경제적 쪼들림으로부터 벗어날 정도의 경제적 행운을 누리고 있다는 말이기도 하다. '나이 든 청춘'의 시간을 읽고 쓰며 살아갈 수 있도록 능력과 여건을 마련해준 내 삶 속의 모든 분들, 모든 인연들에 마음속 깊은 곳으로부터 감사의 마음을 전하고 싶다.

"고맙습니다!"

차례

나를 가로지르는 권력과 저항

정치적 이견과의 마주침

중년 은퇴자와 '노동 윤리'

정치사회의 변화와 개인적 삶

386세대 비판론과 운칠기삼運七技三의 미학

1부

어떻게
읽고
쓸 것인가

글쓰기,
내게 주는 선물

쉰넷 백수, 무엇을 하고 싶은가?

올해 쉰넷. "남자는 사십팔 세에 기운이 상부에서부터 쇠약해져 얼굴이 초췌해지고 머리카락이 희끗희끗해지며 오십육 세에는 간의 기운이 쇠약해져 근육을 움직일 수 없고 천계가 다 말라 정기가 줄어들며 육십사 세에는 치아와 머리카락이 다 빠지게 된다"는『동의보감』을 기준으로 하면 벌써 초겨울이 지난 나이요, 장수가 위험이 되어버린 '인생 백세 시대'를 기준으로 해도 후반전이 이미 시작된 나이다.

대체 이 나이에는 어떻게 살아야 잘 사는 것일까? 회사생활 이십칠 년. 첫 직장이자 지금은 마지막 직장이 되기를 간절히 바라고 있는 한 회사에서, 살아온 날의 꼭 절반을 월급쟁이로 보냈다. 그 대가로 향후 수년간의 자유시간이 내 앞에 놓여 있다. 이 자유시간, 해방공간에서 쉰넷 나는 무엇을 해야 하나? 하고 싶은 것이 무언가?

융은 말한다. 존재는 그 자체로 긍정되어야 하며, 우리가 살아가는 동안 마주할 어려움들, 그 질문들에 대한 답을 우리 안에 가지고 있다고. 이제까지 우리는 단지 우리 자신에게 묻지 않았기에, 우리로부터 답을 얻을 수 없었던 것뿐이다. 자기 삶의 주인이고자 한다면, 할 수 있는 것이 무엇인지가 아니라 하고 싶은 것이 무엇인지를 물어야 한다. 내가 무엇을 할 수 있는지는 내가 원하는 그 일을 행함으로써 자연스레 알게 된다.[1]

마흔 즈음에는 마흔 살이 자꾸 부록으로 들린다며 "삶의 목차는 끝났는데 부록처럼 남은 세월이 있어 덤으로 사는 기분이니 마음이 혹할 일 좀 있어야겠다"던 강윤후 시인의 위로에 '그래 멋진 별책부록이라도 한 번 만들어보자' 했다. 쉰이 다 되어서는, 지천명知天命이란 쉰 이후에 자기가 좋아하고 잘 할 수 있는 일을 알아내는 것이라고, 그래서 공자는 정치 그만두고 선생님이 되었을 거라고 내 멋대로 해석하면서 '나도 쉰이 될 때까지는 그런 일을 찾겠노라' 했다.

그런데 아직도 내가 좋아하는 일, 하고 싶은 일이 뭔지를 모르고 있으니 정말 내가 아는 내가 나의 전부가 아닌 것은 확실하다. 과연 나는 무슨 일이 하고 싶으며 누구와 더불어 지내고 싶고 삶에서 무슨 의미를 찾고 싶은 것일까? 융은 그 답이 내 안에 있다고 하는데, 내안에 있는 그 답을 어떻게 알아내야 하는 것일까?

---

1   신근영, 『칼 구스타프 융, 언제나 다시금 새로워지는 삶』, 북드라망, 2012, 8쪽.

하고 싶은 일을 하면서 사는 사람이 가장 행복한 사람이라고 한다. 한데 '하고 싶은 일'이란 또 무엇인가? 뭘까가 중요한 것이 아니고 뭐든 직접 하는 것이 중요한 것인가? 그렇다면 버킷 리스트를 작성하고 하나하나 차례대로 하면서 살면 되는 것인가? 암벽등반 한번 해보고, 드럼이나 대금 같은 악기 한번 배워보고, 산티아고나 히말라야 트레킹 한번 가고, 쿠스코나 이과수 폭포 여행도 다녀오고? 그때그때 하고 싶은 것 하고 살면 결국 평생 하고 싶은 것만 하고 산 셈이 되는 것인가? 하지만 그건 다 광고나 자본이 충동질한 것이지 자기가 진정 하고 싶어 한 것은 아닐지도 모른다면? 아! 어렵다.

그토록 바라던 자유시간. 일주일 휴가처럼 막혀 있는 시간이 아니라 내가 갈 수 있을 때까지는 열려 있는, 배고플 때까지는 가볼 수 있는 시간이다. 뭘 해야 할까? '나중 생각해서 지금 일자리 구할 여력 있을 때 더 벌어놓아야 한다'는 약간의 공포와 '나중 일은 그때 가서 보고 일단 아무 생각 말고 쉬엄쉬엄 새 길을 찾자'는 약간의 용기가 쉼 없이 줄다리기를 한다. 약간이다. 공포도 약간이고 용기도 약간. 앞일을 어찌 알겠는가? 몇 푼 벌어놓은 돈도 다 쓰지 못하고 가는 안타까운 인생도 있는 법이고, 궁즉통窮則通이라 쥐구멍에도 볕들 날은 있는 법이다.

사람들은 인생을 다음과 같은 방식으로 설계하게 된다. 현재를 어떤 미래를 위한 준비기간으로 만들자! 나중에 가서 과거를 후회하지 않도록 철저하게 목적을 갖고 현재를 꾸려나가

야 한다…. 프루스트는 이런 목적론적이고 준비론적인 시간
관에 갇혀 늙어가는 삶이야말로 허무하다고 생각했다.[2]

가끔 조간신문을 보다 밤새 마신 술이 확 깰 때가 있는데 저명
인사의 부고 기사에서 고인의 나이가 예순 전후임을 확인했을 때
다. 몇 년 전 예순넷에 고인이 된 소설가의 경우가 그랬고, 지난 이
월에 고인이 된 학교 동기인 어느 학교 선생의 경우에도 그랬다.
애도의 마음보다 "우물쭈물하다 내 이럴 줄 알았다"는 묘비명이 머
리를 내리치는 게 먼저다.

용기를 내자. 용기를 냈다. 내가 정말 하고 싶은 일이 무엇인
지 찾고 바닥부터 준비해서, 향후 이십 년 동안 그 일을 하면서 살
겠노라. 프루스트는 이런 목적론적이고 준비론적 삶이야말로 허무
하다고 하지만 나는 아직은 다른 출구를 모른다.

새로운 인연

나는 혼자서도 잘 논다. 책 읽기도 좋아하고 남산이나 한강변 걷기
도 좋아하고 요가나 백팔 배, 오금희 같은 운동도 좋아하고 우리 가
곡을 듣거나 그 가사를 시 읊듯 주절주절 웅얼거리는 것도 좋아한
다. 이런 소소한 것들은 회사 생활 내내 내 지친 심신을 달래준 공
신들이다. '하루 열두 시간'이라는 회사생활이 물러난 자리도 이

2   오선민, 『잃어버린 시간을 찾아서 : 한 작가의 배움과 수련』, 작은길, 2014, 78쪽.

소소한 일상들 덕분에 별 어려움 없이 지내고 있다. 다만 카메오가 주연자리를 꿰찼다고나 할까?

한두 시간 더 자고, 한두 시간 집안 일, 두세 시간 산책, 서너 시간 공부. 순서는 없고 기분 내키는 대로다. 가끔 친구들이 묻는다. "이제 안 지겨워?" 천만에다. 아직은 충분히 견딜 만하다. 문제는 하루하루의 일상이 아니라 지금껏 한 번도 겪어보지 못한 '수년간의' 자유시간이다. 서너 달도 아니고 삼사 년이니 그 긴 시간을 하루하루 일상으로만 헤쳐갈 수는 없는 노릇이고, 새로운 의미 부여와 계획이 필요하다. 혼자서도 잘 놀긴 하지만 혼자 놀기만으로 해결할 일도 아니다.

우선 첫 도전으로 사회적 경제 분야나 시민사회단체 같은 비영리 활동분야를 탐색해보기로 했다. 사회적 경제는 지나치게 돈 중심으로 치닫는 자본주의 기업형태를 비판하면서 그 대안으로 협동조합, 마을기업, 사회적 기업 같은 사람 중심의 협동경제를 모색하는 분야다. 책을 잔뜩 쌓아놓고 읽은 후, 새로운 사람들을 만나보기로 했다. 이 나이에 더구나 백수의 신분으로 기존의 인간관계를 벗어나 새로운 사람들을 만나는 것은 생각보다 큰 용기를 필요로 했다. 이것도 그냥 아무생각 없이 부딪혀보기로 했다. 삼 개월 동안 서울시의 사회공헌 아카데미, 희망제작소의 시니어 엔피오NPO 학교, 사회적 기업 에듀머니의 금융복지상담사 교육을 받으면서, 삼십대 전후 청년부터 띠 동갑 형님, 누님까지 두루 만났다.

하지만 대부분 나름대로 자신의 일이 있기도 했고, 나이 먹고 사회에서 새로 만난 사람들이 금방 무슨 일을 도모할 수 있는 것도 아니었다. 다만 보고 듣기만 해도 가슴 푸근한 일들이 생각보다 많이 있다는 것을 알았고, 몇몇 청년들과는 격주로 모임을 계속 하고 있다. 아직 더 많은 시간이 필요한 일이다. 여전히 고민이 남는다. 사회적 경제, 비영리 활동. 이 일들은 정말 내가 하고 싶은 일일까, 아니면 해야 하는 아니, 해야만 할 것 같은 일일까?

사회적 경제가 내게 '다산茶山'으로 가는 도전이라면 인문학 읽기는 내게 '연암燕巖'으로 가는 도전이다. 인문학 읽기와 인연을 맺게 된 것은 『낭송전습록』이라는 책 덕분이다. 신문의 한 칼럼을 보고 구한 책이었는데 양명학에 대한 관심이 있기도 했지만 낭송이라는 말이 더 신선하게 다가왔다. 매일 한두 시간씩 낭송하면서 한 달 사이에 책을 세 번이나 읽게 되었다. 나는 구상은 많지만 시도는 잘 하지 않는 편이고 대체로 계획적이지만 일상에서는 다분히 즉흥적이기도 하다. 망설임 끝에 나는 한 배움의 기회를 접했고, 거기에 참여하게 되었다. 다행히 그동안의 과정을 통해 '매일 볼 책과 쓸 글이 있다는 것만으로도 공부는 구원'이라는 가르침을 몸소 느끼고 있다. 쓸 데 없는 고민 줄고 음주량도 줄고. 아무도 강요하지 않은 곳에 내 발로 왔으니 공부도 내 스스로 만족할 만큼 할 요량이다.

내게 주는 선물, 글쓰기

미친 반 고흐는 미치지 않기 위해 그림을 그린다. 우울한 버지니아 울프는 우울함을 치유하기 위해 글을 쓴다. 그리고 이옥李鈺. 버림

받은 이옥은 사물들과 공감하고 사물들 속에서 자신을 잊기 위해 글을 쓴다. 한 줌의 세속적 욕망과 결별하기 위해 글을 쓴다.[3]

그럼 나는? 작가도 학자도 아닌 나는 왜 글을 쓰는가? 미치지도, 우울하지도, 버림받지도 않은 나는 왜 글을 쓰는가? 스스로에게 툭 던져진 질문 앞에 마땅한 대답이 떠오르지 않는다. '왜?'라는 의미는 뭘까? '쓰는가?'는 '쓰고 싶은가?' 또는 '쓰려고 하는가?'와는 다른 것인가? 한 마디 상큼한 내 나름의 단답이라도 있어야 마음도 편해지고 구상이라도 해볼 수 있을 것 같았다. 혹시 그동안 읽었던 책이나 메모 속에 실마리가 있을까? 글쓰기를 직접 언급한 부분들을 주루룩 베껴놓고 오르락내리락 훑어보고 되새겨보고 다시 써보고 하다 보니 끌리는 문장이 하나 있다.

"자신에게 주는 선물로서의 글."

다시 생각했다. 선물이니 좋은 것이란 얘기인데 글이, 글쓰기가 선물이 될 수 있는 이유는 뭘까? '내 삶을 돌아보게 할 수 있어서?' 그럴듯하긴 한데 내가 '지금' 글을 쓰는 이유가 내 삶을 돌아보기 위한 것인가? 그건 또 아닌 것 같다. 물론 글을 쓰다보면 삶을 되짚어보기도 하겠지만 왠지 뒷맛이 남는다.

나한테 선물이라는 걸 줘본 적은 있었던가? 이번에 아주 긴 자

---

3   채운, 『글쓰기와 반시대성, 이옥을 읽는다』, 북드라망, 2013, 307쪽.

유시간을 선사했으니 이건 분명 선물이 맞으리라. 곰곰 더듬어보니 오래 전 나한테 준 선물이 딱 하나 있다. 오금희五禽戱! 나는 오금희라는 운동을 할 줄 안다. 오금희는 중국 한나라 시대 명의였던 화타가 고대의 도인술導引術을 집약해서 만든 운동이다. 사슴, 곰, 원숭이, 학, 닭, 호랑이 같은 동물들의 동작을 흉내 내서 만들었는데, 그 명칭에서 알 수 있듯이 태극권과 같은 '권' 그러니까 무술이 아니라 '희' 즉 양생養生을 위한 '놀이'다. 내가 배운 오금희는 춤사위 같은 동작 여든 네 가지로 이루어져 있는데 한 번 하는 데 삼십오 분 정도 걸린다.

내가 오금희를 배우기 시작한 것은 십이 년 전이다. 매주 토요일마다 두 동작씩 이 년 남짓 익혔다. 그리고 혼자 할 수 있게 되었고 그 후 지금까지 일상적으로 즐기고 있다. 나한테 오금희를 가르쳐주었던 분이 이런 말을 했었다. "이 운동을 다 배우고 나면 평생 지닐 보물을 한 가지 갖게 될 겁니다." 그랬다. 그렇게 난 오금희를 나한테 선물로 주었었다. 다른 사람의 운동을 보는 게 아니라 내가 직접 할 수 있는 능력.

글쓰기는 아무짝에도 써먹지 못하는 무용한 일이 아닐까? … 일상은 어떤 목적이나 쓸모를 위해 움직이지 않는다. 하지만 그렇다고 우리가 아무것도 안 하고 사는 것은 아니다. 글쓰기든 노동이든 내가 하는 일들은 모두 나의 역량을 표현한다. 이 장인-되기야말로 우리에게 필요한 도주선이다. 무엇을 하느냐를 고민하기보다도, 무슨 일을 하든 그 일을 통해 나의 역량

을 끌어내야 한다. 글쓰기가 무엇을 할 수 있을까? … 쓸모는
어떤 역량을 끌어내느냐에 따라 늘 다시 발명된다.[4]

글쓰기는 나에게 무용하지 않은 하나의 선물로 다가왔다. 나
스스로 글을 쓸 수 있는 능력으로. 오금희의 첫 동작은 녹참원조鹿
站遠眺, 사슴이 먼 곳을 바라보는 동작이다. 십이 년 전 그 동작을 처
음 배울 때처럼 나는 지금 글쓰기의 첫 동작을 하고 있다. 아니, '읽
는다는 것이 쓰기 시작하는 것'이라면 나는 벌써 몇 가지 동작을 익
힌 셈이다. '기쁨은 무언가를 함으로써 얻어지는 결과가 아니라 무
언가를 한다는 것 자체가 이미 기쁨'이라지만 나는 하나하나 배우
고 익히는 기쁨뿐만 아니라 어설프지만 내 스스로 글쓰기를 즐길
수 있을 그날의 기쁨까지 맛보고 싶다.

오금희가 건강한 몸을 주듯 글쓰기는 내게 건강한 마음을 줄
것이다. 역량만 충분히 끌어낼 수 있다면 내가 하고 싶은 일을 찾
아나가는 길잡이가 될 수도 있을 것이고, 어쩌면 내가 하고 싶은 일
이 글쓰기가 되어버릴지도 모를 일이다.

글쓰기 첫 동작 :
'더불어 사람, 더불어 자연', 그 '사이' 또 '사이'

필레몬과 또 다른 환상의 형상들을 통해 나는 인간의 마음속

---

[4]　김해완, 『리좀, 나의 삶 나의 글』, 북드라망, 2014, 198~200쪽.

에 내가 만드는 것이 아니라 스스로 만들어지는, 자신만의 고유한 삶을 지닌 것이 존재한다는 사실을 분명히 알게 되었다. 필레몬은 내가 아닌 다른 힘을 나타내고 있었다…. 내가 나의 생각을 만들어내는 것같이 보이지만 그(필레몬)의 견해로는 그 생각들이 숲속의 짐승이나 방 안에 있는 사람, 공중의 새처럼 자신만의 고유한 삶을 지니고 있다고 했다.[5]

생각들은 자신만의 고유한 삶을 지니고 있다. 삼십 년 전쯤 대학시절의 일이다. 늦봄이나 이른 여름이었을까 학교로 가던 버스가 여의도 광장에 잠시 멈춰 섰다. 사람들이 버스를 내려 좌우로 퍼져나갔고 나는 차창에 기대어 무심코 그 모습을 보고 있었다. 그런데 차에서 내린 그 사람들이 멀어져가면서 마치 개미처럼 보이더니, 나 자신은 거인이 된 듯 부풀어 오르기 시작했다. 그다음에는 다시 내가 개미처럼 작아지면서 내 뒤로 산더미 같은 그림자가 덮쳐왔다. 내가 차창 밖의 사람들을 개미로 보고 있는 것처럼 무언가 나를 개미처럼 바라보는 시선이 다가왔다. 묘한 기분이었지만 정신은 몽롱하듯 맑아지는 느낌이었다. 나는 태어나 처음으로 내 몸 안의 세포가 나를 인식하지 못하지만 나의 한 부분이듯, 나도 내가 알지 못하는 무언가의 한 부분일 수도 있겠다는 생각과 함께 이

5   칼 융, 『기억 꿈 사상』, A. 야페 편집, 조성기 옮김, 김영사, 2007, 335~336쪽, 신근영, 같은 책, 176쪽에서 재인용.

세상 모든 것이 하나라는 생각에 사로잡혔다. 그날 어쩌면 무의식이 나를 찾아온 것은 아닐까?

'더불어 사람, 더불어 자연' 이 말은 무의식이 내게 전해준 안개 같은 메시지를 젊은 시절의 내 의식이 겨우 붙잡은 표현이다. 이 세상 모든 것이 하나로 연결되어 있다는 생각은 나에게 수시로 '사람들과 더불어 공감하며 살고 있는지, 자연과 더불어 공명하며 살고 있는지' 묻는다. 하지만 나는 여전히 미로에 갇혀 있다. 자연과 일체감을 느끼는 삶은 마음을 편안하고 푸근하게 하지만 늘 공자 말씀에 뒷덜미를 잡힌다. "사람을 떠나서 짐승들과는 어울려 살수 없는 법이다. 내가 세상의 사람들과 함께 하지 않고 누구와 함께 하겠는가? 천하에 도가 있다면 내가 너희들과 함께 세상을 바꾸려 하지도 않았을 것이다." 하여 '더불어 사람'으로 돌아오면 이번에는 선악이분법과 상대주의라는 돌부리에 걸린다. 어렵다. 이 길도 어렵고 저 길도 어렵고 그 사이도 어렵다.

읽고 쓰기 공부에 힘입어 이 미로를 벗어나고 싶다. "진리란 매 순간 구성되는 것이다. 오직 그뿐이다. 그러니 사람에 따라 시공간적 조건에 따라 늘 새롭게 변주될 수밖에"라는 가르침도 좇아가보고, "선도 없고 악도 없는 것이 마음의 본체이다. 선도 있고 악도 있는 것은 뜻이 움직인 것이다"라는 알듯 말듯한 가르침도 따라가볼 것이다. 한 동작 한 동작 배우고 익혀서 공부와 글쓰기를 즐길 수 있게 되면 꼭 '더불어 사람, 더불어 자연'을 주제로 글을 써보고 싶다. 일상이 빚어내는 수많은 변주들을 붙잡아 저 앙상한 표현을 풍성하게 하고 싶다.

공부,
새로운 질문 만들기

한 걸음도 더 나가지 못한 공부

사람을 먹고 싶은데도 잡아먹힐 것이 무서워 하나같이 의심에 찬 눈초리로 서로의 낯짝을 훔쳐보는 형국이라니…. 이런 심보를 지우고 마음 놓고 일을 하고 길을 걷고 밥을 먹고 잠을 잘 수 있다면 얼마나 편할까? 그저 문지방 하나, 고비 하나만 넘으면 되는데…. 죽어도 이 한 걸음을 내딛으려 하질 않으니…. "한 걸음 방향을 틀기만 해도, 즉각 고치기만 해도, 모두 태평해질 수 있습니다. 예부터 그래왔다고는 하지만, 우리 오늘이라도 그냥 단번에 착해질 수 있습니다"…. "너흰 고칠 수 있어. 진심으로 고쳐먹으라구!"[1]

---

1   루쉰, 「광인일기」, 『외침』, 공상철 옮김, 그린비, 2011, 27~30쪽.

루쉰魯迅의 광인은 삼십여 년의 미몽에서 깨어나 "만사는 모름지기 따져봐야 아는 법"이라며 "예전부터 그래왔다면 옳은 거야?"라고 묻는다. 그러고는 그저 문지방 하나, 고비 하나만 넘으라고, 한 걸음만 방향을 바꾸라고 외친다. 한 걸음! 자기가 할 수 있는 최대한에서 한 걸음 더 내딛지 못한다면 공부 또한 진전이 없을 것이다. 글을 써보려고 이리저리 몸부림치는 와중에 문득 "아! 아직 정말 한 걸음도 더 못나갔구나" 하는 깨달음이 왔다.

이런 식으로 사유의 길을 열어보려 했다. 십구 세기 중반, 즉 천팔백사십 년~육십 년대에 걸쳐 서구제국이 동아시아 삼국에 대해 개방을 요구한 이후 각국은 내부적으로 개방과 쇄국, 동도서기東道西器 같은 응용을 둘러싸고 격렬한 대립이 있었다. 일본은 메이지明治 유신으로 제국의 대열로 들어섰고, 중국은 반식민지, 한국은 식민지로 전락했다. 작가들은 이런 시대적 격동 속에서 신지식을 접했으며 유학 과정에서 '환등기 사건' 같은 계기를 통해 중대한 전환을 했다.

국가와 개인의 경험 차이는 서로 다른 색깔의 작품으로 나타났다. 각자 서 있던 위치의 차이로 인해 이광수는 '배워서 가르치기'로, 루쉰은 '따져 묻기'로 계몽을 했고, 나쓰메 소세키夏目漱石는 비주류의 시선으로 서구근대와 부딪쳤다. '압축근대'를 경험한 지금의 우리는 배우고, 따져 물어서 근대를 완성하는 동시에 근대를 넘어서야 하니 세 사람의 관점이 모두 시사 하는 바가 있다. '새로움'이란 타자로부터 오는 것이 아니라 '어제와 차이를 만들어내는 오늘의 나'로부터 나오는 것이니 초고속 근대의 시공간 속에서 나만의 삶과 리듬과 속도를 찾아내야 할 것이다, 등등.

그 와중에 문득 '진부함이란 이런 것이구나. 한 걸음도 더 못 나간다는 게 이런 것이구나' 하는 느낌이 밀려들었다. 그래서 생각 끝에 원래 구상했던 글쓰기를 포기하고 '왜 내 공부가 한 걸음도 더 나가지 못하게 되었는지' 그 원인을 찾아보기로 했다. 공부를 게을리 한 것은 아니다. 읽고 필사하고 암송하고. 그런데 딱 거기까지! 자유로운 시간 덕분에 긴장감 없이 최선을 다 하지 않아서 그런가? No! '최선'이란 말은 이럴 때 쓰는 게 아니란 걸 금방 알았다. 그냥 지금 내가 하고 있는 수준이 현재 나의 '최선'인 거다.

문제는 거기서 방향을 틀어 한 걸음 더 내딛는 일일 터. 삶을 바꾸는 공부를 한 게 아니고 여전히 지적 호기심에 기반 한 공부를 해왔던 것이리라. 질문을 만들어내는 공부가 아니라 주어진 답을 찾는 공부, 좀처럼 질문하지 않는 공부. 책을 들었다면 죽이든 밥이든 하나라도 '새로운 질문을 만들어내는' 공부를 해야 한다.

텍스트 주위를 맴돌다 길을 잃다

책은 또 다른 책을 부른다. 고미숙의 『계몽의 시대』를 읽다가 근대화 시기 동아시아 삼국의 대표적 소설로 이어졌다. 이광수의 『무정』, 루쉰의 『외침』, 나쓰메 소세키의 『나는 고양이로소이다』를 읽어보기로 했다. 사실 평소에는 소설책을 거의 읽지 않는다. 참으로 오랜만에 읽는 소설이었다. '안 읽히면 어쩌나' 하는 걱정도 있었지만 두께를 고려하면 생각보다 잘 읽혔고 재미도 쏠쏠했다. 약간의 욕심도 있었다. 여름에 책 정리를 하던 중에 '탈식민화 논쟁'에 관한 오래된 책이 몇 권 눈에 들어왔다. 내용은 별로 기억나지 않았지만 식민지적 근대성, 대안적 근대성과 같은 주제는 여전히 흥미로웠다. 마침 동아시아 근대소설을 읽는 과정이니 소설과 함께 그와 관련된 책도 읽어보면 어떨까 하는 생각이 들었다.

우선 동아시아 근대사와 작품을 쓰기까지 작가의 삶이 궁금했다. 소설하면 늘 배워온 대로 시대적 배경 뭐 그런 것에 대한 궁금증이다. 특히 이광수의 친일논란과 관련해 그의 젊은 시절과 『무정』을 쓰게 된 배경을 알고 싶었다. 다락방에서 빛바랜 역사책을 뒤져 근대사의 주요 내용들을 읽어보고 인터넷 검색을 통해 이광수를 살펴봤다.

처음 동경에 유학을 갈 때에는 세계에 이름난 사람이 되리라는 막연한 생각밖에 없었다. 십사세의 소년일뿐더러 그때 조선에는 이러한 소년에게 무슨 구체적인 야심을 줄만한 자극이 없었기 때문이다…. 그러나 내가 동경 가서 일 년이 못되어서 일진회의 합방선언서를 보고, 그런지 얼마 아니하여 을사보호조약이 성립되고, 동경의 한국 공사관이 없어지매 우리의 야심은 방향을 변할 수밖에 없어서 매우 음울하고 잠행적인 야심을 가지게 되었으니 그것이 곧 문장과 교육으로 동포를 깨우치자는 것이었다. 내가 오산학교에 간 것은 아마 그러

한 동기였을 것이다.[2]

이광수는 오산학교에서 사 년 정도 교사생활을 했으나 "톨스토이를 선전하는 이단자"라는 이유로 동료교사들과 학생들로부터 배척을 받고 사직한 후 다시 일본으로 간다. 『무정』의 주인공 경성학교 영어교사 이형식은 이광수 자신의 삶을 여과 없이 그대로 보여주는 것 같다. 또한 적어도 『무정』은 그의 친일논란으로부터 자유로운 작품이라는 생각이 들었다.

근대문학에 대한 호기심에 가라타니 고진柄谷行人의 『일본 근대문학의 기원』을 읽었으나 문학 소년으로 일찍이 문학을 마감한 내게는 몹시 버거운 책이었다. 다만 소세키가 '좌국사한左國史漢' 얘기를 했다고 해서 "그가 영문학에 불만을 품고 있었고 한문학을 더 좋아했다는 결론을 이끌어내서는 안 되며 그는 영문학 전체에 속았다고 느낀 것이 아니라 근대문학으로서의 영문학에 속았다고 느낀 것이다. 그의 위화감은 영문학과 한문학, 서양문학과 일본문학이라는 대립과는 무관하다"는 고진의 지적은 책을 읽으면서 가볍게 지나쳤던 부분을 조금 더 숙고하게 해주었다.

『외침』을 읽다가 "창문 없는 철방"을 접하니까 이번엔 리영희 선생의 글들이 보고 싶어졌다. 그가 칼럼에서 루쉰에 대해 자주 언급한 것이 기억났고 글 분위기도 매우 유사하다는 느낌이 들었다.

---

2   이광수, 『이광수 전집』, 삼중당, 1962, 김도흠, 「이광수 소설에 투영된 근대적 주체의 염원과 식민지 근대성에 관한 연구」, 『사회연구』 통권14(2007.2), 111쪽에서 재인용.

리영희 선생은 「영원한 스승, 노신」(1992.6)이라는 글에서 "내가 평론문장 쓰기에서 언제나 명심하는 교훈은 노신이 광명 속에 앉아서 암흑을 시비하는 것이 아니라 스스로 암흑 속에서 암흑을 대상화한 태도다. 나도 그에 따라서 우리 사회의 그 현실 상황에서 값싼 동정으로 미래의 행복을 민중의 눈앞에 들어 보이는 대신 얼룩진 민중의 못남을 가혹하리만큼 밝혀 보이면서 그들과 함께 울고 웃고 괴로워하고 몸부림치는 삶을 따르고자 했다"고 쓰고 있다. 루쉰이 『외침』에서 보여주는 분위기도 과연 그런 것이다.

이처럼 나는 텍스트 속으로 들어가 그곳에 머물면서 집중하는 대신 많은 시간 텍스트 주변을 맴돌았다. 생각해보니 한 걸음 더 나갈 생각은 않고 제자리에서 높이뛰기만 열심히 한 셈이다. 뛸 때의 기분은 그런대로 상쾌했으나 내려보니 제자리! 한 걸음 더 나가기 위해서는 현장인 텍스트 속에 뿌리를 먼저 내려야 했다. 기초는 부실한 상태에서 욕심만 앞섰다. 『무정』의 주인공들이 보여주는 근대를 향한 조급한 마음처럼 근대성을 탐구하는 나의 공부 역시 조급함을 벗어나지 못했다.

습관적 사유에 부딪히다

나는 평소 「반야심경」 정도 분량의 글을 '암송하고 까먹고'를 되풀이하는 취미가 있는데. 이것을 다른 책 읽기에도 적용해보는 중이다. 나는 자유로운 시간을 무기로 꽤나 열심히 암송을 한다. 텍스트를 일독하고 우선 암송할 글을 선택한다. 그리고는 한동안 길거리나 전철에서 중얼중얼 부지런히 외우고 집에서는 소리 내서 확인해본다. 처음보다는 긴장감과 열정이 다소 떨어지긴 했지만 차츰차츰 '암송하는 신체'로 변화하고 있는 중이다. 그런데 나는 어떤 기준과 느낌으로 암송 글을 선택하고 있을까? 일단 느낌 좋고 도전할 만한 문장을 고르기는 하지만 혹시 선택 과정에서 작동하는 나의 무의식이나 욕망 같은 게 있는 것은 아닐까?

그동안 내가 암송한 글을 전체적으로 보니 눈에 띄는 부분이 있었다. 첫째는 공부하는 백수로 지내는 현재의 삶과 연결되는 것이다. 회사라는 집단 속에서 지내던 것과 달리 혼자 생활하다보니 나만의 삶의 기준이나 태도를 만들어갈 필요성이 생긴다. 그래서 그런 쪽으로 영감을 주는 문장을 선택한다. 둘째는 기존에 알고 있던 내 상식에 의문을 던져주는 글이다. 조금 '낯선' 글이라고나 할까. 셋째는 예전의 학습과 삶을 통해 내 속에 형성된 가치, 주로 사회제도에 대한 비판적 인식과 관련되는 글이다. 암송 글들로 어떤 글쓰기를 하려 했는지 되돌아본다.

바라기는, 저들이 더 이상 나처럼 되지 말기를, 또 모두에게 틈이 생기지 않기를…. 그렇다고 또 저들이 의기투합한답시고 나처럼 고통에 뒤척이며 살아가진 말기를, 또 룬투처럼 고통에 시달리며 살아가진 말기를…. 저들은 새로운 삶을 가져야 한다…. 희망이라는 것에 생각이 미치자 덜컥 겁이 나기 시작했다…. 지금 내가 말하는 희망이라는 것도 나 자신이 만들어낸 우상이 아닐까? … 생각해보니 희망이란 본시 있다고도 없다고도 할 수 없는 거였다. 이는 마치 땅 위의 길과 같은 것이다. 본시 땅 위엔 길이 없다. 다니는 사람이 많다 보면 거기가 곧 길이 되는 것이다.[3]

계몽의 특성상 미래는 언제나 새롭고 희망적이며, '희망'이라는 말은 우리에게 늘 밝고 좋은 이미지로 다가온다. 그런데 루쉰은 그저 담담하게 오히려 회의적이다 싶을 정도로 '희망'에 대한 이야기를 한다. 이 부분이 낯설게 다가와서 암송 글로 선택했다. 물론 시적인 아름다움도 있었지만. 루쉰의 글에서 미래에 대한 희망은 좌절로 귀결된다.

「약」에서 화라오솬은 폐병을 앓는 아들을 살릴 희망으로 '사람 피 먹인 찐빵'을 구해 먹이지만 그는 죽고 만다. 「내일」에서도 산씨댁이 아이를 살릴 희망에 의원으로 약방으로 동분서주하지만 아이는 끝내 죽는다. 「흰 빛」에서 천스청은 현시 합격의 희망으로 계속 응시하지만 열여섯 번의 실패 끝에 죽고, 아큐도 죽는다. 무지와 미신, 타성으로는 희망을 기대하지 말라고 냉정히 말하는 듯하다. 나는 이 부분을 『무정』의 마지막 부분, 형식 일행이 유학을 떠난 지 사 년 후, 발전하는 조선의 모습을 묘사한 '낙관'과 대비해보고 싶었다. 그는 나라를 잃어버리고 좌절한 민족에게 '그래도 꿈은 있다, 미래는 있다, 그러니 힘내라'고 격려하고 싶었던 것일까?

---

3   루쉰, 「고향」, 같은 책, 100~101쪽.

하늘은 만물을 덮기 위해 대지는 만물을 싣기 위해 생겨난 것
이다⋯. 그런데 이 하늘과 대지를 만들어내기 위해 그들 인류
가 얼마만큼의 노력을 했는가? ⋯ 자신이 만들지 않은 것을 자
신의 소유로 정하는 법은 없으리라⋯. 이 드넓은 대지에 빈틈
없이 울타리를 치고 말뚝을 세워 누구누구의 소유지로 구획하
는 것은, 마치 창공에 새끼줄을 치고 여기는 나의 하늘, 저기는
그의 하늘이라고 신고하는 것이나 마찬가지다. 만일 토지를 잘
라내어 한 평에 얼마를 받고 소유권을 매매한다면, 우리가 호
흡하는 공기를 한 삼십 세제곱미터로 나누어 팔아도 된다는 말
이 된다. 그러나 공기는 나누어 팔 수 없고 하늘에 새끼줄을 치
는 일이 불가능하다면 토지의 사유 역시 불합리하지 않은가.[4]

근대는 자본주의 사회이고 그 핵심 원리는 사적 소유다. 그런
데 소세키는 대지를 만들어내는 데 아무런 공헌도 하지 않은 인류
가 토지를 사유하고 매매한다는 건 불합리한 거 아니냐고 비꼰다.
이념과잉 시대에 청춘을 보낸 나는 자본주의 제도를 비판하는 계
열의 단어에 민감하다. 그런 이유로 이 부분을 암송하기로 했다.
이 부분을 더 많은 "전등과 전보기계와 전화기계, 석탄연기와 쇠망
치 소리"를 원하는 『무정』과 대조하고자 했다. 가네다 일행의 금력
과 정신승리법으로도 이길 수 없는 '아큐의 생계문제'를 비교해보
고 싶었다. 루쉰은 「아큐정전」에서 "아무도 그에게 일을 시키지 않

---

4   나쓰메 소세키, 『나는 고양이로소이다』, 송태욱 옮김, 현암사, 2015, 186~187쪽.

는 건 좀 심각했다. 이건 그의 배를 곯게 만드는 일이었다. 이것만은 정말 '씨팔' 할 일이었다"라고 묘사한다.

또 교원의 밀린 급료를 소재로 다룬 「단오절」의 주인공은 이렇게 말한다. "거 보라고. 교원이 봉급을 요구하는 게 비루한 거냐구. 저들은 사람이면 밥을 먹어야 하고 밥은 쌀로 지어야 하고 쌀은 돈으로 사야 한다는 멀쩡한 사실조차 모르는 모양이야." 이런 장면들 속에서 당시 사람들의 '돈'에 대한 인식을 비교해보고자 했다.

> 코드화된 방향을 벗어나 새로운 리듬을 만드는 것, 삶과 지식의 새로운 배치를 구성하고 상상력의 새로운 지평을 열고 이질적인 집단들의 네트워크를 만들 때 속도, 균질화, 화폐의 삼중주는 깨어진다. 매번 새로운 악센트가 부여되는 순간속도를 만들어낼 때, 계산과 화폐의 법칙으로 포획 불가능한 강렬도를 만들어낼 때, 그때 비로소 속도의 파시즘은 무력해진다. 다음 느림의 또 다른 표상은 자기속도를 지니는 것이다. 순간속도가 강렬도의 문제라면 자기속도는 이질성과 관련된 사항이다. 노마드의 여정에는 목적지가 없다. 아니, 여정 그 자체가 목적이라고 해야 맞다. 따라서 그는 여정마다에서 마주치는 온갖 대상들과의 능동적 접속을 시도한다. 속도의 파시즘으로부터의 탈주는 이처럼 시간의 내부에 이질적인 외부를 얼마나 구성할 수 있느냐에 달려 있다.[5]

---

5   고미숙, 『계몽의 시대』, 북드라망, 2014, 72~73쪽.

삶의 입장, 자세, 태도를 일깨우는 글은 언제나 암송의 대상이다. 인기를 끌면 관객 천만쯤은 순식간에 동원하는 영화와, 백만 부쯤은 거뜬히 넘어서는 책들이 적지 않다. 그 미친 열광과 미친 질주에 놀라지 않을 수 없다. 이런 光速, 狂速의 시대에 자기속도를 찾고 유지한다는 것은 어떤 것일까? 나는 '새로움'이란 단어로 이 부분과 이광수가 말하는 "새 조선, 신문명화한 신조선" 그리고 루쉰이 말하는 "새로운 삶"에 대해 생각해보고 싶었다. 자기를 "조선의 가장 진보한 사상을 가진 선각자"로 자신하며 "언제나 동포들을 자기만큼이나 가르치는가 하는 선각자의 책임을 깨닫고" 있는 이형식과 "자신도 모르는 사이 누이동생의 살점 몇 점을 먹지 않았노라 장담할 수 없다"는 광인과 "이웃한 지역으로 가야 하는데 산이 가로막고 있다면 산을 무너뜨리겠다는 생각을 하는 대신 이웃한 지역으로 가지 않아도 될 궁리를 하는" 소세키의 '소극주의'를 비교해보고 싶었다. 또 육조대사의 "미혹하면 부처가 중생이요 깨달으면 중생이 부처"란 게송과 함께 '앞선 자와 뒤쳐진 자'에 대해 생각해보고자 했다.

이런 복잡한 구상을 하는 와중에 갑자기 밀려드는 '진부함'이란 느낌에 압도되어 나는 더 이상 고민을 밀고 나가지 못했다. 대신 내가 글을 구성하려는 방식, 그 알고리즘에 대해 생각했다. 현재 나한테 있는 알고리즘은 어떤 것이며, 그것이 외부로 나가는 통로는 어디인지 찾아보기로. 루쉰처럼 끝까지 따져 물어 글을 완수하는 대신 이번엔 작전상 소세키로 후퇴!

'질문 만들기'로 도전하는 공부

이번 글을 쓰면서 마치 오랜 습관처럼 숙제하듯 글을 쓰고 있다는 느낌을 강하게 받았다. 무슨 글을 쓰든 구성은 비슷하게 정해져 있고 그때그때 텍스트에서 만만한 자료들을 찾아 끼워 맞추는 식이다. 그러니 결론도 대개 비슷한 모양으로 나온다. 일차적으로는 텍스트에 집중하지 못하니 텍스트 내의 자료들이 어울려 만들어내는 새로운 의미를 찾아내지 못하고, 암송 글과 마찬가지로 인용문을 찾을 때도 관성적으로 익숙한 것들에 기대는 데는 그만한 이유가 있을 것이다. 하지만 더 근본적인 원인은 새로운 구성을 만들기 위한 질문, 문제의식, 가설을 만드는 노력이 부족하다는 데 있다. 생각건대 텍스트의 자료들로부터 글의 구성이 살아나와야지 그 역이 되어서는 안 될 일이다.

나는 일상생활에서 좀처럼 질문을 하지 않는다. 학교 다닐 때나 회사에 다닐 때도 수업이나 강의를 들으면서 질문을 해본 적이 거의 없다. 물론 나뿐 아니라 상당수의 한국 사람들이 그렇다. 심지어 다른 사람이 질문하면 공연히 시간 끈다며 인상을 쓰기도 하니 말이다. 회사에 다닐 때 가끔 저명인사 초청 강연회를 기획하게 되면, 가장 어려운 일 중 하나가 질문자를 사전 조직하는 것이다. '제발 질문 좀 해달라'고 내용까지 미리 만들어 전달해도 막상 질문은 쉽게 나오지 않았다.

한 사회혁신투자회사의 대표는 유학 시절 대학원 첫 학기의 성적이 실망스럽게 나오자 스스로에게 변화를 주기 위해 '수업시

간에 첫 번째로 질문하기'라는 목표를 세웠다고 한다. 그렇게 일
년 이상 '작은 질문'을 한 결과, 그는 유엔 사무총장의 한국 공개특
강에서 칠백여 명의 청중 가운데 첫 질문의 기회를 얻었고, 이번에
는 '큰 질문'을 하게 되었다고 한다. 그 정도까지 할 열정은 아직 없
지만 어쨌든 나도 책을 읽는 동안 꾸준히 질문을 만들어보리라 다
짐한다. 자료나 대답으로 금방 확인이 되는 질문은 만들기도 쉽다.
중요한 것은 답이 나와 있지 않은, 질문함으로써 답을 찾아가야만
하는 그런 질문을 만들어내는 일이다.

　텍스트는 삶의 현장 같은 것이다. 나는 『외침』을 통해 루쉰이
"창문 없는 철방"이라는 현장 속에서 따져 묻고, 현장을 드러내는
방식으로 글을 쓰고 있다고 느꼈다. 공부하는 이에게 텍스트는 그
자체로 현장이어야 한다. 텍스트 안에 머물면서 텍스트의 내용과
씨름해서 그곳으로부터 글의 구성을 이끌어냈어야 했는데 텍스트
주위를 맴돌다 돌아오는 길을 잃어버리고 말았다.

　텍스트가 빛을 발할 때까지 끈기 있게 읽고 또 읽으리라, 반드
시 다시 텍스트로 돌아오리라 다짐해본다. 암송 글을 고를 때도 더
욱 정성을 쏟을 것이다. 기존의 나를 강화시키는 문장보다는 낯선
문장, 나와 부딪힐 수 있는 문장을 찾고 또 찾으리라. 소세키의 『나
는 고양이로소이다』처럼 '암송할 글을 찾고 있는 나'를 유심히 관
찰하는 훈련을 해봐야겠다.

　근대 초기 동아시아 세 작가의 힘을 빌려 글쓰기를 한다면 이
렇게 되지 않을까? 텍스트의 내용을 여과 없이 요약하고 정리하는
이광수, 그 내용을 끝까지 따져 물으면서 글의 구성을 만들어가는

루쉰, 자신이 글의 구성을 어떻게 만들어가는지 유심히 지켜보는 소세키. 루쉰은 「광인일기」를 이렇게 마친다. "사람을 먹어본 적 없는 아이가 혹 아직 있을까? 아이를 구해야 할 텐데…."

나도 감히 이 글을 이렇게 마치고자 한다.

대답할 수 없는 질문이 혹 아직 있을까? 질문을 만들어내야 할 텐데….

'어떻게'
쓸 것인가?

글쓰기, "존재의 자기표현"

'십팔 세기 조선 백수지성'의 주인공들도 글을 썼고, '법고法古'의 대상인 선진양한先秦兩漢, 당송唐宋 시대의 문장가들도 글을 썼고, 21세기 지금 여기의 나도 글을 쓴다. 나만 해도, 초등학교 때는 그림을 덧붙인 일기를 썼고, 중학교 때는 조금 더 '세련된' 일기를 썼으며, 고등학교 때는 문학반에서 시를 쓴다고 끄적거렸고, 대학 가서는 느닷없이 학내신문에 칼럼을 한 꼭지 쓰게 되었고, 신입사원이 되어서는 울며 겨자 먹는 심정으로 임원의 언론투고를 대필하고, 조금 급이 높아진 다음에는 월급 값이다 생각하고 업계의 이해를 대변하는 글을 썼으며, 백수가 된 지금에는 공부를 위한 글을 쓰고 있다. 인류사적으로, 개인적으로 이처럼 계속되고 있는 '글쓰기'라는 것은 대체 무엇인가?

아침 꽃은 어리석어 보이고, 한낮의 꽃은 고뇌하는 듯하며, 저녁의 꽃은 화창하다. 비에 젖은 꽃은 파리하고, 바람을 맞은 꽃은 고개를 숙였으며, 안개에 젖은 꽃은 몽롱하다. 이내(해질 무렵의 푸르스름하고 흐릿한 기운)낀 꽃은 원망하는 듯하고, 이슬을 머금은 꽃은 뽐내는 듯하다. 달빛을 받은 꽃은 요염하고, 돌 위의 꽃은 고고하며, 물가의 꽃은 한가롭고, 길가의 꽃은 어여쁘고, 담장 밖으로 뻗어 나온 꽃은 손대기 쉽고, 수풀 속에 숨은 꽃은 가까이하기 어렵다.[1]

하나의 꽃이라 하더라도 시간의 흐름과 자리 잡은 공간 그리고 비바람, 안개와 같은 이웃과 어떻게 어우러지느냐에 따라 그 모습은 천차만별이며 그 사이에는 우월하고 열등한 위계 따위는 없다. 글쓰기도 그렇지 않을까? '글쓰기'라고 해서 십팔 세기 사대부의 글쓰기와 나의 글쓰기가 같을 리 없고, 나의 글쓰기도 어릴 때와 지금, 지난 겨울과 올봄, 회사원으로서와 백수로서의 글쓰기가 같을 리 없을 것이다.

이처럼 '글쓰기'에도 위계는 없을 것이라 감히 위로해보지만, 그래도 왜 어떤 글은 문장이 되고, 예술이 되고, 학문이 되는 반면 또 어떤 글은 '비에 젖으나 안개에 젖으나 물가에 피나 길가에 피나' 늘 '그 모양 그 꼴'로 같은 글이 되고 마는가? 왜?

---

[1] 이옥, 「꽃을 사랑하니 꽃에 무심한 것」, 『낭송 이옥』, 채운 풀어 읽음, 북드라망, 2015, 149쪽.

생성은 존재의 한 차원이며, 존재가 자기 자신과 달라지는 역량, 달라지면서 스스로 해解를 찾는 역량에 해당한다. 전개체적인 존재는 상phase이 없는 존재다. 존재 가운데서 개체화가 수행되며, 존재가 상들로 분배되면서 하나의 해가 존재 안에 나타나는데, 이것이 생성이다. 생성은 존재가 그 안에서 현존하는 하나의 틀이 아니다. 생성은 존재의 차원이며, 포텐셜들로 풍부한 초기 양립불가능성을 해결하는 방식이다. 개체화는 존재 안에서 존재의 상들이 출현하는 것에 해당한다.[2]

삶도 글쓰기도 매 순간 달라지면서 스스로 해를 찾아가는 '생성生成'이다. 글쓰기는 특정 주제에 대해 글 쓰는 자의 "전개체적, 비인격적 역량", 그의 지나온 삶과 그 기억, 무의식까지 총동원되는, 그야말로 '용을 쓰고 또 써야 하는' 자기표현이다. 이러한 "존재의 모든 자기표현은 세계에 대한 관점의 표현인 동시에 세계와의 마주침과 그로 인한 자기 변이의 표현이다. 따라서 글쓰기가 보여주는 것은 글 쓰는 자의 내면이 아니라 글 쓰는 자를 구성하는 세계, 혹은 글 쓰는 자와 세계가 만나는 방식이다."[3] 그동안 읽었던 십팔 세기 조선 문장가들의 글에서 나는 무엇을 볼 수 있었는가?

2   질베르 시몽동, 『기술적 대상들의 존재양식에 대하여』, 채운, 『글쓰기와 반시대성, 이옥을 읽는다』, 북드라망, 2013, 106쪽에서 재인용

3   채운, 앞의 책, 302쪽.

'과거시험', 어떻게 쓸 것인가?

십팔 세기 조선 사대부에게 '과거시험'은 오늘날로 치면 국가고시나 적어도 대기업의 입사시험 정도는 되는 것일 터. '격물치지 성의정심 수신제가格物致知 誠意正心 修身齊家'로 갈고 닦은 능력을 인정받고 '치국평천하治國平天下'의 뜻을 펼쳐 보일 수 있는 길, 재물과 벼슬을 얻고 집안을 일으킬 수 있는 길, 개천에서 용 나는 길이다. 치열한 경쟁으로 과거시험장이 전쟁터를 방불케 했다니 사대부란 사대부는 모두 그 길에 인생을 걸었던 듯하고, 그런 만큼 또 그 길에 대한 고민도 많았으리라.

> 스무 살 무렵에 처음으로 과거공부에 전력을 기울였더니 소과에 합격하여 태학에 들어가게 되었다. 여기서 또다시 대과 응시과목인 사자구, 육자구 등의 변려문에 골몰하다가 규장각으로 옮겨가서는 그 과제에 응하느라고 한갓 글귀만을 다듬는 공부에 거의 십 년이나 몰두하였다. 그 뒤로 또 책을 교열하고 펴내는 일에 분주하다가 곡산부사가 되어서는 백성을 다스리는 일에 오로지 정신을 쏟았다… 오로지 독서에만 마음 쓸 겨를이 거의 하루도 없었다. 그러므로 내가 지은 시나 문장은 아무리 맑은 물로 씻어낸다 해도 끝내 과거시험 답안 같은 틀을 벗어날 수 없고 조금 괜찮은 것일지라도 관각체의 기운을 면할 수 없는 것이다… 네가 곡산에서 공부하다 집으로 돌아간 뒤 내가 과거공부를 하라고 한 적이 있었지. 당시

주위에서 너를 아끼던 문인이나 시를 짓던 선비들은 본격적
으로 학문을 시킬 일이지 과거 따위나 시키고 있느냐고 모두
나를 욕심쟁이라고 나무랐고 나도 마음이 허전했었다.[4]

마흔한 살의 다산이 유배지에서 아들에게 '참다운 공부의 길'
을 전하는 편지다. 정치에서 추방된 뒤 지난날을 회상하며 쓴 글이
기는 하지만, 정치를 통해 사대부의 뜻을 펼치고 "한세상을 주름잡
을 것을 생각했던" 다산으로서도 과거시험이나 정치가로서의 일
은 여러모로 고민스러웠던 모양이다. 대과공부에 글귀 다듬고 책
교열하느라 마음 편히 독서할 날이 없었으며, 그런 세월로 인해 자
신이 쓴 글은 끝내 모범답안지 이상이 될 수 없음을 아쉬워하고, 아
들을 학문 대신 과거로 내몰아 지인들로부터 욕심쟁이라는 힐난을
받고 헛헛했음을 고백한다. 그럼에도 그는 유배지 다산초당의 학
생들에게 "제군들은 우선 과거를 통한 벼슬살이에 마음을 두고 그
이 외의 것을 사모하는 마음은 먹지 말도록 하라"고 신신당부한다.
비록 과거제도가 세도의 큰 걱정거리이긴 하나 "국법이 변하지 않
으니 이를 순순히 따를 뿐이며 이 길이 아니면 군신의 의리를 물을
데가 없기 때문"이란다. 그에게 경세와 정치는 그 무엇과도 바꿀
수 없는 일생의 욕망이자 운명이었나 보다.

---

4   정약용, 「참다운 공부길」, 『유배지에서 보낸 편지』, 박석무 편역, 창비, 2015,
     37~38쪽.

사대부라면 누구나 가야 했고 또 누구나 갔던 과거의 길. 그런데 '십팔 세기 조선 백수지성'의 주인공들은 자의반 타의반 이 길을 거스른다. 당쟁으로 아버지가 죽고, 형이 죽고, 백부가 죽었다. 일단 발을 들여놓으면 내 뜻대로만 살 수는 없는 정치판. 때론 목숨마저 내어놓아야 하는 곳. 다들 운명이겠거니 하고 가는 그 길 앞에서 그들은 "아니오!"라고 말한다. 홀로, 소수로 "아니오!"라고 말할 수 있는 용기는 예나 지금이나 쉽지 않은 덕목이다. 무엇이 그들의 마음을 움직인 것일까?

그들은 높은 관직이나 억만금의 재산에는 관심이 없었다. 그들 생각에 관직이나 재물은 참된 소유물이라고 할 수도 없는 것이었다. 혜환 이용휴는 "참된 소유"는 문장가가 소유한 재능, 즉 "참된 재주와 참된 견해로부터 나오는 시와 문장"이라고 말한다. 이 재능은 조물주라고 해도 앗아갈 수 없는 것이기 때문이다. 그러니 그에게는 부와 명예로 보나 글쓰기로 보나, 과거시험은 헛물켜는 일이 아닐 수 없다. 과거시험 보러가는 날 금강산으로 유람을 떠나는 문인 신문초가 선인仙人인 까닭이며, "들어오는 사람은 있어도 떠나는 사람은 없는" 서울을 자발적으로 물러나는 재상 이광부가 신선인 이유다.

벼슬이 높아져 일품의 자리에 오르더라도 갑자기 아침에 거두어가면 저녁에는 평민이 되고 만다. 재물을 벌어 만금을 쌓았다 해도 갑자기 저녁에 잃어버리면 다음날 아침에는 가난뱅이가 되고 만다. 그러나 뛰어난 문사가 소유한 재능은 한 번

얻은 뒤에는 조물주라 하더라도 어찌할 수 없다. 이것이야말
로 '참된 소유眞有'이기 때문이다.[5]

농암 김창협은 단호했다. 그는 마흔넷부터 쉰여섯까지 십삼
년 동안 서른여덟 번이나 사직소를 올리면서 관직의 길을 사양했
다. 그는 한 번 떠나온 길을 두 번 다시 뒤돌아보지 않았다. 그에게
조금의 갈등도 없었냐고 묻고 싶지만, 그래도 그가 부럽고 존경스
럽다. 그는 "가득 찬 복은 천도가 덜어내고 큰 세력과 높은 지위는
사람들이 시기하며, 중한 책임은 허물을 만들고 높은 명망은 비방
을 불러온다"고 생각했다.

과거공부가 비록 나름대로의 체재와 법식이 있기는 하지만
반드시 필세가 활기차고 문장의 조리가 분명한 뒤에야 좋은
문장이 되어 반드시 급제하게 되는 것이니 성현의 글을 읽지
않고 이런 수준에 이르는 경우는 있지 않다. 그런데 지금은 …
날마다 남의 글을 훔쳐 표절하는 능력과 아름답게 수식하여
글을 엮는 솜씨를 익히는 데에 급급하여 정신을 피폐하게 하
고 몸을 수고롭게 하고 있다. 그러면서 과거공부의 첩경은 여
기에 있다고 여기는데, 안목이 있는 사람이 보면 경박하고 좀
스러우며 조악하고 졸렬하여 거의 문장이 되지 않는다는 것

5   이용휴, 「문사의 재능은 빼앗을 수 없다 : 송목관집서문」, 『낭송 18세기 소품문』,
     길진숙, 오창희 풀어읽음, 북드라망, 2015, 112쪽.

을 알지 못한다.[6]

농암은 표절능력과 수식솜씨를 익히는 과거시험용 공부와 글쓰기가 정신을 좀먹는다고 비판한다. 이러한 공부의 생명력은 참으로 질겨서 오늘에까지 이어지고 있으니 또한 낯설지 않다. 그는 다산과 달리 제자들에게 과거시험에 전력하지 말라고 충고했고, 과거공부를 그만둘 수 없다면 성현의 책으로 공부하라고 했으며, 제자들이 급제하고 낙방하는 것 때문에 마음이 흔들리지 않기를 바랐다.

다산 그리고 농암과 혜환. 이들은 왜 과거시험에 대해 서로 다른 태도를 취하게 되었을까? '마음에는 들지 않지만 그래도 길이 이뿐이니 어쩔 수 없다'는 다산과 '미련 두지 않고 나의 길을 가겠다'는 농암과 혜환. 이들의 차이는 어디로부터 생겨나는 것일까? 혹 글쓰기에 대한 그들의 태도로부터 나오는 것은 아닐까? 정답이 있으니 격식에 맞춰, 출제자가 요구하는 바대로 글을 쓰라는 과거시험과 이에 대한 그들의 서로 다른 태도. '합격은 해야 하니 어쩔 수 없다. 맞춰 쓰자'와 '도저히 그렇게는 쓸 수도 없고 써지지도 않는다'의 차이.

나는 십팔 세기 조선의 백수지성들이 '시비선악의 다툼에서 자유롭고자 하는 욕망'을 본다. 시비선악의 정답을 요구하는 과거

---

6   김창협, 「서생 문약에게 준 서」, 『농암집』 제22권, 길진숙, 『18세기 조선의 백수지성 탐사』, 북드라망, 2016, 62~63쪽에서 재인용

시험과 정치로부터의 탈주. 시비선악을 넘어 천지자연과 삶의 이치를 탐구하고자 하는 바람. 우리는 일상에서 시비선악에 대한 갖가지 경험을 한다. 소리 높여 싸우다 뒤돌아와 곰곰 생각해보니, 시비선악의 미명 아래 그저 나의 이해관계가 자리하고 있음을 느낄 땐 뒷맛이 참으로 씁쓸하다. 그럼에도 그것을 투명하게 드러내지 못하는 것은 갖가지 이유로 지금 서 있는 그 자리, 그 집단의 이익을 버리기 어렵기 때문이다.

십팔 세기 조선은 이데올로기와 정치의 장에서 시비선악에 목숨을 걸게 했다. 어느 누구라도 당쟁과 사화, 유배, 죽음에 이르는 숨 막히는 시비선악의 영토로부터 도주하고픈 생각이 간절하지 않았을까? 그들은 천지자연의 이치에 해가 되는 '견해와 도리'를 떨치고, '참된 나를 찾는 위기지학과 자유로운 글쓰기'를 위해 재물과 벼슬의 길 대신 안빈낙도의 길을 열어간 것이 아닐까?

"나의 목소리와 사유를 담은 문장을 쓴다"

글은 읽어야 삶이 되고, 삶은 써야 글이 된다. 읽고 쓰는 것은 신체의 움직임, 몸짓이다. 글과 삶 '사이'에는 몸짓이 있다. 몸짓이 없으면 삶도 글도 없다. 그런데 '어떻게' 몸짓할 것인가? '십팔 세기 조선'은 묻는다. 어떻게 쓸 것인가? 과거시험의 정답이 요구하는 대로 쓸 것인가? 재물과 벼슬의 길을 원하는 자라면 기꺼이 그렇게 할 것이고, 정치의 길로 나가 애민의 뜻을 펼치려는 자라면 마지못해 머뭇거리며 요구하는 대로 써야 할 것이다. 싫다면? 아무도 가지 않은 길, 배고픈 문장가의 길을 가라. 아니면 충군의 명을 받으며 정답을 익혀야 한다.

"나의 목소리와 나의 사유를 담은 문장을 쓰면 삶에서도 나의 목소리와 나의 사유대로 살 수 있다." 어떻게 쓸 것인가? 나의 목소리와 나의 사유를 담은 문장을 쓴다. 왜? 나의 목소리와 나의 사유대로 살 수 있으니까. 그렇다면 내가 쓴 것이 '나의 목소리와 나의 사유'라는 것은 또 어떻게 확인하는가?

> 글쓰기는 우선 진솔해야 한다. 지고한 철학이 진부하고 모방적인 글쓰기를 통해 표현되는 경우는 없다. 글쓰기 자체가 사고가 펼쳐지는 과정인 동시에 이 세계의 진동 속에서 쉼 없이 흔들리는 신체의 자기표현이기 때문이다. 우리는 우리 자신이 누구인지 알지 못한다. 알려고도 하지 않는다. 자신을 알고 싶으면 자신의 글쓰기를 보면 된다. 거기에 우리의 욕망, 우리의 저항, 우리의 고집, 우리의 머뭇거림, 우리의 기쁨과 슬픔, 분노와 환희, 그 모든 것이 중첩되어 있기 때문이다.[7]

'나의 목소리와 나의 사유'는 나의 글쓰기를 보면 된다. 그러니 나를 찾으려면 내가 써야만 한다. 그래야 나를 살펴볼 수 있다. 삶은 써야 글이 된다. 이번에는 혜환이 묻는다. 내가 알고 있는 '나'는 '참된 나'인가? '참된 나'는 누구인가? '참된 나'는 '남과 다른 나',

---

7   채운, 같은 책, 271쪽

습관의 '차꼬를 풀어내고 형틀에서 벗어난 나', 되찾아야 할 '처음의 나'이다. '요구받는 대로 하는 나', '요구를 내면화한 나', '요구받는다는 사실조차 모르는 나', '복종하는 나'는 '참된 나'가 아니다.

글쓰기는 '참된 나'를 더듬어 찾아가려는 몸짓이다. 그 몸짓은 "우리 안에 있는 비개체적이고 비인격적인 역량, 낯선 힘"이다. '참된 나'를 더듬어 찾아간다는 것은 바로 습관적인 생각으로부터 다른 길 하나를 내어가는 것이리라. 십팔 세기 조선 백수지성의 주인공들은 과거시험과 다른 길 하나를 냈다. 이제 남은 것은 '나의 일상에 글쓰기를 들여오는 일'이다. 삶을 담지 않은 글이 공허하듯 글쓰기가 실리지 않은 삶도 공허하다.

> 아침을 먹은 뒤 혼자 말을 타고 먼저 출발했다…. 창대는 앞에서 견마를 잡고 장복은 뒤에서 따라온다. 안장에는 주머니 한 쌍을 달았다. 왼쪽 주머니에는 벼루를 넣고 오른쪽에는 거울, 붓 두 자루, 먹 한 장, 조그만 공책 네 권, 이정록 한 축을 넣었다. 밤에 객관에서 묵었다…. 모든 사람이 내 곁에 놓인 봇짐을 힐끗거린다. 그 속에 귀한 물건이라도 들었을까 잔뜩 기대하는 모양이다. 나는 결국 창대를 시켜 보따리를 풀어서 속속들이 헤쳐 보였다. 다른 물건은 아무것도 없고 다만 붓과 벼루뿐이었다. 두툼하게 보인 건 모두 중국인들과 필담을 했던 초고와 여행 중에 쓴 일기였다.[8]

---

8   채운, 같은 책, 271쪽

두툼한『열하일기』두 권에서 처음부터 끝까지 나를 붙잡은 것은 위의 두 부분이다. 삶이 멋져서 글이 좋은 것일까? 아니면 글쓰기가 삶에 들어와 있어서 삶이 멋지게 된 것일까? 연암은 연행을 위해 압록강을 건너는 날, 벼루와 붓, 먹과 공책을 챙겼다. 그리고 열하에서 연경으로 돌아온 날, 그는 붓과 벼루에 필담초고와 여행 일기를 보탰다. 연암에게 글쓰기는 그의 무의식인 듯하다. 글쓰기가 무의식이 되는 그날까지 오늘 하루도 한 줄의 글을 쓰자!

'영혼 돌봄'과 올바른 삶
- 플라톤을 읽다

수신修身과 '영혼 돌봄'

'수신제가치국평천하修身齊家治國平天下!' 고등학교 한문시간에 처음 접한 문장이다. 한창 배우는 학생에게 '수신'은 훌륭한 사람이 되기 위해 꼭 이루어야 할 목표 같은 좋은 말로 받아들여졌다. 하나 얼마 후 대학의 토론모임에서는 이 문장에 대한 해석을 둘러싸고 비판이 잇따랐다. '수신제가를 이루어야 치국평천하를 할 수 있다' 는 논리에는 청년들의 사회참여를 막기 위한 독재정권의 의도가 숨겨져 있다는 것이다. 사회생활을 하면서는 '수신하면서 치국도 같이하면 되는 거지' 하고 얼버무렸다. 퇴직생활에 접어들고는 '수신'이라는 말이 왠지 사회적 책임으로부터의 도피와 같은 느낌을 준다. 나의 감각이 만나는 '수신'은 이처럼 세월을 따라 변한다. 대체 '수신'이란 무엇인가?

플라톤은 "네 영혼을 돌보라"는 말로 '수신'을 이야기한다. 세상 모든 것에는 "그것으로써만 할 수 있는 또는 가장 잘 할 수 있는" 기능ergon이 있고, "어떤 기능이 부여되어 있기도 한 각각의 것에는 '훌륭한 상태arete' 또한 있다"는 것이다. 나아가 혼의 기능은 '사는 것'인데 "보살피거나 다스리는 것, 심사숙고하는 것"으로 "혼의 어떤 '훌륭한 상태(훌륭함)' 또한 있다"고 한다.[1] 이 말은 '혼의 훌륭한 상태'를 이루는 것이 곧 '수신이요 치국'이며, '최선자 정체'를 닮으려는 '영혼 돌봄'만이 참된 행복과 즐거움을 가져다줄 수 있다는 말로 들린다. 과연 '영혼 돌봄'과 '사회정의' 사이에 거리는 없는 것일까? 그 사이에 거리가 있을 거라 의심하는 나의 생각은 어떤 프레임에 갇혀 있는 것일까?

플라톤에 따르면 사람은 저마다 자기 안에 신적인 것에 해당하는 '지성nous'을 가지고 있어 생성하는 것들의 원인이 되는 영원 불변하는 실재, 우주적 질서를 인식할 수 있다는 것이다. 내 안의 지성도 "튀는 불꽃에서 댕겨진 불빛처럼" 젊은 시절 한순간 '우주는 하나이며 나는 온 우주와 연결되어 있다'는 직관을 얻은 적이 있다. 우주와 내가 한 몸이라는 생각을 키워가다 '선악'이라는 걸림돌을 만났다. 자본은 절대악이요 노동은 절대선임을 좌우명으로 살아오던 터에, 자본과 노동이 다 한 몸이라면 대체 선악은 누구에게 따질 수 있을 것인가? 또한 우주와 내가 한 몸이라면 최소한 타인의 고통을 나의 고통처럼 느낄 수는 있어야 될 텐데 전혀 따라주지 않는 나의 심성 앞에서 내 작은 깨달음은 힘을 잃었다. 깨닫는

---

1   플라톤, 『국가·정체』, 박종현 옮김, 서광사, 2016, 352d~353d

것과 그것을 실천하는 것은 완전히 다른 차원의 일인가 아니면 뭔가 잘못 깨달은 것인가?

'수신'의 앞에는 '격물치지 성의정심格物致知 誠意正心'이 놓여 있다. '수신'이 그저 얻어지는 게 아니라 '격물치지'라는 앎과 배움의 과정이 먼저라는 얘기다. 플라톤도 '영혼 돌봄'을 통해 행복 eudaimonia에 이르기 위해서는 철학이라는 배움이 필요하다고 한다. 그는 "나랏일이든 개인생활이든 간에 모름지기 정의로운 것 모두는 철학을 통해 알아낼 수 있는 것"이라며 철학자가 권력자가 되거나 권력자가 진정으로 철학을 하기 전에는 "인류에게 재앙이 그치지 않을 것"이라고 말한다.[2]

그러나 '철학함'이란 생각의 균열에 따른 일상의 혼란을 견뎌내며, "노예처럼 수고하지 않고서는" 갈 수 없는 고통스러운 여정이다. 평정심이 유지되는 '혼의 훌륭한 상태'는 균열과 혼란을 수반하는 동적인 과정을 통해서만 가능하다는 아이러니. 어쩌면 그것은 이데아처럼 '본paradeigma'으로 존재할 뿐, 우리 삶에는 그저 동적인 과정 자체만 주어진 것인지도 모른다.

'올바름'이란 무엇인가?

플라톤의 존재론, 인식론, 윤리론을 모두 엿볼 수 있는 거대한 텍스트인 『국가·정체』는 '올바름이란 무엇인가?'라는 작은 물음에서 시

---

2   플라톤, 『편지들』, 강철웅 외 옮김, 이제이북스, 2010, 86쪽.

작한다. 당시 아테네에는 "재물에 대한 애착과 열성으로, 부_富 이외에는 아무것도 좋게 말하려 들지 않아, 사귀기조차 힘든"(『국가·정체』 330c) 부류의 사람들이 꽤 많았던 모양이다. 케팔로스옹으로부터 노년에 재산이 있어 좋은 점은 "정직함과 남한테 빚지지 않는 것"이라는 말을 듣고 소크라테스는 "제정신이 아닌 친구가 반환을 요구하는 경우"를 예로 들어, 좌중에게 이것이 "때로는 옳지만 때로는 옳지 못한 것"으로 "올바름의 의미규정"은 되지 못한다고 주장하며 논의를 촉발한다.

이에 폴레마르코스는 올바름이란 "각자에게 갚을 것을 갚는 것", "친구들에게는 이득을 주고 적들에게는 손해를 입히는 방책"이라 말하고 트라시마코스는 올바름은 "더 강한 자의 편익"이라며 "올바르지 못한 사람의 삶이 올바른 사람의 삶보다 더 낫다"고 주장한다. 소크라테스는 반대 사례와 의술, 조타술 같은 비유를 들며 올바름과 관련하여 훌륭함과 나쁨, 지혜와 무지, 이득 등에 대해 논박한다. 그러나 결국 그는 "올바른 것이 무엇인지를 알지 못하고서는, 그것이 '훌륭함'인지 아닌지, 그것을 지닌 이가 불행한지 아니면 행복한지 알게 될 가망은 거의 없을 것"(『국가·정체』 354c)이라고 결론짓는다.

토론자들에 따르면 아테네의 다중들은 올바름이 "보수와 평판을 통한 명성 때문에 실천해야 하는 것이지 그 자체 때문이라면 기피해야 할 것"(『국가·정체』 358a)으로 생각하고 있다. 사람들은 "본디는 올바르지 못한 짓을 저지르는 것이 좋은 것이요, 올바르지 못한 짓을 당하는 것은 나쁜 것이지만, 그걸 당함으로써 입는 나쁨이 그걸 저지름으로써 얻는 좋음보다도 월등히 커서 법률과 약정을 제정하기 시작했으며, 이 법에 의한 지시를 합법적이며 올바르다"(『국가·정체』, 358e, 359a)고 말한다. 따라서 누구나 투명인간이 될 수 있는 '기게스의 반지'만 있다면 욕망에 따라 올바르지 못한 짓을 저지를 것이라고 한다.

소크라테스는 올바름이 무엇인지 알아내기 위해 이론상으로 나라를 수립해보자고 제안한다. 올바름엔 한 사람의 것도 있지만 나라 전체의 것도 있는데 규모가 큰 것에서 올바름을 알아내기가 더 쉽고, "한 집단이 특히 행복한 것이 아니라 시민 전체가 최대한으로 행복한 나라에서 올바름을 가장 잘 찾아볼 수 있다"(『국가·정체』, 420b)는 것이다. 그는 나라가 올바르게 수립된다면 그 안에서 지혜와 용기, 절제 그리고 올바름을 볼 수 있을 것이라며 이것들을 탐구한다.

우선 한 나라가 지혜로운 것은 통치자에 의해서인데 그는 "이 나라의 부분적인 것에 관련해서가 아니라 나라 전체와 관련해서 어떤 방식으로 이 나라가 대내외적으로 가장 잘 지낼 수 있을 것인지를 숙의 결정해주게 될 지식"(『국가·정체』, 428c,d)을 가지고 있기 때문이다. 또한 한 나라가 용기 있는 것은 군인에 의해서인데, 용기란 어떠한 고통, 쾌락, 욕망, 공포에 처해서도 "두려워 할 것들과 두려워하지 않을 것들에 관해 바르고 준법적인 소신(판단)을 지속적으로 보전할 수 있는 능력"(『국가·정체』, 430b)을 말한다. 다음으로 한 나라의 절제란 "다스리는 자들과 다스림을 받는 자들 간에 성향상 한결 나은 쪽과 한결 못한 쪽 사이에서 어느 쪽이 지배해야 할 것인지에 대한 합의"(『국가·정체』, 432a,b)라고 규정하며, 절제는 어느 한 부분에서 나오는 것이 아니라 나라 전체를 통해서 마련되는 것이라고 한다. 그리고 마침내 한 나라의 올바름이란 "각각이 나라에서 저마다 제일을 할 때의 이 '자신에게 맞는 자신의 일을 함'"(『국가·정체』, 434c)이라 정의定義하고 이 개념을 개개의 인간에게도 적용해보기로 한다.

나라의 '올바름'이 한 나라 안의 시민, 군인, 통치자로부터 유래되는 것처럼 개개인의 혼 안에도 똑같은 종류들이 있는데 그것은 '욕구와 격정과 이성'이다. 지혜로운 사람은 "그의 '헤아리는 부분'이 각자의 혼 안의 세 부분 각각을 위해서 뿐만 아니라 전체를 위해서 유익한 것에 대한 앎(지식)을 자신 속에 지니고" 있으며, 용기 있는 사람은 "그의 격정적인 부분이 두려워할 것과 두려워하지 않을 것으로서 이성이 지시하여 준 것을 고통과 쾌락을 통해서도 끝끝내 보전"(『국가·정체』, 442c)하고, 절제하는 사람은 "세 부분간의 우의와 합의에 의해서 지배하는 쪽과 지배받는 두 쪽 사이에 '헤아리는 부분'이 지배를 해야 된다는 데 대해 의견의 일치를 보게"(『국가·정체』, 442d) 한다.

또한 개개인에게 '올바름'이란 내적인 자기 일들의 수행과 관련하여 "자기 안에 있는 각각의 것이 남의 일들을 하는 일들이 없도록, 또한 혼의 각 부류가 서로를 참견하는 일도 없도록 하는 반면, 참된 의미에서 자신의 것인 것들을 잘 조절하고 스스로 자신을 지배하며 통솔하고 또한 저 자신과도 화목함으로써 이들 세 부분을 전체적으로 조화시키는 것"(『국가·정체』, 443d)이다.

그렇다면, 어떻게 살아야 하는가?

사람들은 자신이나 타인과의 관계에서 어떤 행위를 할 때 의식하든 하지 못하든 행위 시점에서 자기가 옳다고 생각하고 있는 것을 기준으로 삼는다. 따라서 올바름을 무엇이라 생각하는지에 따라 사람마다 또는 행위 시점마다 그 행위가 달라진다. 그렇다면 앞의 논의에서 올바름에 대한 트라시마코스와 소크라테스의 차이는 무엇일까? 가장 근본적인 차이는 올바름의 기준을 자기에게 두느냐 아니면 자기 외부에 두느냐 하는 문제일 것이다.

트라시마코스는 "자기의 편익을 목적으로 삼는 각 정권이 법 제정 후 이를 다스림을 받는 자들에게 올바른 것으로 공표하고, 위반자를 올바르지 못한 자로 처벌"(『국가·정체』, 338e)한다고 하면서 올바름의 기준을 자기 외부에, 즉 강한 자가 정한 법 또는 강한 자의 힘에 두고 있다. 반면 소크라테스에게는 나라 안에서 "자신에게 맞는 자신의 일을 함"이 올바름이기 때문에 이 경우에는 '자신에게 맞는 자신의 일'이 무엇인지에 대한 판단은 최종적으로 자기에게 주어질 수밖에 없다.

트라시마코스의 올바름을 따른다면 개인은 당연히 주어진 법에 복종할 수밖에 없게 된다. 하나 소크라테스의 올바름을 따른다면 개인은 현재의 법이 올바름에 부합하는지 묻게 되고 만일 그렇지 않다고 판단되면 이를 개선하려고 할 것이다. 개선이 되지 않는다면 기존의 법질서 하에서 어떻게 행위할 것인지는 개인의 몫으로 남게 된다.

'철인치자哲人治者'에 의해 전체의 이익이 개인의 이익과 완전히 일치되는 최선의 나라에서라면 어떻게 될까? 일견 이 나라에서는 개인의 윤리가 사실상 들어설 자리가 없어 보인다. 개인은 나라의 법을 매뉴얼 삼아 살기만 하면 자신의 이익, 즉 자신의 올바름이 자동적으로 보장되기 때문이다. 하나 자신의 이익과 전체의 이익 가운데 어느 것으로부터 출발해서 일치가 되는가에 따라 미묘한 차이가 있어 보인다. 만일 개인이 옳다고 생각한 행위가 결과적으로 전체의 이익에 일치된다면 올바름의 기준이 개인에게 있게 되지만, '전체의 이익'이 개인의 행위를 지정해준다면 이 경우에는 공교롭게도 트라시마코스의 예와 큰 차이가 없게 된다. 통치자의 '양심'과 강한 자의 '힘'은 얼마나 다를 수 있을까? 어쩌면 이 나라에서 개인은 매뉴얼대로 살다가 자신의 이성이 마비될지도 모를 일이다.

그러나 '최선의 나라'는 "가급적 그것에 가깝다면, 그리고 그것에 다른 어떤 것들보다도 최대한으로 관여한다면 만족할 수 있는 '본'"(『국가·정체』, 472c)을 만들기 위한 것이었다. 따라서 그 '본'에 비추어 "오늘날 나라들에 있어서 잘못되고 있는 것이 도대체 무엇인지, 무엇 때문에 이들 나라들이 그런 식으로 다스려지지 못하고 있는지, 그리고 최소의 것으로 무엇이 변혁을 봄으로써 한 나라가 최선의 정체로 옮겨갈 수 있을 것인지"(『국가·정체』, 473b)에 대한 윤리적·실천적 고민은 고스란히 개인에게 남는다.

현실의 나라는 언제나 최선의 나라가 아니다. 플라톤은 "정체의 종류가 여럿 있듯, 인간들의 기질의 종류도 그만큼 있게 마련"

이며 "정체들이 그 나라들에 살고 있는 사람들의 성격들에서 생긴 것"(『국가·정체』, 544d)이라 한다. 이 말은 개인의 '영혼 돌봄'이 정체를 만들어낼 수 있다는 뜻도 되지만, 정체가 무엇이든 '영혼 돌봄'은 그 나라에서 살아가는 개인의 몫이라는 의미이기도 하다.

정체가 추구하는 기본가치가 개인들의 삶에 영향을 미치겠지만, 그 가치에 적응하며 살지 거슬러 살지, 적응한다면 어떻게 할지는 온전히 개인의 의지에 달린 문제이다. 이 경우 올바름의 기준을 자기에게 두느냐 외부에 두느냐에 따라 '영혼 돌봄'은 매우 다른 모습을 띠게 될 것이며, 그 기준을 자기에게 둘 경우 개인적 가치와 정체의 가치가 어긋난다면 개인의 이성은 늘 갈등상황에 직면하게 될 것이다. 그렇다면 개인은 자기의 윤리기준을 어떻게 마련할 것인가?

앎과 '좋음의 이데아'

앎이란 무엇일까? 누구나 인정하는 객관적·보편적인 앎이란 게 가능할까? 그 진리성은 어디로부터 오는 것일까? 더구나 자연적 대상이 아닌 '올바름' 같은 추상적 개념이라면? 소피스트들이 '올바른 것들'에 대해 말할 때, 플라톤은 '더 올바른 것'에 대해 말하는 것이 아니라 '올바름 자체' 즉 올바름의 기준을 물었다. 그리고 '올바름 자체'에 대해 합의하려고 하는 자와 이것을 거부하는 자를 구별하고자 했다.

'많은 올바른 것'을 보되 '올바른 것(올바름) 자체'는 못 보는 사람들, 그리고 또 일체의 것에 대해서 그러는 사람들을 가리켜 우리는 그들이 모든 것에 대해 의견을 갖지만, 자기들이 의견을 갖는 것들에 대해서 아무것도 인식하지 못하고 있다고 말할 걸세. 그러나 이에 반해서, 각각의 그 자체의 것들을, 따라서 '언제나 똑같은 방식으로 한결같은 상태로 있는 것들'을 보는 사람들의 경우는 어떤가? 그러니까 이들은 인식을 하지, '의견을 갖는 게' 아니라고 말하지 않겠는가?(『국가·정체』, 479e)

플라톤은 세계를 '있는 것'(실재)과 '있지 않은 것'(비실재) 그리고 '있는 것도 있지 않은 것도 아닌 것'으로 나눈다. 이런 구분에 따라 '있는 것'(실재) 즉 영원불변한 것은 인식epistēmē의 대상이 되지만 '있는 것도 있지 않은 것도 아닌 것' 즉 생성하는 것은 의견(판단, 소신 : doxa)의 대상이 된다.

인식은 지성에 의해서 알 수 있는 부류와 그 영역을 지배하나 의견은 감각에 의해서 알 수 있는 가시적 부류와 그 영역을 지배한다. 그는 "인식(앎)이 결여된 의견들은 제일 나은 것들조차도 맹목적인 것들"(『국가·정체』, 506c)이라고 한다. 플라톤이 인식과 앎을 동일 선상에서 사용하고 있어 마치 의견은 앎이 아닌 것처럼 보이기도 하나, '의견'은 생성에 관한 앎으로, '인식'은 실재에 관한 앎, 참된 앎으로 읽고자 한다. 그러면 지성은 어떻게 올바름 자체를 인식할 수 있는가? '좋음의 이데아'를 통해서이다. 플라톤은 태양의 비유를 들어 이를 설명한다.

'좋음'이 '지성'과 '지성에 알려지는 것들'에 대해서 갖는 관계를 태양은 '시각'과 '보이는 것들'에 대해서 갖는다고 말일세. 누군가가 눈길을 그 대상들에 보낼 경우, 밤의 어두운 빛이 퍼져 있는 동안에는 마치 그 속에 맑은 시각이 없기라도 한 것처럼 침침해서 거의 눈먼 것이나 마찬가지인 것처럼 보인다는 사실을 자네는 알고 있겠지? 그렇지만 태양이 대상들의 빛깔을 비출 때는, 눈이 또렷이 보게 되고 눈 속에도 맑은 시각이 있는 것처럼 보일 것이라 나는 생각하네. 마찬가지로 진리와 실재가 비추는 곳에 혼이 고착할 때는, 이를 지성에 의해 대뜸 알게 되고 인식하게 되어 지성을 지니고 있는 것으로 보이네. 그러나 어둠과 섞인 것에, 즉 생성되고 소멸되는 것에 혼이 고착할 때는 '의견'(판단)을 갖게 되고 혼이 침침한 상태에 있게 되어 지성을 지니지 못한 이처럼 보인다네.(『국가·정체』, 508b~d)

'좋음의 이데아' 덕분에 지성이 올바름 자체를 인식할 수 있고, 올바른 것들과 그 밖의 다른 것들이 유용하고 유익한 것들이 된다. '좋음의 이데아'는 "인식되는 것들에 진리를 제공하고 인식하는 자에게 그 '힘'을 주며, 인식과 진리의 원인이 되면서도 '인식되는 것'"이다. (『국가·정체』, 508e) '좋음善'으로 인해, 인식되는 것들의 '인식됨'이 가능하며 그것들이 '존재하게' 되고 그 '본질(실재성)'을 갖게 된다. '좋음'은 단순한 '존재'가 아니라 지위와 힘에서 '존재'를 초월하여 있는 것이다. (『국가·정체』, 509b)

최고의 배움인 '좋음의 이데아'는 플라톤에게 인식과 존재의 근거이자 목적이다. '좋음의 이데아'가 무엇인지는 정의하지 않으나 이를 '본'으로 삼아 닮으려고 하는 사람들로 미루어보아 그것이 존재함을 알 수 있다고 한다. 이제 세계는 '좋음의 이데아'를 '본'으로 삼아 이에 참여하는 것들과 그렇지 않은 것들로 위계가 이루어진다. 결국 배움을 통해 '좋음의 이데아'를 보고 거기에 비춰 '올바름 자체'를 알아야 개인의 윤리기준을 마련할 수 있게 된다는 얘기다. 그러나 '좋음의 이데아'는 배움의 끝에 가서야 겨우 알 수 있는 것이고 그나마 보장도 없으니, 그 이전에는 '미완성의 이데아'를 '임시적인 본'으로 삼아 윤리기준을 계속 변화시켜가며 살아야 하는 것이 개인의 운명인가?

플라톤은 어땠을까? 그는 과두정과 민주정의 혼란 속에 "구제 불가능한 법률상태"의 나라에서 살았다. 그는 젊은 시절 "자신의 주인이 되면 곧바로 나라의 공적 활동에 뛰어들겠노라"[3]고 생각했지만, 친척들이 연루된 정치적 격변과 가장 정의로운 사람인 소크라테스의 죽음을 겪고는 "분노를 참을 수 없어 당시의 사악한 짓거리로부터 손을 떼고"[4] 정치체제의 전반적 개선을 구상하며 때가 오기만을 기다렸다. 그는 마치 자신의 일을 이야기하듯 때를 만나지 못해 "조용히 지내면서 자신의 일을 하는" 참된 소수의 철학자의 삶에 대해 다음과 같이 말했다.

---

3   『편지들』, 83쪽.
4   『편지들』, 84쪽.

그는 폭풍우 속에서 바람에 몰려오는 먼지와 비를 피해 담벼락 아래에 대피한 꼴일세. 그는 다른 사람들이 무법으로 꽉 차 있는 것을 보면서, 어떻게든 자신이 올바르지 못함과 신성하지 못한 짓들에서 벗어나 깨끗한 상태로 이승의 삶을 살게 된다면 만족할 것이며, 또한 이승의 삶에서 해방됨도, 밝은 희망과 함께, 심기가 편한 상태로 그리고 상냥한 마음 상태로 맞게 될 걸세. 그가 아주 작은 걸 성취하고서 떠나는 것은 아니지만 그렇다고 해서 그가 최대한의 것을 성취한 것도 아닐세. 그는 자신에게 어울리는 정체politeia를 만나지 못한 터이니 말일세.(『국가·정체』, 496d~497a)

또한 플라톤은 시라쿠사의 참주정을 혐오하고 자신과 철학적 삶을 같이 한 디온에게도 "우선은 최대한 어떻게든 스스로가 자신의 주인이 될 수 있도록, 그리하여 믿을 만한 친구와 동지들을 얻을 수 있도록 일상의 삶을 살도록"(『편지글』, 331d) 조언했다. 시라쿠사의 사람들이 최선의 법에 따라 살아가는 자유인이어야 한다는 생각을 가졌던 디온이 내전의 와중에 사망하자 플라톤은 "그 자신과 나라를 위해 가장 아름다운 것을 추구할 때에 겪어야 할 것을 겪는 것은 전적으로 올바르고 아름다운 것"(『국가·정체』, 334e)이라며 그가 아름답게 이생을 하직했다고 말했다. 자신의 이상을 추구하며 그에 따라 겪어야 할 것을 겪는 '운명적 삶'으로 읽힌다.

철학하는 삶

『철학 이야기』의 저자 윌 듀란트는『국가·정체』가 개인 윤리의 문제와 사회, 정치적 개조에 관한 두 권의 책을 꿰매놓은 것이고 올바름에 대한 논의를 그 솔기로 이용하고 있다고 한다. 나는 그 솔기에서 수신과 치국의 연결고리를 본다. 바로 이성(지성)이다. 솔기의 한쪽에는 개인이 있고 그 반대쪽에는 통치자가 있다. 이성은 개인의 혼과 통치자의 혼 안에서 전체의 이익을 헤아려 각 부분간의 조화를 이끌어내는 역할을 한다. 이성으로 하여금 '어떤 것이 혼의 최선의 상태인지'를 묻는 것은 곧바로 '어떤 것이 사회의 최선의 상태인지'를 묻는 것과 같다. 따라서 타락한 사회의 통념이 개인의 이성을 오염시켜 무력화하지 못하도록 자신의 영혼을 쉼 없이 돌보는 삶은 그 자체로 타락한 사회에 대한 저항이라 할 수 있다. 수신과 치국의 거리가 조금은 좁혀지는 듯하다.

플라톤 당시 아테네에는 대중심리에 기대 궤변을 일삼는 '가짜 철학자'들이 득세하면서 철학과 철학자들이 비난의 대상이 되고 있었다.

마치 친족을 잃은 고아 꼴이 된 철학에 자격 없는 다른 사람들이 대신 접근해서는, 철학을 수치스럽게 만들고 갖가지 비난을 받게 하는데, 이 비난들은, 이를테면 철학과 교류하는 사람들은 일부는 아무 쓸모도 없고, 많은 수는 많은 나쁜 일을 당해 마땅하다는 걸세.(『국가·정체』, 495c)

가짜 철학자들은 "다중의 신념들과 욕망들 가운데 어느 것이 진실로 아름다운 것이거나 추한 것인지, 또는 좋은 것이거나 나쁜 것인지, 그리고 또한 올바르거나 올바르지 못한 것인지를 전혀 모르면서 다중이 기뻐하는 것들은 좋은 것들로 일컫는 반면에, 성가셔 하는 것들은 나쁜 것들로 일컫는다."(『국가·정체』 493b) 그들은 다중의 신념들을 지혜라 하며 가르치려 하고 다중의 신념과 다른 것은 가르치지 않았다. 플라톤은 이들에 맞서 자신의 '진짜' 철학을 세우고자 했다. 그에게 '혼의 훌륭한 상태'는 초점을 잃어버린 논변이나 알맹이 없는 여유, 고상한 명상이 아니라 민주주의의 폐해와 정치적 격변 속에 이성이 자신의 일을 하기 위해 분주한 일상이었다.

'철학함'이란 자신의 생각에 균열을 내는 과정, 자신의 습관적인 생각을 벗어나는 과정이다. 생각에 균열이 생기면 익숙한 것들도 낯설어진다. 기존의 생각대로 보아왔던 자신도, 주위 환경도, 일상의 삶도 낯설어질 것이다. 생각의 균열 자체에 익숙해지지 못하면 마음마저 늘 불안할지도 모른다. 그래서 철학은 '자신을 위험에 빠뜨리는 것'이라고 하는 모양이다. 하지만 다른 측면에서 보면 뇌 회로에서 개념들이 작동해 생각의 균열을 일으킨다는 것은 자신의 혼, 이성이 살아 움직인다는 증거이기도 하다. 다중의 신념대로 살고 있는 것은 아닌지, '동굴의 죄수'처럼 누군가에 의해 목과 사지가 결박된 상태로 살고 있는 것은 아닌지 의심해볼 일이다.

플라톤에게 '철학'은 행복으로 가는 길이자 인류를 재앙으로부터 구원할 방책이었다. 결코 '배반'할 수 없는 애인이자 친구요 동지이며 삶 그 자체였다. 그에게 철학자란 지혜에 이끌려 '모든'

지혜를 욕구하고 배움에 '만족할 줄 모르는' 사람이다. 내게 철학은 '어떻게 살 것인가?'를 끊임없이 되묻는 벗과 같은 존재다. 육십세의 나이에 시라쿠사로 와달라는 디온의 부탁을 받고 '어떻게 살 것인가?'를 고민해야 했던 플라톤에게처럼 이 질문은 내게도 여전히 유효하다. 요즘 내 마음엔 '무상과 생성의 삶'에 대한 욕망과 자본주의에 대한 분노가 공존한다. 딸아이의 이 년 남짓 계속되는 회사생활을 지켜보며 꽤 오랫동안 묻어두었던 이 사회에 대한 분노가 스멀스멀 차오른다. 어떻게 살 것인가? 나의 이성은 어떠한 '영혼 돌봄'으로 나의 혼을 훌륭한 상태로 이끌 것인가?

인간의 조건과 능동적 삶
- 스피노자를 읽다

'내가 곧 우주다!' 그러나…

인터넷을 하다보면 회원 가입을 위해 가끔 '별명'을 요구하는 경우가 있다. 그럴 때면 좀 난감하다. 딱히 마음에 드는 별명이 없기 때문이다. 그래도 가입을 하려면 제출을 해야 하니 고민 끝에 만들어본 게 두 개 있다. 더 젊은 시절엔 자본주의의 감당할 수 없는 속도에 분노하며 '한가로이'라는 별명을 썼다. 나이가 좀 든 어느 날 "내가 곧 우주"라는 희미한 깨달음을 얻고부터는 '우주'라는 별명을 쓴다. 건방이 하늘을 찌른다. "좁쌀 한 알에도 우주가 있다"고 하던 무위당 장일순 선생은 좁쌀 한 알을 뜻하는 일속—粟을 호로 썼다. 나는 거꾸로 가보기로 했다. 내가 곧 우주다!

　　다음은 이전에 썼던 글의 일부분이다. 삼십 년 전쯤 대학시절의 일이다. 늦봄이나 이른 여름이었을까 학교로 가던 버스가 여의도 광장에 정차했다. 사람들이 버스를 내려 좌우로 퍼져나갔고 나는 차창에 기대어 무심코 그 모습을 보고 있었다. 그런데 차에서 내린 그 사람들이 멀어져 가면서 마치 개미처럼 보이더니, 나 자신은 거인이 된 듯 부풀어 오르기 시작했다. 그다음에는 다시 내가 개미처럼 작아지면서 내 뒤로 산더미 같은 그림자가 덮쳐왔다. 내가 차창 밖의 사람들을 개미로 보고 있는 것처럼 무언가 나를 개미처럼 바라보는 시선이 다가왔다. 묘한 기분이었지만 정신은 몽롱하듯 맑아지는 느낌이었다. 나는 태어나 처음으로 내 몸 안의 세포가 나를 인식하지 못하지만 나의 한 부분이듯, 나도 내가 알지 못하는 무언가의 한 부분일 수도 있겠다는 생각과 함께 이 세상 모든 것이 하나라는 생각에 사로잡혔다.

"나, 더불어 사람, 더불어 자연, 더 커지는 나" 이 말은 그날의 경험이 내게 전해준 안개 같은 메시지를 내 의식이 간신히 붙잡은 앙상한 가지 같은 표현이다. 내가 사람들과 더불어 공감하는 만큼, 자연과 더불어 공감하는 만큼, 그만큼 내 스스로가 더 커져갈 것이라는, 그래서 무한대까지 가보면 내가 우주가 될 수 있을 것이라는 무한긍정. 이 세상 모든 것이 하나로 연결되어 있다는 생각은 나에게 수시로 '사람들과 더불어 공감하며 살고 있는지, 자연과 더불어 공명하며 살고 있는지' 묻는다. 하지만 나는 여전히 미로에 갇혀 있다.

나는 '내가 곧 우주!'라며 호기를 부렸지만, 그로부터 길은 미로가 되었고 따라 나오는 물음에는 답을 할 수 없었다. 자본은 절대 악이요 노동은 절대 선으로 알고 살아오던 터에, 자본과 노동이 다 한 몸이라면 대체 선악은 누구에게 따져 물어야 하는 것인가?

또한 '내가 우주와 한 몸'이라면 최소한 타인의 고통을 나의 고통처럼 느낄 수는 있어야 할 텐데 몸이 전혀 따라주지 않는 이유는 무엇인가? 결국 깨닫는 것과 그것을 실천하는 것은 완전히 다른 차원의 일인가 아니면 뭔가 잘못 깨달은 것인가?

스피노자의 우주

십칠 세기 네덜란드의 철학자 스피노자. '사과나무의 철학자'로 학창시절 친구들의 무한 존경을 받았건만, 정작 그 말의 주인공은 스피노자가 아니라 마르틴 루터라고 한다. 하나 더! 스피노자는 '몇' 신론자도 아니라지만 교회에 다니지 않는 것이 예외였던 시절, 그 '범신론자'는 열혈 청년(?)들로부터 남모르는 흠모를 받았다. 하지만 '사과나무'와 '범신론'은 풍문을 통해 형성된 부적합한 관념이 되고 말았다.

오랜 세월이 지난 후 그의 본 모습을 제대로 살펴본다. 전쟁과 정치, 종교적 격변 속에서 스물넷의 나이로 담담히 파문을 받아들이고 공동체로부터 추방당한 젊은이. 결코 길지 않았던 여생을 렌즈 세공으로 연명하며, 인간에게 "지속적으로 가장 큰 기쁨을 영원히 줄 수 있을" 무엇인가를 찾아나선 사람.

스피노자에게 우주는 "신"이다. "존재하는 것은 모두 신 안에 있으며, 신 없이는 아무것도 존재할 수 없고 또 파악될 수도 없다."[1] "신의 본성의 필연성에서 무한히 많은 것이 무한히 많은 방식으로 생겨나지 않으면 안 된다."(1:16) 그러니 '나' 곧 '인간'을 제대로 이해하려면 우선 신과 그의 본성을 이해해야 한다. 스피노자는 "절대적으로 무한한 존재, 즉 제각각 영원하고도 무한한 본질을 표현하는, 무한한 속성들로 이루어져 있는 실체를 신으로 이해한다."(1:정의6) 신의 본질은 "신의 존재와 동일"(1:20)하고, 곧 "그것의 본질이 존재를 포함하는"(1:정의1) 자기기원인이며, "신의 능력은 신의 본질 자체이다."(1:34) 즉 신의 능력이 펼쳐지며 존재하는 우주 전체의 역동적인 장場이 바로 스피노자의 신의 모습이다.

"존재하는 모든 것은 그 자체 안에 존재하거나 아니면 다른 것 안에 존재한다."(1:공리1) 스피노자는 '그 자체 안에 있으며 그 자체에 의해 파악되는 것'을 실체라 하며, 실체의 변용들로서 '다른 것 안에 있으면서 다른 것을 통하여 파악되는 것'을 양태라 한다.(1:정의3,5) 그의 우주에는 실체와 양태만이 존재하며 그 외의 초월적인 것은 아무것도 없다.

속성은 "실체의 본질을 구성"(1:정의4)하는데, "제각각 영원하고도 무한한 본질을 표현"한다. 따라서 양태는 실체의 변용이자 동시에 속성의 변용이기도 하다. 들뢰즈에 따르면 "속성은 그것이 그 본질을 구성하는 실체와 그것이 그 본질들을 포함하고 있는 양태들에 공통적인 하나의 형식"[2]이다. 이로부터 실체 곧 신과 양태 사이의 존재론적 위계는 없어진다.

---

1   스피노자, 『에티카』, 황태연 옮김, 비홍출판사, 2020, 1부 정리15.
2   들뢰즈, 『스피노자의 철학』, 박기순 옮김, 민음사, 2015, 171쪽.

"신의 절대적 본성에서 필연적으로 생겨나는 사물들은 신에 의해 직접적으로 산출되어야만 했고, 신 없이는 존재할 수도 파악될 수도 없는 다른 것들은 전자의 매개에 의해서 산출되어야만 했다."(1:28:주석) 내들러에 따르면, 스피노자는 '예순네 번째 편지'에서 신의 속성으로부터 따라 나오는 직접적 무한 양태의 예로는 '무한지성'과 '운동과 정지의 법칙'을 들고 있으며, 매개적 무한 양태의 예로는 '우주 전체의 모습'을 제시하고 있다.[3] 이처럼 신은 "그 자신의 법칙에 의해서만 활동"(1:17)하기 때문에, 이 우주에는 우연적인 것은 존재하지 않으며 "모든 것은 일정한 방식으로 존재하고 작용하도록 신의 본성의 필연성으로부터 결정되어 있다."(1:29)

그러면 신의 본성으로부터 따라 나온 우리 인간의 본질은 어떤 것인가? 인간의 본질은 일정하게 규정된 방식으로 신의 본성을 표현하는 변용 또는 양태로서, "신의 속성들의 일정한 변형들로 구성되어 있다."(2:10:계) 인간은 사유 속성과 연장 속성의 변형인 정신과 신체로 구성되어 있지만 신과 달리 "필연적 존재를 포함하지 않는다."(2:공리1) 따라서 유한 양태로서 인간은 유한하고 규정된 실존을 갖는 다른 모든 독특한 실재와 마찬가지로 "한정된 존재를 가지는 유한한 다른 원인에 의해 존재하고 작용하도록 결정되지 않는한, 존재할 수도 작용하도록 결정될 수도 없다."(1:28)

---

3   스티븐 내들러, 『에티카를 읽는다』, 이혁주 옮김, 그린비, 2016, 167쪽.

인간의 조건

인간은 정신과 신체로 구성된 존재다. 인간 신체는 외부 물체들과 매우 많은 방식으로 자극을 주고받으며 살아간다. 또한 자신을 유지하기 위해 매우 많은 수의 다른 물체들을 필요로 하며 그것들을 통해 자신을 끊임없이 재생시킨다. (2:요청3,4,6) 한편 인간의 정신은 신의 무한 지성의 일부로서 "지극히 많은 관념들로 구성"(2:15)되어 있으며 "인간 정신을 구성하는 관념의 대상 안에서 일어나는 모든 것"(2:12)을 지각한다. 그런데 "인간의 정신을 구성하는 관념의 대상은 신체, 즉 현실적으로 존재하는 어떤 일정한 연장의 양태"(2:13)이다. 따라서 인간 정신은 "신체의 변용들이나 그 변용들의 관념들"을 통하지 않고서는 자기 자신과 자신의 신체 그리고 외부의 물체들을 인식할 수 없다. (2:19,23,26)

그런데 인간 정신은 "외부로부터 결정되어 사물들과 우연히 접촉함으로써 이것 또는 저것을 생각할 때, 자기 자신에 대해서도 자신의 신체에 대해서도, 외부 물체들에 대해서도 타당한 인식을 갖지 못하고 단지 혼란스럽고 단편적인 인식만을 가진다."(2:29:주석) 왜냐하면 외부 물체들이 우리 신체를 자극하여 변화를 일으키면 우리 신체에는 그 결과로 물체들의 심상(이미지)들이 남게 되고, 이에 대한 관념은 "인간 신체의 본성과 동시에 외부 물체의 본성도 포함"(2:16:증명)하기 때문이다. 타당하지 못한 관념, 곧 부적합한 관념은 "전제 없는 결론들과 같은 것"(2:28:증명)인데, 들뢰즈에 따르면 "그것은 형식적으로 우리의 이해 능력에 의해서 설명되지 않고, 물질적으로 자신의 고유한 원인을 표현하지 않기 때문이며, 우발적인 만남에 그칠 뿐 관념들의 연관에는 이르지 못하기 때문이다."[4]

인간 정신은 신체 변용의 관념에 수반한 감정을 느끼는데 감정은 때로는 더 큰 완전성으로 때로는 더 작은 완전성으로 이행한다. 우리가 "작용하는 한에 있어서의 정신에는 어떠한 슬픔의 감정도 관계될 수 없고 기쁨과 욕망의 감정뿐"(3:59:증명)이지만, 작용을 겪을 때의 수동적 감정은 기쁨과 슬픔 모두에 관련된다. 스피노자에게 기쁨이란 "정신이 더 큰 완전성으로 이행하는 수동"이며, 슬픔이란 "정신이 더 작은 완전성으로 이행하는 수동"이다. (3:11:주석) 하지만 인간은 자연의 일부인 한 대부분 작용을 겪게 되고, 존재를 지속하는 우리의 힘은 제한되어 있으며 "외부의 원인의 힘에 의하여 무한히 능가된다."(4:3) 따라서 "인간은 필연적으로 항상 수동적 감정에 예속"(4:4:계) 된다.

유한 양태로서 인간은 고립되어 존재할 수 없고 다른 실재들과의 마주침 속에서 신체 변용을 겪을 수밖에 없으며, 그 과정에서 인식 조건상 부적합한 관념을 피할 수 없다. 그러면 부적합한 관념은 왜 문제가 되는 것일까? 그것은 우리의 정신이 "타당한 관념을 가지고 있는 한에서는 필연적으로 어떤 것을 행하지만, 타당하지 못한 관념들을 가지고 있는 한에서는 필연적으로 작용을 받"(3:1:증명)기 때문이다. 다시 말해 정신이 부적합한 관념을 더 많이 가질수록 정신은 더 많은 수동적 감정들에 구속되기 때문이다.

---

4   들뢰즈, 같은 책, 120쪽.

수동적 감정의 힘은 "우리가 존재를 지속하려고 노력하는 능력에 의해 한정되지 않고, 우리의 능력과 비교되는 외적 원인의 힘에 의하여 정의된다."(4:5) 따라서 "어떤 수동 또는 감정의 힘은 인간의 기타의 작용이나 능력을 능가할 수 있으므로, 그러한 감정은 인간에게 끈질기게 달라붙는다."(4:6) 스피노자는 감정의 힘에 압도되어 감정을 제어하고 억제하지 못하는 인간의 무능력을 "예속"이라고 한다. 그러므로 부적합한 관념으로 인해 "감정에 종속된 인간은 자기 자신을 다스리지 못하고 운명의 지배 아래 있으며, 스스로 더 좋은 것을 보면서도 더 나쁜 것을 따르도록 종종 강제"(4: 서문)되고 "원하든 원하지 않든 간에, 자신이 대부분 모르는 것들을 행"(4:66:주석)하게 된다.

인식과 능동의 선순환

우리는 존재 조건적으로 부적합한 관념과 수동적 감정에 제약되어 있다. 부적합한 관념은 수동적 감정을 부르고 수동적 감정은 부적합한 관념을 부른다. 악순환이다. 어떻게 이 악순환으로부터 한 발 내딛을 것인가? 정신의 역량은 인식이고 인식은 '인식 활동'일 터. 일단 관념을 하나씩 펼쳐보자.

"각각의 사물은, 자신의 능력이 미치는 한, 자신의 존재를 끈질기게 지속하려고 노력"한다.(3:6) 따라서 "사물은 결코 자신이 파괴될 수 있는 어떤 것, 즉 자신의 존재를 제거하는 어떤 것을 자신 안에 가지고 있지 않다. 반대로, 개물Particulars, 個物은 자신의 존재를 제거할 수 있는 모든 것에 대항한다."(3:6:증명) 각각의 사물의 이러한 노력을 코나투스conatus라 하는데, 이는 "그 사물의 현실적 본질"(3:7) 자체이며, 인간에 있어서도 그러하다. 그런데 "악의 인식은 타당하지 못한 인식이다."(4:64) 왜냐하면 "악의 인식은 우리에게 의식된 한에 있어서의 슬픔 자체이며, 슬픔은 더 작은 완전성으로의 이행이므로 슬픔은 인간의 본질 자체에 의해서는 이해될 수 없"기 때문이다.(4:64:증명) 그러므로 코나투스의 본성에는 슬픔도 없고 부적합한 관념도 없다. 슬픔과 부적합함은 외부 사물로부터 온 것이다. 그렇다면 우리도 일단 '자신의 본성의 필연성에 따라' 살아보자.

우선 슬픈 감정에서 벗어나도록 하자. 어떻게? "감정은 그것과 반대되는, 그리고 억제되어야 할 그 감정보다 더 강력한 어떤 감정에 의해서가 아니면 억제될 수도 없고 제거될 수도 없다."(4:7) 슬픔과 상반되고 더 강한 정서란 다름이 아니라 슬픈 감정에 대한 '인식과 이해'로부터 나오는 능동적 감정일 것이다. 스피노자는 슬픈 감정에 대해 "외부 원인의 사상으로부터 분리하여 다른 사상들과 결합"(5:2)하고 "뚜렷하고 명확한 관념을 형성"(5:3)하라고 한다. 그러면 마음의 동요는 파괴되고 수동적 감정은 수동이기를 그친다. 또한 슬픈 감정을 "필연적인 것으로 인식하"고(5:6) "다양한 원인에 관련"(5:9)시켜라. 그러면 "우리는 우리의 본성과 반대되는 감정에 의해 교란되지 않는 동안은 지성의 질서에 따라서 신체의 변용들을 정리하고 연결하는 능력을 갖"게 될 것이다.(5:10) 슬픈 감정에 고착되면 우리는 더 작은 완전성으로 이행함으로써 힘이 빠진 상황에서 외부 사물에 반작용하느라 또 다시 힘을 소진하게 된다. 그 결과 '인식과 이해'의 능동성을 발휘할 기회를 잃어버리게 된다. 그러니 슬픈 감정은 이제 그만!

다음은 기쁜 감정을 활용해보자. 슬픈 감정에 지배되지 않는 동안 우연적으로 마주친 기쁜 만남, 즉 우연적으로 생겨난 역량 중대의 기회를 보존하고 확장하려고 노력하자. "좋은 만남들을, 즉 우리와 결합되고 우리에게 기쁜 정념들을 불러일으키는 양태들과의 만남을 선택하고 조직"해보자. 그러면 우리의 신체와 우리를 기쁨으로 변용시키는 다른 신체 사이에서 "지성을 따르는 질서" 즉 공통적인 어떤 것을 표상하는 최초의 공통 개념들을 형성할 수 있다. 이제 이 공통 개념들로부터는 능동적 감정인 기쁨이 나온다. 다시 이 능동적인 감정들은 우리에게 더 일반적인 공통 개념들을 형성할 수 있는 힘을 부여한다. 이 새로운 공통 개념들로부터 나오는 새로운 능동적 기쁨의 감정은 슬픈 감정들까지도 대체할 수 있게 된다.[5] 우리는 이제 공통 개념과 능동적 감정의 선순환을 통해 적합한 인식의 범위를 넓혀 나갈 수 있는 기회를 갖게 되는 것이다.

스피노자는 우리가 공통 개념을 통해 적합한 인식을 확대할 수 있다고 알려준다. "모든 물체는 어떤 점에 있어서 일치한다."(2: 보조정리2) 우리는 일치하는 물체 사이에는 어떤 공통적인 것이 있음을 알 수 있다. 그런데 "모든 것에 공통적이며, 부분의 속에도 전체의 속에도 똑같이 존재하는 것은 타당하게 파악될 수밖에 없

---

5   들뢰즈, 같은 책, 142~143쪽.

다"(2:38) 또한 "인간의 신체와 인간 신체가 흔히 자극받아 변화되는 어떤 물체들에 공통적이며 특유한 것이고, 이들 각 물체의 부분 속에도 전체 속에도 똑같이 존재하는 것이라면, 그러한 것의 관념도 역시 정신 안에서 타당할 것이다."(2:39) 따라서 정신은 그 "신체가 다른 물체들과 공통으로 가지고 있는 것이 많으면 많을수록 보다 많은 것을 타당하게 지각하는 데 더욱 유능하다."(2:39:계) 나아가 "정신 안에서 타다한 관념들로부터 정신 안에 생기는 모든 관념도 또한 타당"(2:40)하므로, 우리는 공통 개념을 지렛대로 하여 적합한 관념을 확대해나갈 수 있게 된다.

이제 우리를 기다리고 있는 것은 "신의 지적 사랑"이다. 스피노자는 우리의 지복至福 또는 자유가 "신에 대한 변함없고 영원한 사랑 또는 인간에 대한 신의 사랑"에 있으며, 이 사랑은 "정신의 만족"이라고 한다. (5:36 주석) 스피노자는 일단 "정신은 신체의 모든 변용 또는 사물의 심상들을 신의 관념과 관련시킬 수 있다"(5:14)고 하면서 우리의 용기를 북돋는다. "정신의 최고의 덕은 신을 인식하는 것 또는 삼종의 인식을 써서 사물을 인식하는 것"(5:27 증명)인데 삼종의 인식은 "신의 어떤 속성들의 형상적 본질에 대한 타당한 인식에서 사물의 형상적 본질에 대한 타당한 인식으로 나아간다."(2:40: 주석2) 즉 삼종의 인식은 나와 신 그리고 사물 사이의 본질의 합치에 대한 통찰이다.

"우리의 정신은, 그 자신과 신체를 영원의 상 아래에 인식하는 한, 필연적으로 신에 대한 인식을 가지며, 또한 자신이 신 안에 있으며 신을 통해서 파악된다는 것을 안다."(5:30) 신에 대한 인식을 가지려면 시간성을 떠나 '영원의 관점'에 서야 한다. 스피노자는 "우리가 소멸하는 것을 밝힌 정신의 부분은 표상"(5:40:따름정리)이라고 지적한다. "정신이 이성의 지령에 따라서 사물을 파악하는 한, 관념이 미래 또는 과거의 사물에 관한 것이든, 혹은 현재의 사물에 관한 것이든 간에 똑같이 자극받아 변화한다."(4:62) 과거, 현재, 미래로 지속하는 시간은 신체 변용에 의한 표상일 뿐이다. 매 순간 영원을 사는 자, 곧 신이 아니겠는가.

"知之者 不如好之者 好之者 不如樂之者"

스피노자를 만나는 것은 이채로운 경험이다. 삼백오십 년 전의 위대한 철학자가 펼친 지적 사유를 통해 꽤 오랫동안 취미삼아 홀로 상상해오던 '나와 우주의 관계'에 대해 진지하게 돌아보게 되었다. 지금껏 '나는 우주다!'라는 제목 하나만 달랑 넣고 다녔는데 이제 그 아래 몇몇 소제목을 달고 싶은 욕망이 생긴다. 불교의 무상이나 연기, 노장의 도道라는 개념이 서양의 여러 철학 개념과 만나는 것도 상상력을 자극한다.

정기신精氣神으로 실체-속성-양태의 세계를 생각해보면 흥미로울 것도 같다. 『에키타』를 읽고 생각하는 동안 여전히 내 안에 끈질기게 자리 잡고 있는 이분법적 사유를 확인할 수 있었지만, 그 확인의 기쁨 또한 적지 않았다.

선과 악의 문제, 개인적 공부와 사회활동의 문제 역시 마찬가지다. 사회활동이란 누군가와 더불어 해야 하는데 내 주위엔 여전히 '그 시절 그 친구들'이 많고, 나는 예전의 선악 개념에서 멀어지다 보니 늘 머뭇거리게 된다. 하지만 또 다른 측면에서 보면, 내가 먼저 존재하고 그다음에 나의 자유의지로 무슨 사회활동을 하는 것이라기보다는 '지금 내가 맺고 있는 사회관계 자체'가 바로 '나'일 텐데 그 이분법을 벗어나지 못하고 있다. 뭔가 새로운 사회활동을 욕심내기에 앞서 내가 지금 만나고 있는 한 사람, 한 집단과의 관계부터 몸으로 마음으로 진솔하게 돌아보는 것이 우선일 터.

"자연 상태에서는 모든 사람의 동의에 의하여 선 또는 악이 되는 것이 아무것도 없음을 우리는 쉽게 이해할 수 있다."(4:37:주석2) 나는 딱 거기까지였다. 그다음은 자연 상태와 사회 상태 사이에서 오리무중. 스피노자는 선악의 문제 역시 다양한 관점에서 본다. "선과 악의 인식은, 우리에게 의식된 한에 있어서의 기쁨 또는 슬픔의 감정"(4:8)이다. 선악은 결과로서의 기쁨과 슬픔의 정서일 뿐인데 사람들은 이를 절대 선악으로 만들어 추구하려고 한다.

선과 악은 "우리가 사물들을 서로 비교함으로써 형성하는 개념일 뿐이다. 왜냐하면 동일한 사물이 동시에 선이 될 수도 있고 악이 될 수도 있으며, 선과 악에 무관한 것이 될 수도 있기 때문이다."(4:서문) 우리는 어떤 것이 선이기 때문에 욕망하는 것이 아니라, 반대로 우리가 욕망하기 때문에 그것이 선이 되는 것이다. 스피노자에게 "죄란 불복종"(4:37:주석2)이다. 불복종의 대가는 기꺼이 감수해야 한다. 죄란 자연 상태에서는 존재하지 않으며 사회 상태에서만 존재하는 것이다. 불복종의 대가가 없는 그런 식의 자유로운 사회는 없다는 얘기로도 들린다. "이성에 의해 인도되는 사람은 자유롭게 생활하려고 노력하는 한에 있어서 공동의 생활과 공동의 이익을 고려하려고 하며, 따라서 국가의 공동적 결정에 따라서 생활하기를 욕구한다."(4:73:증명) 그러니 '자유롭게 살아가려는 노력'이 방해받는다면 저항은 자연권이 될 것이다. 이만하면 선악의 길을 제법 헤쳐 나갈 수 있겠다.

앎과 실천의 문제는 어떤가? 이 역시 이분법을 벗어나면 숨통이 좀 트인다. 알고 나서 그리고 실천하는 것이 아니라, 다시 한번 "앎이 곧 실천"이다. '안다는 것'은 역량, 곧 '할 줄 아는 것'이어야 한다. 수영할 줄 모르면 수영하는 법을 모르는 것이고, 자전거를 탈 줄 모르면 자전거 타는 법을 모르는 것이다. 그런데 왜 이것은 받아들이면서 다른 것들은 '알지만 실천하지 못한다'는 생각을 고집하는 것일까? 잘 하고 못하는 것은 논외다. 국가대표가 아니어도 수영을 즐길 수 있고, 십 미터밖에 가지 못하더라도 그만큼은 수영을 하는 것이다. 이 지점에서도 여전히 '완전한 앎'과 '완전한 실천'이라는 허상에 사로잡혀 있는 것은 아닌가. 인식과 감정의 문제도 감정이 동의할 만큼 '충분히! 이해하고, 충분히! 정서화 하는' 일만 남는 셈이다. '더불어' 살 줄 아는 만큼만 '더불어'의 의미를 아는 것이다.

"知之者 不如好之者 好之者 不如樂之者"라 했다. "도를 아는 사람은 도를 좋아하는 사람만 못하고 도를 좋아하는 사람은 도를 즐기는 사람만 못하다." 시간에 치어 『논어』로 독서 욕구를 달래던 예전 어느 날, 공자님은 왜 '즐기는 자'를 최고로 쳤을까 하는 물음에 문득 느낌이 왔다. "그래. 진정 즐기는 자만이 '실천'이란 걸 할 수 있을 거야." 오랫동안 스피노자를 만나면서 많은 것을 배우고 익혔다. 남는 것은 조금이나마 어떻게 좋아하고 즐길 것인가이다. 아마 도를 좋아하는 사람이나 즐기는 사람은 배우고 익힌 도를 정서화한 사람일 것이다.

'힘에의 의지'와 창조적 삶
- 니체를 읽다

투박한 생각들

회사 생활 내내 출근길은 집을 나와 전철역까지 걸어서 십오 분, 전철 타고 십오 분 다시 내려서 회사까지 걸어서 십 분이었다. 서울 변두리의 한적한 시골스런 길과 여의도의 샛강 공원이 내려다보이는 길이었다. 그 오랜 나날들을 걸어 다녔으니 얼마나 많은 잡생각들을 했을까. 어느 날인가 죽음에 대한 생각을 했다. 나 죽고 나면 이 몸은 어찌될까? 몸이 다 분해되고 결국 원자가 되어 온 세상으로 흘러 다니겠지. 그러다 원자 한두 개는 저 나무로, 또 한두 개는 저 돌멩이로 합쳐질지도 모르겠다. 아니 그 옛날 저 돌멩이의 원자였던 것이 지금 내 몸에 들어와 있을지도 몰라. 지구의 원자는 모두 우주에서 온 것이라니 내 몸의 원자 몇 개쯤은 다시 우주로 돌아갈 수도 있겠다. 이런 오묘한 생각들을 하며 출근길을 걸었다.

때로는 '우주는 하나'라는 생각에 젖어들었다. 장회익 선생의

'온생명론'과 러브록의 '가이아 이론'도 떠올랐다. 그들은 고립된 낱생명이나 개체생명 또는 그 네트워크만으로는 생명의 기능을 유지할 수 없다는 사고로부터 지구 생태계 전체를 하나의 생명으로 간주한다. 생각은 꼬리에 꼬리를 무는 법이고, 사람은 무엇이든 자신에 빗대어 생각하기 마련이다. 그러니 지구생명에도 정신이 있어야 하고 삶의 의미도 있어야 한다. 지구생명의 정신작용이란 어떤 걸까? 우리가 두 개의 눈을 가지고 있는 것처럼 지구생명은 칠십 억 인구의 두뇌를 자신의 두뇌로 가지고 있는 걸까? 인간의 사유를 다 모으면 지구생명의 정신이 되는 걸까? 지구생명을 전제로 할 때 내 삶의 의미는 어떻게 되는 것일까? 이런 유의 생각은 과학에서 출발해 신비주의적으로 흐르는 경향이 있다. 어쩌면 '더불어'라는 나의 생각도 '지구생명' 속에서 내 삶의 의미를 찾아보려는 몸짓이었는지도 모르겠다.

'시간'이란 것에 대해 처음으로 깨쳐본 건 무려 마흔 살쯤, 제레미 리프킨의 『엔트로피』라는 책을 통해서였다. 얘기인즉 에너지는 사용할 때마다 쓰레기가 생기게 되므로 언젠가는 사용가능한 에너지가 죄다 없어진다는 것이다. 그러면 운동도 멈춘다. 오로지 '문과'였던 나로서는 엔트로피도 신기했지만, 더 놀라왔던 건 엔트로피의 증가가 바로 시간의 방향을 의미한다는 내용이었다. 시간은 그저 돌고 도는 것이거나 마냥 흘러가는 것으로만 알았는데 방향이 있다니! 현대과학이 전하는 바에 따르면 태양의 생애는 절반을 지났으며 앞으로 사십억 년 정도 더 존재하고, 지구는 삼십억 년정도면 황무지가 될 것이라고 한다. 그러거나 말거나 그 즈음 틱

낫한 스님의 책에서 '지금 여기'를 배웠다. '생각 념念'이라는 글자를 파자하면 '지금의 마음'이 된다. 온전히 지금 여기에 머물러 살라는 거였다. 그로부터 내게 시간이란 우주 백삼십칠 억 년의 과거 시간과 미래의 시간이 동시에 '지금 여기의 나'에게 당겨진 것이 되었다. 모래시계의 병목!

'우주는 하나', '지금 여기'와 같은 생각들의 기저에는 젊은 시절의 이념적 사유, 특히 마르크스주의의 목적론과 결정론으로부터 벗어나고자 하는 무의식적 욕망이 놓여 있었는지도 모른다. 세월이 흘러도 여전히 세상사 모든 일을 자본은 절대악이요 노동은 절대선이라는 이분법적 대립으로 환원해버리는 경박한 편리함에 대한 회의가 깊었다. 또 자본주의 사회에서 화이트칼라 생활을 오래 하다 보니 '사회적 존재가 의식을 규정한다'는 식의 결정론도 몹시 거슬렸던 모양이다. 어쨌거나 니체의 새로운 개념들을 통해 지난 시절 나의 투박한 생각들을 잠시나마 저울질 해보고픈 욕구가 생겼다.

힘들의 바다

투박한 생각들을 좀 더 들여다본다. 투박한 생각 속에 꽤나 많은 갈래들의 작은 흐름이 연결되어 있다. 우주가 하나라면 그 구성성분은 모두 같을 것이다. 모든 것은 무한한 과거로부터 변화해왔으며 무한한 미래로 또 그렇게 변화해갈 것이다. 이것은 저것이 되고 저것은 이것이 될 수 있다. 그러니 죽음의 공포는 없다. 제일원인에 대한 관심은 없었지만 백삼십칠 억 년 전의 빅뱅으로부터 우주의 생성을 설명하는 '현대의 창조신화', 현대과학은 흥미로웠다. 다양한 개체보다는 우주가 하나라는 동일성에 대한 생각이 더 강했다. 그러다보니 사회적으로는 자본계급과 노동계급의 대립, 노동은 절대선이라는 생각이 흔들렸다. 전체로서의 우주는 모든 변화를 그 안에 안고 있으니 어찌 보면 우주 그 자체는 불변일수도 있겠다고 생각했다. 변화를 생성으로 여겼던 것 같고, 생성은 자연적 질서에 따라 낳고 또 낳는 순환 비슷한 것으로 생각했다.

니체에게 세계란 밀물과 썰물, 파도가 끊임없이 출렁이는 "힘들의 바다", 힘들의 장場이다. 그리고 이 힘들의 바다에서 변화를 만들어내는 것은 힘에의 의지다. 힘에의 의지는 '힘들의 새로운 상태'를 의지하는 것이다. 들뢰즈에 따르면 "니체에게서 힘의 개념은 다른 힘과 관계 맺고 있는 어떤 힘의 개념이다. 즉 이 측면에서 힘은 의지로 불린다. 의지는 힘의 미분적 요소이다."[1] 내가 생각했던 원자 자리에 니체의 힘이 들어선다. 나처럼 원자와 같은 입자를 기준으로 생각하면 입자와 입자 사이의 거리나 공간이 생기지만, 힘 즉 에너지를 기준으로 보면 우주만물 사이에 거리나 공간은 없다. 따라서 고립된 힘이란 없으며 모든 힘은 연결되어 있고 운동은 전체 차원에서 동시에 일어난다는 것이 더 명확하게 다가온다. 이처럼 상호 연결된 힘의 개념은 물리적·생물적 힘뿐 만아니라 사회적·정치적 힘의 차원에서도 비유가 쉽다. 동양의 '기氣일원론'과도 통

---

1   들뢰즈, 『니체와 철학』, 이경신 옮김, 민음사, 1999, 26쪽.

하는 지점이 있다. 진은영은 '원자'를 기준으로 하는 생각에 대해 근원주체, 일종의 제일원인에 대한 사유로 빠질 우려가 있다고 분석한다.

니체가 말하는 "힘에의 의지는 지칠 줄 모르고 생명을 탄생시키는 생명의지다."[2] 이 의지는 생식 욕구와 생성 욕구를 가지고 있다. 또한 힘에의 의지는 "생명체로 하여금 복종하고 명령하도록 하며, 명령을 하면서 복종을 익히도록 설득"(194)한다. 서로 관계를 맺고 있는 힘 사이에는 명령하는 힘이 있고 복종하는 힘이 있다. 힘 그 자체에 질적 차이가 없다면 명령, 복종의 관계를 규정짓는 것은 힘의 양적 차이다. 하지만 이러한 힘의 양적 차이는 관계 속에 있는 힘들 사이에 명령, 복종이라는 질적 차이를 부여하게 된다. 힘 사이에 질적 차이가 있다면 이는 윤리적 문제를 발생시킬 것이다. 자본계급과 노동계급의 차이에 대해 내가 쉽게 흔들린 이유를 알 수 있을 것 같다. 사회적 힘이란 것도 명령, 복종관계 속에 있다면 단순한 양적 차이로 무화無化될 수 없을 것이다. 들뢰즈는 이러한 힘의 유형에 대한 사유를 중간점으로 힘과 긍정적·부정적 힘의지로 발전시켰지만, 차라투스트라 한 권의 텍스트에서 그것을 추적하기에는 역부족이다.

니체에게 힘에의 의지는 자기극복이다. 생명은 "끊임없이 자신을 극복해야만 하는 존재"다. 자기극복은 생식을 향한 의지 또는 목적, 보다 높은 것, 보다 먼 것, 보다 다양한 것을 향한 충동이라

---

2   니체, 『차라투스트라는 이렇게 말했다』, 정동호 옮김, 책세상, 2017, 193쪽.

할 수 있지만, "이 모든 것은 하나요 동일한 비밀이다."(195) "사람은 극복되어야 할 그 무엇이다. 너희는 사람을 극복하기 위해 무엇을 했는가?"(16~17) 사람은 무엇인가를 극복해야 할 위대한 '주체'가 아니라, 스스로가 극복되어야 할 '웃음거리이자 부끄러움'이다. 그런데 사람의 무엇을 극복하자는 것인가? 차라투스트라는 우리가 할 수 있는 가장 위대한 체험은 우리가 누리고 있는 행복과 이성과 덕이 역겹게 느껴지는 경멸의 시간이라고 한다. 그러니 극복해야 할 것은 '맹목적인 안정추구'가 되어버린 행복과 신체의 주인노릇을 하는 작은 이성, 무리도덕으로부터 나오는 왜소한 덕이다. 차라투스트라는 우리에게 힘에의 의지와 영원회귀의 사유를 발판삼아 위버멘쉬Übermensch, 超人의 선조가 되라 한다.

힘에의 의지는 창조이기도 하다. "나의 의욕은 언제나 나를 해방시켜주는 자이자 기쁨을 전해주는 자로서 나를 찾아온다. 의욕은 해방을 가져온다. 그것이야말로 의지와 자유에 대한 참다운 가르침이다"(143) "의욕이 곧 창조"(340)이다. 차라투스트라는 위버멘쉬를 창조하고자 한다. 사람들이 먼 바다를 바라보고 신을 이야기할 때 그는 위버멘쉬를 이야기했다. 그에 따르면 '국가가 끝나고 있는 저쪽에' 위버멘쉬에 이르는 다리가 보인다. 신과 국가는 만인을 위한 선과 악, 보편적인 선과 악을 강제한다. 차라투스트라는 달리 묻는다. "너는 너 자신에게 너의 악과 너의 선을 부여하고 너의 의지를 법이라도 되듯 네 위에 걸어둘 수 있느냐? 너는 너 자신에게 판관이, 그리고 너의 법의 수호자가 될 수 있는가?"(104) 새로운 삶, 자기만의 삶을 창조하기 위해서는 "너는 마땅히 해야 한다"

에 대해 '아니오'라며 "나는 하고자 한다"(39)고 말할 수 있는 사자의 정신, 부정의 정신, 용기가 필요하다.

순환과 생성

수수께끼는 답을 알 듯 말 듯 한 문제지만, 답을 알고 나면 '아하!' 하고 무릎을 치게 된다. 수수께끼의 묘미는 바로 이 '아하!'에 있다. 그런데 이 묘미를 느끼려면 답을 알아야 한다. 답을 모르는 수수께끼만큼 답답한 것도 없다. 지금 내게 영원회귀는 아직 수수께끼인 채로 남아 있다. 니체가 '한 줄 답안'을 남겨놓지 않았기 때문에, 내 스스로 '아하!'를 불러일으킬 만한 답을 마련해야 한다. 이리저리 뜯어볼 뿐 좀처럼 '아하!' 소리가 나오지 않는다.

　니체는 "모든 것이 되돌아온다고 말하는 것은 생성의 세계와 존재의 세계를 최대로 접근시키는 것, 즉 심사숙고의 절정"(들뢰즈, 100)이라고 했다. 영원회귀란 최대한의 생성적 삶이란 뜻으로 이해된다. 들뢰즈에 따르면 "영원회귀 속의 동일성은 되돌아오는 것의 속성이 아니라, 차이나는 것을 위해 되돌아오는 상태"(들뢰즈, 103)이다. 영원회귀는 힘에의 의지에 시간성을 도입함으로써 생성의 의미를 더욱 풍성하게 해준다.

　차라투스트라에는 영원회귀에 대한 이야기가 같은 듯 다른 버전으로 차례로 등장한다. 차라투스트라가 목구멍으로 기어든 뱀 대가리를 물어뜯어 뱉은 일로 인해 지치고 병들어 누워 있을 때, 그의 짐승들이 말한다. "모든 것은 가고 모든 것은 되돌아온다. 존재의 바퀴는 영원히 돌고 돈다. 모든 것은 죽고, 모든 것은 다시 소생한다. 존재의 해年는 영원히 흐른다…. 똑같은 존재의 집이 영원히 지어진다…. 존재의 바퀴는 영원히 자신에게 신실하다. 매 순간 존재는 시작된다…. 영원이라는 오솔길은 굽어 있다."(360) 모든 것은 가고 모든 것은 되돌아온다. 변화에 대한 나의 생각이 그랬다. 하지만 이 생각의 문제점은 우주는, 자연은 매 순간 내 앞에 새로운 모습으로 등장하지만 나는 반동적 힘의 방관자적 태도로 그 순간을 맞이한다는 사실이다. 내가 아무 짓을 하지 않아도 세상은 변화한다. 그런데 이렇게 돌고 도는 순환도 생성이라 할 수 있는가? 그런 생성은 내게 무슨 의미가 있을 것인가?

차라투스트라는 위대한 인간이 왜소한 인간과 너무나 닮아 있고 또 이 왜소한 인간들이 영원히 되돌아온다는 것에 대해 혐오와 싫증을 느꼈다. 하지만 그는 병들어 누워 있는 동안 '위안거리와 쾌차'를 생각해냈다고 그의 짐승들에게 말한다. 이에 그의 짐승들은 새로운 리라에 맞춰 "새로운 노래"를 부른다.

"보라, 그대가 무엇을 가르치고 있는지, 우리 알고 있으니. 만물이, 그와 더불어 우리 자신도 영원히 되돌아온다는 것이지. 우리가, 우리와 더불어 만물이 이미 무한한 횟수에 걸쳐 존재해왔다는 것이지. 그대는 생성의 거대한 해年, 거대한 해라는 괴물의 존재에 대해 가르치고 있다. 그것이 다시 출발하여 내달리기 위해 모래시계처럼 늘 되돌려져야 한다는 것이지."(364)

이 새로운 노래는 앞의 이야기와 어떤 차이가 있는 것일까? '존재의 해'라든가 '똑같은 존재의 집', '존재는 시작', '굽어 있는 오솔길'과 같은 표현으로 볼 때 병든 상태의 차라투스트라는 개별 존재를 중심으로 순환적 회귀를 생각하는 것 같다. 그러나 새로운 노래는 생성이 중심이고 만물과 우리가 '더불어' 되돌아올 수밖에 없다는 내용이다. 왜소한 인간들만 빼고 돌아온다는 것은 불가능하니 내가 돌아오기 위해서도 왜소한 인간들이 돌아와야 한다. 혐오하고 싫증낼 일이 아니다. 자신이 만물에 원인으로 참여하고 있다는, 왜소한 인간들의 되돌아옴에도 자신이 원인으로 참여하고 있다는 깨달음. "내게 우연한 일들이 일어날 수도 있는 때는 지나갔다. 이미 나 자신의 것이 아닌 그 어떤 것이 새삼 내게 일어날 수 있다는 말인가!"(253) 내가 적극적 힘으로 나의 주사위를 던져 만물에 참여할 때만 생성이 의미를 지닌다. 내가 사람과, 자연과 더불어 살아간다는 주체적 의미보다 우리와 만물은 이미 그 자체로 '더불어' 생성중이라는 의미가 더 강하다.

'시간'을 어떻게 볼 것인가 하는 문제는 영원회귀에서 중요한 의미를 지닌다. '순간'이라는 길의 이름이 씌어 있는 성문 아래서 차라투스트라가 난쟁이에게 묻는다. "누군가가 있어 이들 가운데 하나를 따라 앞으로 더욱 앞으로, 그리고 더욱 멀리 갈 경우, 그래도 이 길들이 영원히 맞부딪치고 있으리라고 믿는가?" 난쟁이가 "곧바른 길이란 하나같이 속임수다. 진리는 하나같이 굽어 있으며 시간 자체도 일종의 둥근 고리다"라며 경멸조로 중얼거리자, 차라투스트라는 화를 내며 말한다. "너무 가볍게 생각하지 말라!"(262) 난쟁이는 시간을 순환으로 보는 반면 차라투스트라는 시간의 문제를 '순간'으로 본다. 이 '순간'은 과거와 미래를 집약하고 있는 시간이다. 하지만 여기서도 내가 생각하는 '지금 여기'의 느낌으로는 생성의 순간을 만들 수 없다. '지금 여기'의 순간을 제아무리 충만하게 맞이해본들 반동적 힘으로 새로운 것을 생성할 수는 없기 때문이다. 차이를 만드는 새로운 것만이 생성이며, 차이는 긍정적 힘의지에 기반 한 적극적 힘을 통해서만 만들어진다. 가치전환이 없는 순간은 충만할 수 없는 순간이다.

영원회귀는 윤리적 사유이기도 하다. 고교시절, '완전 칸트를 닮았을 것 같은' 윤리 선생님으로부터 수업시간마다 들었던 얘기가 '정언명령'이다.

너의 행위의 준칙이 동시에 보편적 입법의 원리가 될 수 있도록 행위하라.

그런데 영원회귀의 '정언명령'은 칸트보다 훨씬 단순, 강력하다. "너! 똑같은 상황이 영원히 다시 오더라도 그렇게 선택할래?" 저절로 움찔해진다. 진은영의 해석은 한발 더 나간다. '위대한 긍정과 위대한 부정!' 현존을 변화시키며 새로운 현존으로 나아가게 하는 생성의 사건에는 '네'라고 답하고, 왜소한 것이 변함없이 그대로 되돌아올 때는 '아니오'라고 답하자는 것이다.[3]

---

3   진은영, 『니체, 영원회귀와 차이의 철학』, 그린비, 2017, 140쪽.

꼬리를 무는 생각들

개념에 기초하지 않고 시작된 젊은 시절의 '투박한 생각들'을 니체의 개념들을 통해 되돌아보면서 그 생각들에 스며 있는 개념의 그림자 같은 것들을 볼 수 있었다. 그림자들은 두세 겹으로 포개져 있으며 어떤 것들은 짙게 드리우기도 했다. 니체의 개념에 대한 이해도 충분치 않으니 생각이 뒤죽박죽되기도 했지만, 개념을 사용해 지난 생각들을 더듬어보는 일은 정체된 생각에 새로운 출구를 만드는 기회가 될 수도 있다. 진은영의 책에서 접한 반유기체적 일원론과 이시적 상호인과성에 대한 논의는 내게 훌륭한 팁이다.

반유기체적 일원론은 내가 '우주는 하나'라는 생각을 펼쳐나갈 때 그 생각이 '우주는 하나의 유기체'라는 생각과 갖는 경계를 분명히 하고 잘 살펴야 할 필요성을 전해준다. "니체는 만물이 하나라는 사유는 우주가 하나의 생명체, 유기체라는 사유와는 절대적인 차이를 갖는다고 주장한다. 유기체 개념에는 하나의 전체가 특정한 목적을 향해 나아가거나 본질을 실현한다는 사유가 내재해 있기 때문이다."(진은영, 73) 사유의 옳고 그름 이전에 차이를 분명히 하는 일은 불필요하게 생각의 미로 속에서 헤매는 일을 줄여줄 것이다.

'이시적 상호의존성'은 "과거 사건의 원인들의 특정한 배치에 우발적으로 현재적 원인들이 끼어듦으로써 새로운 사건 배치가 발생하고, 이 새로운 배치 속에서 과거의 배치 속에 존재했던 원인들은 새로운 사건의 원인으로 다시 태어"(진은영, 131)남을 설명하는 개넘이다. 이 개념은 깨달음에 의지하는 자의 능동적 참여와 만남의 우발성을 통해 현재의 순간이 언제나 창조적 생성의 순간임을 멋지게 보여준다. 흥미롭게도 이 부분에서 주체는 '깨달음에 의지하는 자'로 표현되고 그의 능동적 참여도 아주 미세한 하나의 원인에 불과하다는 단서가 달린다.

생성과 변화에 대한 사유에서 주체의 문제는 내게 늘 골칫거리로 남는다. 주체는 내 생각 안에서도 자유의지로 백배 무장한 구성적 주체에서 구성된 주체로, 자기동일성을 갖지 않는 다수적 복합체로 계속 해체되는 중이다. '자기동일성을 갖지 않는 개체'라는 개념은 우리에게 익숙한 언어로는 도무지 설명도 이해도 쉽지 않다. 하지만 비개체성이나 비인격성을 둘러싼 논쟁의 맥락은 조금이나마 이해가 된다. 당분간은 차라투스트라의 가르침을 화두로 삼아 내 신체와 정신을 통해 주체를 생각해보려고 한다.

"신체는 커다란 이성이며, 하나의 의미를 지닌 다양성"이고 우리가 '정신'이라고 부르는 작은 이성은 "커다란 이성의 작은 도구이자 놀잇감일 뿐이다."(52) 클로소프스키는 "신체의 일관성은 자아의 일관성"이라 한다. 앞의 말과 연결해보면, 신체가 '하나의 의미'를 지닌다는 것은 신체가 일관성을 갖는다는 뜻일 텐데 결국 그 일관성은 자아의 일관성이 된다. 그에 따르면 신체 자체는 죽음과 재생에 의해 여러 번 죽고 되살아나지만 자아는 일관성의 환상에 빠져 이 죽음과 재생의 과정을 관통하여 살아남은 것처럼 행세한다. 그는 "자아의 동일성이란 신체의 비가역적인 역사, 즉 인과들의 연쇄에 귀속되는 것처럼 보인다"[4]는 말도 덧붙인다.

나의 오십대 초반은 결과적으로 작은 '시도와 모험'이 되고 있다. 그날 오후 다섯 시, '퇴직'이라는 '사건'이 수면위로 떠오른 시간, 나는 사무실에서 홀로 고민에 빠졌다. 퇴직하면 이제 더 이상 임노동관계는 맺지 않으리라 다짐한 터였다. 지금 나가느냐 아니면 못마땅하지만 제안에 따르고 팔 개월 후 또 한 번의 임기를 기대해보느냐? 미래의 경제적 불안에 대한 '약간의 공포'와 그것을 이겨내기 위한 '약간의 용기' 사이를 오갔다. 한 시간 후 마음을 정했다. 힘에의 의지, 차이의 발생적 요소란 그런 것인지도 모른다. 그 순간 긍정적 힘 의지가 나를 통해 솟아올랐을 것이다. 퇴직 후 삼년 반, 경제적 고민이 해결된 것은 아니지만 지내다보니 '근거 없는 자신감'일지라도 맷집은 생긴다. 나는 '새로운 가치', 내 나름의 삶을 만들고자 하는 의지로 여전히 두리번거리고 있다. 내 앞길에 우발적 만남, 기쁜 마주침이 자주 일어나기를 기대하며.

4　　클로소프스키, 『니체와 악순환』, 조성천 옮김, 그린비, 2010, 53쪽.

2부

나를
찾아가는
여행

먹고, 자고, 걷고,
깨달으며 완주

'도를 향한 마음'

"인생은 나그네 길. 어디서 왔다가 어디로 가는가…. 구름이 흘러
가듯 정처 없이 흘러서 간다." 이제는 '할배 노래'가 되어버린 유행
가의 한 소절이다. 손오공이 원숭이 왕 시절, 신나게 잔치를 벌이
며 놀다가 문득 앞으로 늙어 죽을 것이라는 생각이 들자 근심스런
눈물을 흘리게 되었다. 그때 부하 원숭이가 외친다. "대왕께서 이
처럼 먼 앞날을 염려하신다면, 진정 '도를 향한 마음'이라는 것이
피어나기 시작한 것입니다."[1] 손오공은 몇 마디 물어본 뒤 당장 불
로장생의 비법을 배우러 길을 떠난다.

　　'탐욕이 인간의 운명이라면 구도 또한 원초적 본능!'이라는
데 내게도 과연 구도의 본능이 깨어난 적이 있었나? 내 노트북에는

1　　오승은, 『서유기』, 서울대학교 서유기번역연구회 옮김, 솔출판사, 2004, 1권 46쪽.

'깨달음'이라는 거창한 이름의 파일이 하나 있다. 이천일 년 시작해서 한 달에 몇 줄씩 이어져오다 이천십일 년쯤 결국 '보관용'이되고 말았다.

첫 부분에 '땅 vs 상업용지 : 땀과 혼이 스며있는 생명의 땅, 농토', '씨앗과 생명 : 하나의 씨앗이 맺는 수많은 열매들, 고추'라는 '깨달음 아닌 깨달음'이 보인다. 아이들의 초등학생 시절 지인들과 함께 수리산 자락에서 오 년 남짓 주말농장을 했다. 나는 당시 우연히 '도를 향한 마음'이란 게 무엇인지 얼핏 깨달았던 것 같다. 이처럼 '도를 향한 마음'은 죽음이나 자연과 같은 것에 접속하면서 시작되는 모양이다.

『서유기』는 대승大乘 경전을 찾아 떠나는 구도의 여행기이자 마음속 깨달음의 이야기다. 삼장법사와 그 제자들은 십사 년 동안 십만 팔천 리 길을 걸어 서천西天에 도착한다. 삼장법사는 늘 이렇게 말한다. "오공아, 오늘 하루 내내 배를 곯고 있는데, 어디 가서 공양 좀 동냥해오너라.", "얘야, 저편에 마을이 가까워 보이는데, 하룻밤 묵고 내일 다시 떠나는 게 어떠냐?", "얘들아, 저 산이 산세가 험하니 조심해야겠다. 또 무슨 요괴가 해칠지 몰라." 그들은 배고프면 공양을 받아먹고 해떨어지면 잠자리를 얻어 잤다. 날이 새면 서쪽으로 걸었고 걷다가 요괴를 만나면 한바탕 싸움을 벌였다. 그리고는 또 먹고 자고 걸었다.

끝을 알 수 없는 길. 그들은 언제 도착할지, 서천이 어디쯤 있는지도 모르는 채 서쪽으로, 서쪽으로 걷고 또 걸었다. 작은 산길 하나를 오르다가도 길을 잃으면 마음이 혼미해지는 법인데, 언제

도착할지, 목적지가 어디쯤 있는지도 모르는 길을 가자면 어떤 마음으로 가야 하는 것일까? 길 위에서 길을 찾아가며 그들은 무슨 깨달음을 얻었을까? 우리네 인생길도 언제 끝날지, 어느 공간에서 끝날지 모른다. 하지만 태어났으니 가야 하고, 나 역시 예외가 될 수 없다. 나는 지금 그 길에서 '공부'라는 샛길로 발걸음을 옮기는 중이다. "뭐라도 할 거야. 살아 있으면 뭐라도 해야 하는 거니까."

'죽어도 간다' vs '여차하면 튄다'

인간은 자기의지와 관계없이 세상에 툭 던져진 존재다. 시간이 흐르면서 자의식을 갖게 되고, 삶의 어느 길목에선가 그 '의미'를 묻게 된다. 그러고는 나름대로 갖가지 목표를 세우고 의미를 부여하면서 자신의 길을 열어나간다. 삼장법사 일행도 각자 '자기구원'의 소망을 가지고 서천으로 가는 길에 모였다. 태어나면서부터 살해의 위협을 받고 강물에 던져진 파란만장한 인생의 삼장법사, 하늘궁전을 뒤엎을 정도로 승승장구했으나 석가여래에게 '의문의 일패'를 당하고 오행산 아래 눌려 오백 년 세월을 보내고 있던 손오공, 취중에 항아를 희롱하여 본인과 조직의 품위를 실추시킨 죄로 아래 세상으로 추방당한 저팔계, 반도대회에서 유리잔을 깨뜨리는 업무상 과실로 유사하로 내쫓겨 악행을 저지르며 살던 사오정.

금선자로, 제천대성으로, 천봉원수로, 권렴대장으로, 다들 한때 나름 도를 깨닫고 한 가닥 했으나 "도로아미타불"이 돼버린 존재들이다. 이제 아래 세상에서 새로 시작해야 한다. 그러나 자기구원의 발심도 다 같은 것은 아니다. 삼장법사와 저팔계의 마음가짐은 달라도 많이 다르다. 삼장법사는 출발부터 배수진을 쳤다. "폐하, 이번에 가면 목숨을 걸고라도 노력하여 바로 서천에 가겠나이다. 만약 서천에 닿지 못해 진경眞經을 구하지 못한다면, 죽어도 이 땅으로 돌아오지 못하고 지옥 나락으로 떨어질 것이옵니다."² 반면 저팔계는 '여차하면 튈' 생각이다.

"(백마야!) 움직일 수 있으면 바다로 돌아가라. 이 몸은 짐을 들고 고로장으로 돌아가 다시 데릴사위 노릇이나 해야겠다."³
"사오정, 멜대를 내려놓고 짐을 꺼내! 우리 둘이 나눠 갖자. 넌 유사하로 돌아가서 요괴 노릇을 계속해. 이 몸은 고로장으로 돌아가 마누라 만나보고, 백마는 팔아서 그 돈으로 관이나 사서 사부님 장례에 쓰라고 드리지 뭐. 모두 흩어지는 거야."⁴
"사오정, 빨리 짐 챙겨! 우리 갈라서자! 오정이는 유사하로 돌아가 사람을 잡아먹으며 살고, 나는 다시 고로장으로 마누라를 찾아가고, 형님은 화과산으로 가서 다시 제천대성으로 살고, 백마는 큰 바다로 돌아가서 다시 용이 되면 되지. 사부님은 요괴의 동굴에서 이미 결혼하셨단 말이야. 그러니 우리도 각자 살 길을 찾아 떠나자고."⁵

2   2권 64쪽.
3   3권 296쪽.
4   4권 46쪽.
5   9권 58쪽.

삼장법사는 긴 여정일수록 마음가짐이 단순해야 한다는 것을 보여준다. '죽어도 간다!' 긴 여정에 잔머리는 통하지 않는다. '죽어도 간다'는 그 마음은 구도의 길을 가다가 죽음을 맞이하겠다는 바람일지도 모른다. 구도의 길과 비슷한 운동이 있다면 단연 마라톤이다. 코스가 길다는 점이나 자신과의 싸움이라는 점에서 닮았다.

마흔 즈음, 단축마라톤에 푹 빠진 적이 있다. 오 킬로미터 경기부터 시작해 하프, 삼십이 킬로미터 경기까지 뛰고 나서 풀코스는 '환갑기념'으로 유보해뒀다. 아마추어 마라토너에게 최우선 목표는 '완주完走'다. '끝까지 뛰겠다'는 '단순무식'한 마음이 없으면 결코 결승점에 도달할 수 없다. 완주하기 위해서는 무엇보다 자기 페이스를 알고 유지하는 것이 중요하다. 구도와 같은 끝없는 길에서는 '완주'를 하겠다는 마음가짐만이 다른 모든 어려움을 견디게 한다.

한 번 돌아갔다가 다시 되돌아오려면 더 많은 고통이 따를 터. 다행히 저팔계는 말로만 튀었을 뿐 몸은 끝까지 갔다. 마누라 생각이 간절했던 탓인지 석가여래로부터 "아직도 여자에 대한 욕정이 사라지지 않았다"는 지적을 받고 부처가 되지 못한 채 정단사자의 직책을 수여받았지만 말이다.

저팔계는 왜 여차하면 돌아가고자 했을까? 초심이 굳지 못한 탓일까 아니면 떨쳐버리기 어려운 탐심 때문일까? 돌아가면 자신을 반겨주리라는 저 '근거 없는 자신감'은 또 어디로부터 나오는 것일까? 왠지 '오디세우스의 고향'이 자꾸만 겹쳐진다. 저팔계의 머릿속에 남아있을 법한 '변함없는 고향'에 대한 기대. 떠나온 그곳은 이미 '그때 그곳'이 아니니 돌아갈 생각일랑 접고 담백하게 끝까지

가야 한다. 그래야만 기약 없는 목적지에 닿을 수 있을 것이다.

또 하나의 길, '마음'

동승신주 오래국의 화과산 꼭대기에 있던 신령한 바위는 하늘과 땅의 정기, 해와 달의 정화를 받고 감응하여 신령한 '마음'이 생겨나고 돌알 하나를 낳았다. 손오공은 사월삼성동斜月三星洞이란 마을에서 수보리조사로부터 술법을 전수받았다. 사월斜月은 '心'이라는 글자의 갈고리모양을 상징하고, 삼성三星은 세 점을 가리킨다. 둘을 합치면 '심' 즉 마음을 의미한다. 뇌음사에 언제쯤 도착할지 묻는 삼장법사에게 손오공은 이렇게 대답한다. "사부님이 어릴 때부터 노인네가 될 때까지, 아니 늙은 다음 다시 어려지고, 그게 수천 번 된다 해도 거기 도착하긴 어려워요. 다만 사부님께서 지성으로 깨달으시고 한 마음으로 돌아보신다면, 그곳이 바로 영취산일 겁니다."[6]

구도의 길, 깨달음의 길, 서천. 목적지는 있으되 얼마나 시간이 걸리는지도 모르고, 어디쯤 있는지도 모른다. 서쪽이라는 방향만 알 뿐, 도착이 가능한지도 알 수 없다. "부처님은 영취산에 있으니 멀리서 찾지 말라. 영취산은 바로 그대의 마음속에 있느니라. 사람들에게는 모두 영취산의 불탑이 있으니 그 불탑을 보고 수행하면 되느니라."[7] 서천으로 가다보면 '내 마음속에 있는 서천'을 찾

---

6   3권 115쪽.
7   9권 137쪽.

게 된다는 얘기일까? '내 마음속에서 있는 서천'을 찾지 못한 채, 현실의 서천에 도착한다면? 그땐 아마 무자경전無字經典을 손에 넣을 것 같다. 그리고 무자경전을 보는 바로 그 순간, '내 마음속의 서천'을 찾게 될 것 같다. 그렇다면 유자경전有字經典은 보너스로 받는 '방편'쯤 되는 게 아닐까?

'색즉시공 공즉시색色卽是空空卽是色', 실체라는 것은 없단다. 그러나 이를 어찌 깨달아나갈 것인가? '모르는 게 약'일까? 하지만 구도의 길과 같은 기약 없는 길에서는 모르면 두렵고 무지는 곧 병이 된다. 두려워도 한발 한발 가볼 수야 있겠지만 오래 가지는 못할 것이다. 배워서 알고 깨닫는 것만이 현명한 '길'이다. '견성성불見性成佛', 내안에 부처 있다. 하지만 아직 내 마음에서 일어나는 '견성성불'에 대한 깨달음의 두께는 살얼음만큼이나 얇고 구도의 길, 공부의 길은 멀기만 하다.

『서유기』는 요괴열전이다. 요괴는 뱀, 베라, 베로만 기억하고 있는데 동물정령에 나무정령, 웬만한 건 이름만 붙이면 다 요괴가 되다니…. 요괴는 번뇌를 불러오는 것들이다. 내 마음 안에서, 몸 밖에서, 도처에서 시도 때도 없이 치고 들어온다. 언제 어디서 끝날지 모르는 서천길, 삼장법사 일행 앞에도 요괴들은 줄지어 나타난다. 도사의 모습으로, 미녀의 모습으로. 한편으론 잡아먹겠다는 죽음의 공포로 위협하고, 또 한편으론 성욕의 쾌락과 안락한 삶으로 유혹한다. 위협과 유혹의 내용은 동일하다. "가던 길을 멈춰라!"

삼장법사는 죽어도 가고자 했고 저팔계는 여차하면 튀고자 했다. 문무겸비 손오공은 온갖 수단을 써서 요괴의 정체를 알아내고

자 했다. 정체를 알아내지 못하면 더 이상 한 걸음도 나가지 못한다. 모르면 고통만이 뒤따를 뿐이다. 관음보살에게, 옥황상제에게, 용왕에게 하늘로 바다로 사방팔방으로 물어보고, 하나하나 온몸으로 관찰하여 알아내고 깨달아야만 했다. 그래야 요괴를 이겨낼 수 있기 때문이다. 번뇌도 그렇다. 번뇌가 어디에서 초래된 것인지 성찰하여 알 수 있다면 그 번뇌는 손오공의 여의봉에 맞은 요괴처럼 한 순간에 스르륵 사라져버릴 것이다.

"도로아미타불!" 게임

'공든 탑이 무너지랴?' '고~럼! 무너지지.' '공을 안 들인 거 아냐?' '아니, 천만의 말씀!' 그렇다. 공든 탑도 무너진다! 천릿길도 한 걸음부터 시작하는 건 맞지만 그렇다고 천 리를 갈 수 있다는 보장은 없다. 영문소설은 매번 앞쪽 몇 페이지에만 손때가 묻지 않던가. 우상향하는 직선형 발전에 대한 개념은 오래 전에 접었고, 지금은 나선형 발전이란 것에 대해서도 갸우뚱 한다. 뭔가를 깨닫고 행하는 일에서는 더욱 그렇다.

도 아니면 모! '깨달았거나 아니면 꽝이거나'다. 한번 깨달았다가 꽝이 됐다 해도 그리 슬퍼할 일만은 아니다. 또 다른 새로운 깨달음이 기다리고 있을 테니 말이다. 도를 찾아 떠나는 길은 '도로아미타불' 게임이다. 『서유기』의 '유遊'자는 '놀 유'자가 아니던가.

"도망가지 마라! 이 손 어르신의 몽둥이 솜씨를 한번 보여줄 테니." 놀란 여섯 도둑은 사방으로 도망갔지요. 손오공은 어슬렁어슬렁 걸으면서도 금방 쫓아가서 한 놈씩 때려죽여버렸어요. "사부님, 가시지요. 그 도둑놈들은 이 몸이 다 처치했습니다."[8]

"어쩔 수 없다. 만일 한 방으로 한 놈을 때려죽이면 사부님께서 또 내가 흉측한 짓을 했다고 혼내시겠지. 뭐 딴 걸 찾아서 대신 때려줘야겠다."[9]

"노인장, 그렇게 못되고 음탕하고 사악한 짓을 일삼는 자식은 부모까지 해를 입힐 것이니, 자식이라고 두어봤자 뭐하겠소? 내가 그놈을 찾아 죽여 드리겠소.", "어느 놈이 양씨 노인의 아들이냐?" 손오공은 그 앞으로 다가가 칼을 빼앗아 들고 누런 옷을 입은 사람의 머리를 댕강 베어버렸어요. "사부님, 이게 바로 양씨 노인의 못된 자식 놈입니다. 제가 놈의 머리를 가져왔습니다."[10]

손오공은 고개를 숙여 보따리를 여는 척하다 땅의 흙을 쥐고 위로 휙 뿌리며 주문을 외웠어요. 그것은 바로 몸을 꼼짝 못하게 하는 정신법이었지요. 손오공이 "꼼짝 마!" 하고 외치니 서른 명 남짓한 강도들이 어떤 놈은 이를 꽉 깨문 채, 어떤 놈은 눈을 부릅뜬 채, 또 어떤 놈은 손을 늘어뜨린 채 꼿꼿이 서서

---

8   2권 115쪽.
9   4권 167쪽.
10   6권 176~9쪽.

말도 못하고 손 하나 까딱하지 못하게 되었어요.[11]

서천 가는 길 내내 손오공을 괴롭히는 것은 정의감에 불타는 '욱!' 하는 킬러본능이다. 마음은 마음먹은 대로 다스려지지 않는다. 감정의 진폭은 좀처럼 축소되지 않는다. 삼장법사의 제자가 되자마자 손오공은 길에서 만난 도둑들을 '즉시' 때려죽인다. 삼장법사로부터 "재앙덩어리!"라는 꾸중을 듣자, 그들을 죽이지 않았으면 그들이 삼장법사를 죽였을 거라며 정당방위라고 항변하지만, 계속되는 지적에 그만 열을 받고 떠나버린다. 되돌아온 이후 손오공은 나름 신중해지는 듯했다. 그러나 그는 먹여주고 재워준 양씨 노인의 아들을 또 죽임으로써 두 번째 추방을 당한다. 잠시나마 깨달았던 것도 '도로아미타불'이 되고 만다. 이번에도 일의 옳고 그름 운운하며 관음보살에게 눈물로 호소해보지만 돌아오는 말은 "역시 네가 잘못한 것 같구나."

서천 길 수행이 지속될수록 손오공은 자신의 킬러본능을 잘 다스리게 되고, 이제는 요괴를 죽이는 데도 신중을 기한다. 마침내 부처가 되어 긴고테로부터도 해방된다. 공든 탑을 쌓은 것이다. 하지만 도착이 새로운 출발이 되듯, 깨달음의 사전에 '다 이루었다!'는 말은 없다. "부처도 미혹하면 중생"이라 했으니 부처님도 한순간 '도로아미타불'이 될 수 있지 않겠는가?

『서유기』에 등장하는 요괴 중에는 사타동의 사자요괴처럼 관

음보살이나 문수보살, 보현보살이 데리고 다니던 동물들도 있다. 이 요괴들은 혹 보살들이 깜박 정신 줄을 놓은 사이 '도로아미타 불'이 되어 생겨난 번뇌가 아닐까? 흑풍산 요괴에게서 금란가사를 되찾기 위해 친구요괴로 변신한 관음보살이 손오공에게 실토(?)한 다. "오공아, 보살이나 요괴나 결국 일념에서 나온 것일 뿐, 근본을 따지자면 모두 무에 속한 게 아니더냐."[12]

공부하며 깨닫기

우리는 모두 '인생'이라는 길을 걷고 있다. 우리네 인생길에도 끝이 있다는 것은 확실하지만 그게 언제일지, 어디쯤에서 끝날지 아무도 모른다. '완주'의 마음으로 먹고 자고 걸을 뿐이다. 그래서였을까? 스토아학파 철학자들은 매일 '죽음연습'을 했다고 한다. 오늘이 인생의 마지막 날이 될지도 모르니 늘 충실하게 좋은 삶을 살아야 한다는 뜻에서 그런 것이리라. 곰곰 생각해보면 이는 지극히 상식적인 추론이다. 그런데도 당연한 이 얘기가 아직도 충분한 '깨달음'으로, 일상적인 행함으로 전환되지 못하는 것은 무엇 때문일까? '도를 향한 마음'으로 구도의 길에 나서는 사람들은 이런 의문에 스스로 답해보려는 것은 아닐까?

'길 위에서 길 찾기.' 회사를 떠나 자유인의 삶을 시작한 지도 벌써 2년 반이 지나고 있다. 뒤늦게 공부의 길로 나서 차분히 '완

---

12   2권 210쪽

주'의 마음을 다지고 있는 중이다. "무슨 일을 해도 거기에 따르는 번뇌는 있다"고 했던가? 실로 그렇다. 회사에 다닐 때는 회사 일에 따른 고민과 함께 바쁜 와중에 단 몇 쪽이라도 글을 읽어보려는 갈망이 있었다. 지금 공부를 함에는 무슨 책을 먼저 읽어야 할지, 읽고 정리할 때는 어떤 방법이 좋을지 따위의 소소한 고민이 따른다. 게다가 자유시간을 제대로 관리해야 한다는 고민도 따라붙는다. 졸부가 돈 아까운 줄 모르는 만큼이나, 백수는 시간 아까운 줄 모를 수 있으니 말이다.

이천구 년의 일이다. 다니던 회사가 합병을 하게 되었다. 삼백 명 정도의 소규모였지만 회사가 셋이나 되었다. 덜커덕 인사담당 책임자로 발령이 났다. 손에 주어진 것은 이미 발표된 '구조조정 대상자 명단.' 신속히 구조조정을 마무리하는 동시에 새로운 회사조직을 만들어내야 했다. 일이 너무 많았다. 계속되는 야근에 술자리에 주말도 없었다. 회사생활 내내 오로지 책과 산과 친구(그리고 술)로 위로받아 왔는데 기껏 업무용 술자리가 전부였다. 몸도 지치고 마음도 지쳤다. 두 달 이상을 그렇게 보내다 궁리 끝에 탈출구를 찾았다. 『논어』와 백팔 배. "조문도석사가의朝聞道夕死可矣" 『논어』는 한 줄만 읽어도 하루를 견딜 수 있었고, 백팔 배도 이십오 분 정도면 충분했다. 사실 나로서는 대단한 발견이자 깨달음이었다.

회사를 떠나자 바로 '시간졸부'가 됐다. 『논어』 한 줄 읽을 시간이 아쉬웠던 때를 생각하면 지금은 흥부네 박 터진 셈이다. 그런데 묘하게도 공부나 운동, 일을 하는 강도가 알게 모르게 조금씩 떨어지면서, 그 흐름이 몸에 배고 있는 것을 느낀다. 한가롭고 느긋

하게 자유를 누리고자 하는 마음이 겪는 사치스런 번뇌라고나 할까. 손오공이 서쪽으로 가는 길이 너무 험준하다며 "난 안 가요! 안 가!" 하고 생떼를 쓰자 관음보살이 이렇게 타이른다. "네가 전에 인간의 길로 들어서기 전에는 마음을 다하여 수행하고 깨우치려 하더니, 이제 하늘의 재앙도 벗어났는데 어째서 게으름을 피우려는 거냐?"[13] 느낌이 확 온다. "앗! 뜨거!"

공부에는 이런 고민도 따른다. 십팔 세기 조선의 유학자들은 '참 나'를 찾으라 했다. 그런데 이번엔 '색즉시공 공즉시색', '무아'의 길로 가라 한다. '참 나'를 찾으라는 멘토와 '나'라는 것은 원래 없다는 멘토. 서쪽으로만 가기도 벅찬데 동쪽으로도 가보라니. 지금 나의 내공으로는 그 내용과 차이를 충분히 구분하기 어렵다. '참 나'를 찾아가다 보면 뫼비우스 띠의 엇갈리는 부분쯤에서 '무아'를 만나게 될지도 모를 일이다. 어쩌면 두 길은 만날 듯 평행을 달리는 기찻길인지도 알 수 없다. 그저 '완주'의 마음가짐으로 먹고 자고 공부하면서 다음 책에 등장할 '요괴'를 기대할 따름이다. 모름지기 읽고 쓰기를 대하는 태도는 이래야 한다.

삼장법사가 나무에 매달려 있는 것을 본 손오공이 높은 언덕에 올라 자세히 살펴보고 강도들이 오는 것을 확인하자 속으로 신이 나서 말한다.

"잘됐구나, 잘됐어! 이거 또 재미있는 일이 생겼는걸!"

---

13   2권 140쪽

오늘 하루를
소중히 여기는 삶

"자네, 길을 아는가?"

연암 박지원이 연행燕行 길에 압록강을 건너면서 동행하던 이에게
묻는다. "자네, 길을 아는가?" 그러고는 이렇게 뒤를 잇는다. "이
강은 바로 저들과 우리 사이에 경계를 만드는 곳일세. 언덕이 아니
면 곧 물이란 말이지. 사람의 윤리와 만물의 법칙 또한 저 물가 언
덕과 같네. 길이란 다른 데서 찾을 게 아니라 바로 이 사이에 있는
것이지." 나는 암송문으로 이 문장을 골랐다. 되뇌는 중에 슬그머
니 이런 의문이 들었다. '왜 하필 '길'이라고 옮겼을까? 그냥 '도道'
라고 읽으면 더 이해가 잘 될 것 같은데….' 그런데 이번에『길 위
의 인문학』과『로드클래식』을 읽으면서 그 '길'이 이제 '도'보다 더
다양한 뉘앙스로 다가오는 것을 느꼈다. 그리고 책을 덮은 다음에
는 "자네, 길을 아는가? 삶의 길 말일세. 자네, 어떻게 살아갈 것인
가?"라는 질문이 내게로 돌려졌다.

우리는 모두 삶의 길 위에 있다. 각자에게 주어진 시간은 다르겠지만, 대부분의 경우 가깝든 멀든 어렴풋하나마 자신이 정한 목표를 갖고 목적지를 향해 가고 있으며, 그곳에 도착하면 또 다음 목적지를 정할 것이다. 그런데 만일 목적지를 정하지 않고 길 위에 서면 어떻게 될까? 오늘은 이쪽으로, 내일은 저쪽으로, 마음 내키면 떠나고 아니면 머물고 하는 정처 없는 길도 가능할까? 그렇다면 그 길은 또 얼마나 지속될 수 있을까? 불안하진 않을까? 시간낭비는 아닐까? 목적지를 정하지 않고도 마음 편히 떠나려면 어떻게 해야 할까?

나는 오랜 세월 정해진 길을 따라왔다. 속마음까지 편한 길이야 세상 어디 흔하겠냐마는 외형적으론 평탄하고 좋은 길이었다. 그리고 마지막 목적지를 떠난 이후 다음 목적지를 고민하던 중에 이번에는 목적지를 정하지 않은 채 발길 닿는 곳으로 우선 가보기로 했다. '공부'라는 길. 그 길에서 필연적으로 마주친 것이 바로 책 읽기다.

지난 달, 이십여 년 목회자의 삶을 과감히 접고 강화로 귀촌한 선배를 실로 오랜만에 만났다. "넌 요새 뭐하니?" "글쎄, 그냥 공부해요. 요즘은 공부가 직업이에요." "그래? 와 반갑다. 너도 나처럼 '흰 손'이구나? 난 사는 게 직업인데." 오래된 인연들, 서로 다른 길을 갔던 인연들이 중년 백수의 길에서 하나둘 다시 만난다. 길이란 그런 곳이리라. 존재가 백수인 나로서는 백수라는 게 목적지를 두지 않고 길을 떠나는 데도 요모조모 장점이 많고, 게다가 중년 백수에게 '공부'는 대외적으로도 나름 괜찮은 명분이라 생각되어, 누군가 죽기 살기로 말리기 전까진 이 길로 주욱 가보리라 마음먹고 있다. 그렇다고 내가 공부에 무슨 대단한 뜻을 두고 있는 것은 아니다. 아직은 공부를 골프 좋아하는 친구가 필드 나가는 것쯤으로 가볍게 생각하고 있다. 난 골프 치지 않으니까 내가 좋아하는 공부를 하는 거다.

"백수는 인간의 원초적 본능이고 인류의 미래다"

> 아무도 하나의 배타적인 활동의 영역을 갖지 않으며 모든 사람이 그가 원하는 분야에서 자신을 도야할 수 있는 코뮌주의 사회에서는 사회가 전반적 생산을 규제하게 되고, 바로 이를 통하여, 내가 하고 싶은 그대로 오늘은 이 일, 내일은 저 일을 하는 것, 아침에는 사냥하고 오후에는 낚시하고 저녁에는 소를 치며 저녁식사 후에는 비평하면서도 사냥꾼으로도 어부로도 목동으로도 비평가로도 되지 않는 일이 가능하게 된다.[1]

오래 전 헤어진 친구를 만나듯 이 글을 다시 만났다. 반가웠다. 청년 시절엔 이 글의 앞부분, '코뮌주의 사회'에 꽂혔다. 뒷부분의 삶을 기대하며 앞부분에 몰두했던 이념의 시절, 사회제도를 만들기만 하면 자유로운 삶은 저절로 따라오리라 믿던 시절. 이젠 빛

---

1   칼 마르크스, 『독일 이데올로기』, 고미숙, 『길 위의 인문학』, 북드라망, 2014, 277쪽에서 재인용.

바랜 구호, 찢어진 깃발, 조르바의 "녹슨 고물총"이 되어버린 그 이념과 이상이 아직까지 몸 어느 구석엔가 희미한 흔적으로 남아 있음을 느낀다. 되돌아보면 가까운 곳을 멀리 우회하다가 길을 잃어버린 모양이랄까. 이제 세월이 흘러 중년의 백수가 되고 보니 스스로 뒷부분의 삶을 누릴 수 있는 절호의 기회를 맞았다. '무용지용無用之用, 쓸모없음의 쓸모'란 이런 것일까? 그저 가다보니 '어! 여기 예전에 가려던 데 아냐?' 하고 다시 한번 두리번거리게 되었다.

"야 언제까지 공부할 거냐?" 도시농업 활동을 하는 친구가 묻는다. "글쎄, 이삼년 더 해보고." "저놈 저거, 아주 원풀이를 하는구나, 원풀이를 해. 야! 공부 적당히 하고 같이 일 좀 해보자." 이따금 지인들로부터 협동조합이나 그와 비슷한 유의 일에 대한 다분히 형식적인 권유를 받곤 한다. 아직은, 머리 아픈 일에 다시 매이고 싶지 않고, 또 홀로 공부하는 게 더 좋아서 흔쾌한 답변을 주지 못한다. 당연히 '삶 따로 공부 따로'가 되어서야 안 되겠지만 '공부가 거의 삶'이 되다시피 한 지금의 이 현실이 바람직한 것인지 여전히 아리송하다. "산다는 게 곧 말썽이오. 허리띠를 풀고 말썽거리를 만드는 게 바로 삶이오!"라는 조르바의 말과, "글이 써지지 않는 이유는 삶 속에서 아무것도 시도하고 있지 않아서인지도 모른다"는 귀동냥이 조금 무겁게 다가온다.

이 와중에 만난 "백수는 인간의 원초적 본능이고 인류의 미래다"라는 고미숙의 글은 심히 위로가 되면서도 한편으론 '인류의 미래를 개척해야 하는' 사명감(?)에 어깨도 뻐근해지는 느낌이다. 그런데 뒤이어 "백수는 사회를 위해, 인류를 위해 특별히 더 좋은 일을 할 필요가 없다. 오직 자신을 배려하는 기술을 갈고 닦으면 된다. 이름 하여 자기 배려의 윤리 혹은 양생술養生術이 그것이다"라는 데에 이르니 한결 마음이 편해진다.

'오호라! 그래, 내 한 몸이나 제대로 챙기라 이 얘기지?' 그럼에도 나는 여전히 '사회와 인류를 위해 더 좋은 일'로부터 속 시원히 벗어나지 못하고 있다. '자기 배려'와 '사회와 인류를 위해 더 좋은 일' 사이에는 무엇이 가로놓여 있을까? '자기 배려'를 제대로 하면 후자는 자연히 따라오는 것일까? 둘이 양자택일이거나 이율배반적인 것은 아닐진대 아직은 둘 사이로 이어지는 길을 깨우치지 못하고 있다. 내가 풀어야 할 과제!

고미숙의 '백수를 위한 비전'은 단순명쾌하다. "노동에서 활동으로! 화폐에서 자유로! 쾌락에서 충전으로!" 그리고 "소유에서 순환으로!" 그러니 백수로서 위의 테제를 구체적으로 실천하는 외에 어떻게 살 것인가 대한 무슨 뾰족한 방법이 더 있을까? 필요한 건 약간의 용기와 뚝심일 뿐. 누가 뭐래도, 배가 좀 고파도, 뚜벅뚜벅 백수의 길을 가보는 것. 목적지와 성과에 연연해하지 말고 하루하루 충만한 삶을 보내는 과정에 착목하는 것. 목적지가 없어도, 예비양식이 없어도 그게 '엄청난 여행길'이라면 기꺼이 떠나는 「돌연한 출발」의 주인공처럼 말이다.

내가 대답했다. "내가 이미 말했잖는가. '여기에서 떠나는 것' 그것이 나의 목적지일세." "나리께서는 어떤 예비 양식도 갖고 있지 않으신데요." 그가 말했다. "나는 그 따위 것은 필요없다네." 내가 말했다. "여행이 워낙 긴 터라 도중에 무얼 얻지 못한다면, 나는 필경 굶어 죽고 말 것이네. 예비 양식도 날 구할 수는 없을 걸세. 실로 다행스러운 것은 이 여행이야말로 정말 엄청난 여행이라는 걸세."[2]

오늘은? 좋은 날!

'작심삼월'이 될지도 모를 일 한 가지. 밤에 잠자리에 누우면 '오늘 좋은 날?' 하고 가볍게 묻고는, 느낌에 따라 '오늘? 좋은 날! 내일도 좋은 날!' 하든가 아니면 '오늘은 칠십 점 정도? 내일은 좋은 날!' 한다. 아침에는 눈을 뜨자마자 '날마다 좋은 날! 오늘도 좋은 날!' 하고 다짐한다. 한 친구에게 "내, 요새 이런 짓을 하노라" 했더니 "아니, 그런 초딩 같은 짓을 아직도?"라는 답변이 돌아왔다. 내일 걱정 없는 자유인이 되다 보니 편안한 이들끼리 술자리가 길어지는 경우가 종종 생긴다. 백수들이야 늦잠이라도 푹 자면 그만이지만 다음 날 출근해야 하는 이들은 몸 고생, 마음고생이 이만저만이 아닐 터, 민폐가 될 일이다.

그래서 자구책으로 떠오른 것이 운문화상의 화두 "날마다 좋은 날"이다. 그즈음 『낭송선어록』을 읽고 있었던 탓. 화두의 생활화라고나 할까. 눈뜰 때부터 눈감을 때까지 하루를 오롯이 잘 살아보자는 취지에서다. 삼 개월 가까이 해보니 술 덜 마시고 돈 덜 쓰고,

---

2   프란츠 카프카, 「돌연한 출발」, 『변신』, 이주동 옮김, 솔, 2007, 608쪽.

책 읽고 산에 가고, 오랜 친구 선후배를 만난 날들은 주저 없이 "오늘 좋은 날!"이라고 답하게 된다. 그런 날은 아주 기분 좋게 잠이 든다. 그러다 보니 자연스레 불필요한 일들이 줄어들 뿐만 아니라 매사에 다소 신중해짐을 느꼈다.

"어떻게 살 것인가?"라는 질문에 작심삼월로 흐르던 "오늘 좋은 날"을 계속 살려보기로 마음먹었다. 지금까지는 잘 때와 일어날 때의 다분히 감각적인 자문자답이었지만, 앞으로는 내용을 더 풍성하게 만들어보려고 한다. '오늘' 또는 '지금, 여기'를 충만하게 산다는 것은 어떤 결과나 목적보다 과정으로서의 삶 자체를 중히 여긴다는 뜻이다. 하지만 목적을 두지 않는 삶, 결과나 성과를 목표로 하지 않는 삶을 산다는 게 생각만큼 쉬운 일은 아닐 터. 우리는 무슨 일을 하든 주변에서 그 일의 목표에 대한 질문을 받게 되고, 스스로도 어떤 성과가 있는 일에 가치를 부여하며 살아왔다. 그러다 보니 목적 없는 삶은 괜스레 무익한 것으로 간주되어 시간이 지날수록 자꾸만 고개를 갸우뚱하게 된다. 어쩌면 목적이란 것을 의도적으로 밀어내는 것 자체가 또 하나의 집착일지도 모르겠다. 살아생전에 카잔차키스의 묘비명 "나는 아무것도 바라지 않는다. 나는 아무것도 두려워하지 않는다. 나는 자유다"라는 경지에 단 한 번만이라도 가볼 수 있을까?

이즈음에서 공부의 필요성을 다시금 느낀다. 책을 읽고 글을 써본다는 것은 끊임없이 나 자신에게 말을 걸어보는 것이다. 시도 때도 없이 기존의 척도, 목표나 성과로 되돌아가려는 자신에게 문제를 던지며 경쟁적 자본주의 사회의 중력으로부터 스스로를 끌어

올리려는 노력과 연습 없이는 '과정으로서의 삶'이 소중하게 이어
질 리 없다. 그동안의 공부를 통해 다르게 생각하는 힘, 스스로를
돌아보는 힘에 대해 조금은 익힌 듯하다. 읽기만큼 잘 되지 않는
쓰기가 여전히 고민거리이긴 하지만 되든 되지 않든 계속 도전해
보는 재미도 있다. 게다가 글을 쓰는 과정에서 체험하고 발견하게
되는 한두 가지의 시행착오는 공부를 해나가는 데 큰 도움이 되는
듯하다. 그렇지만 카프카의 「변신」은 역부족이었다. 결국 뒷심부족
으로 역시 '공부'만 하고 말았다. 다음에 카프카를 또 만난다면 훨
씬 반가우리라는 기대로 위안을 삼을 작정이다.

> 사랑하는 사람은 보상이 필요없다. 사랑하는 순간 이미 천국
> 을 경험하게 되니까. 그렇다면 공부에도 목적이나 이유, 대가
> 따위가 필요하지 않다. 공부하는 순간 삶은 이미 축제가 되니
> 까. 그리고 그 축제의 절정이 곧 평상심이다. 일상이 공부요
> 곧 도가 될 때, 생사의 문턱 역시 가뿐히 넘나들 수 있다.[3]

---

3   고미숙, 같은 책, 93쪽.

나를 찾아가는
여행

"명리학이 뭔데요?"

이천십사 년 일 월 팔 일, 나는 오랫동안 다니던 회사를 그만두었
다. 공교롭게도 회사를 떠나기 전후 약 보름동안 내 손에 들려 있
던 책이 『조용헌의 사주명리학 이야기』다. 조용헌은 동양사상의 연
구경향을 강단동양학과 강호동양학으로 나누면서 강호동양학을
구성하는 삼 대 과목으로 사주, 풍수, 한의학을 소개한다. 조선시대
과거시험인 '잡과' 출신의 이 과목들은 근대의 도래와 함께 고난의
시절로 들어간다. 그에 따르면 한의학은 천구백칠십 년대 초반에
학문적 시민권을 얻게 되고 풍수도 천구백팔십 년대 중반에 영주
권이나마 받게 되나, 사주명리학은 아직 미아리 골목에서 이리저
리 방황하는 불법체류자 신세라고 한다.

　　그로부터 두 달 전쯤. 고교 선배, 친구와 셋이 저녁 술자리에
서 『논어』, 『중용』, 『노자』를 안주 삼는 무례를 저지르는 중이었다.

이야기 끝에 선배가 뜬금없이 하는 말. "너 나중에 명리학 공부 한 번 해봐라." "예? 명리학이 뭔데요?" 술김에 머리를 스치고 지나가는 한자는 목숨 명命자가 아닌 이름 명名자였으니, 이런 무식하기는. 그나마 사주명리학이라고 얘기했으면 팔자에 대한 것인가 보다 했을 텐데 말이다. 그날 조용헌의 책을 소개받았으나 아쉽게도 절판상태였다. 대신 음양오행에 대한 그의 짧은 칼럼을 모아놓은 다른 책을 한 권 구했고, 그렇게 나는 동양의 불법체류자를 처음 만나게 되었다.

그해 연말 직원들과의 송년 술자리에서 사주팔자에 대한 이런 책을 읽었노라 수다를 떠는 중에 후배 직원이 "어? 저 그 책 있어요. 조용헌 사주명리학!" 다 읽었으니 기꺼이 빌려주겠다고. 그래 퇴사 전에 빌려 읽던 책을 해가 바뀌고 퇴사 후, 마저 다 읽었다. 태어나 처음 읽었던 명리에 관한 책이라 세세한 내용이 기억나지는 않지만 강호동양학답게 '강호'의 냄새가 물씬 풍겼던 것 같다. 퇴사 후 책 주인과 약속이 있던 날, 잘 챙겨서 돌려주었더니 "그거 퇴직 선물로 드릴게요" 한다.

명리학은 운명의 이치를 탐구하는 공부다. 운명의 운運자에는 '운전하다轉, 움직이다動'는 뜻이 있으니 운명이란 '타고난 명을 운전하고 움직이는 것'이라고 할 수 있으며, 그렇다면 명리학은 타고난 명을 운전하고 움직이는 이치를 탐구하는 공부가 된다. 나는 운運자가 가진 뜻 중에 어쩐지 동動자에 마음이 간다. 동, 움직이다, 움직임, 흐름. 그래서 운명을 '명命의 흐름'으로 읽고 싶다. 바로 이 '흐름'이 혹 필연지리와 당연지리를 알아가는 실마리가 되지는 않을까? 과연 나의 글쓰기 기계는 명리학이라는 원천기계와 접속해서 무슨 흐름을 어떻게 절단하고 채취할 수 있을까?

팔자와 욕망

운명, 명命의 흐름! 팔자 속에 있는 오행의 기운도 흐르고, 들뢰즈-과타리의 욕망도 흐른다. 둘 다 '열린계'다. 운명은 '몸이 밟아가는 생로병사와 희로애락의 리듬'으로 무엇보다 우선 우주적이다. 목화토금수의 기운이 맞서고 어울린다. 그래서 살아 있는 모든 존재는 우주와의 합일을 이룰 수 있고, 마음과 우주가 하나임을 깨달아 스스로를 탈바꿈할 수 있다. 『안티 오이디푸스』에 인용되는 분열자 렌츠는 "온갖 형태의 깊은 삶과 접촉하는 것, 돌들, 금속들, 물, 식물들과 영혼을 교감하는 것, 달이 차고 기욺에 따라 꽃들이 공기를 빨아들이듯 꿈에 잠겨 자연의 모든 대상을 있는 그대로 맞이하는 것, 이런 것들이 무한한 지복의 느낌임이 틀림없다"[1]고 생각했다. 우주와의 합일을 이루는 렌츠!

운명은 오행이라는 우주적 기운이 시공간에서 어떤 사회체와 마주치느냐에 따라 달리 펼쳐진다. 오행에 각각 음과 양을 배치해 열 가지 의미를 부여한 십신十神은 바로 팔자가 사회적 표상들과 마주칠 때 일어나는 욕망과 힘의 배치를 읽어내는 것이다. 비겁은 주체적인 힘에 대한 욕망이고, 식상은 말, 끼, 식욕, 성욕을 나타내며,

---

1   질 들뢰즈, 펠릭스 과타리, 『안티 오이디푸스』, 김재인 옮김, 민음사, 2015, 24쪽.

재성은 일과 재물에 대한 욕망을 표현한다. 관성은 사회적 관계에 참여하고자 하는 욕망, 타자들의 삶에 깊이 개입하고픈 욕망이며, 인성은 배움의 열정이자 깨달음의 욕망이다. 십신으로 표현되는 욕망은 내가 지향하는 것일 수도 있고, 나의 지향과는 무관하게 내 삶의 구체적 현장이 그런 욕망과 관련되어 있음을 뜻할 수도 있다.

운명은 '내부와 외부가 마주치는 지점에서' 출현한다. 오행의 기운과 욕망은 타고난 팔자대로 각자의 내부를 구성함과 동시에 자연과 사회에도 편재하며 흐른다. 그런데 여기서 욕망이란 무엇일까? 일상에서 욕망을 표상할 때 우리는 늘 결핍과 대상을 같이 떠올린다. 무언가 결핍이 있기 때문에 필요하다는 의미로 욕망을 코드화 하고 있는 것이다. 그러나 들뢰즈-과타리에게 욕망이란 결핍이 아니라 생산이며, 연결, 작동하는 기계이다.

> 욕망이 생산한다면, 그것은 현실계를 생산한다…. 부분대상들, 흐름들, 몸들을 기계 작동하며, 생산의 통일로서 기능하는 수동적 종합들. 욕망은 이런 수동적 종합들의 집합이다. 현실계는 수동적 종합들에서 생겨난다. 현실계는 무의식의 자기-생산으로서의 욕망의 수동적 종합들의 결과물이다. 욕망은 아무것도 결핍하고 있지 않다. 욕망은 자신의 대상을 결핍하고 있지 않다.[2]

---

2   질 들뢰즈, 펠릭스 과타리, 같은 책, 60~61쪽.

그들에게 결핍은 결코 일차적이지 않으며, 오히려 선행하는 욕망적 생산이 조직화된 후에 자리를 잡는다. 또 욕망은 대상과 구분되지 않는다. "욕망은 그 대상과 일체이며, 기계의 기계로서의 기계이다. 욕망은 기계이며, 욕망의 대상 역시 연결된 기계이다."[3] 그들은 욕망에 결핍되어 있는 것은 바로 주체이며, 고정된 주체를 결핍하고 있는 것이 욕망이라고 말한다.

오행의 흐름과 그 기운들이 자아내는 사회적 표상과 욕망의 주름에 주체와 대상을 부여하는 것이 '육친법六親法'이다. 육친은 나를 둘러싼 인적 네트워크로 나의 동선과 관계를 만든다. 비겁은 동료, 형제들이고 식상은 여성에게 자식, 남성에게 처가 식구이며, 재성은 여성에게 아버지, 남성에게 부인이나 애인이다. 관성은 여성에게 남편이나 애인, 남성에게 자식이며 인성은 남녀 모두에게 어머니가 된다. 오행, 십신, 육친의 해석에 따라 내 몸과 사회적 욕망, 인간관계가 어우러지면 비로소 우리에게 익숙한 세상이 펼쳐진다.

내 안에 있는 오행의 기운들이 내 밖의 사회적·우주적 기운들과 어우러지면서 운명이 흘러간다. "욕망은 연속된 흐름들과 본질적으로 파편적이면서도 파편화된 부분대상들의 짝짓기를 끊임없이 실행한다."[4] 그러면 운명과 욕망의 흐름 속에 '나'라는 주체는 어디에 있는 것인가? 들뢰즈-과타리는 삶의 운동 전체를 요약하면서 다음과 같이 말한다.

---

3   질 들뢰즈, 펠릭스 과타리, 같은 책, 61쪽.
4   질 들뢰즈, 펠릭스 과타리, 같은 책, 29쪽.

기관 없는 몸 위의 분리 점들은 욕망 기계들 주위에서 수렴원들을 형성한다. 그러면 기계 곁에서 잔여로서 생산된, 즉 기계에 인접한 부속물 내지 부품으로서 생산된 주체는, 그 원의 모든 상태를 경유하고 한 원에서 다른 원으로 이행한다. 주체 자신은 기계에 의해 점유된 중심이 아닌 가장자리에, 고정된 정체성 없이 있으며, 중심에서 늘 벗어나고, 자신이 경유하는 상태들로부터 귀결된다.[5]

진언이나 주술 같은 이 말들을 제대로 이해할 수는 없지만 나는 운명과 관련해서 이렇게 접속해보고자 한다. 주체는 운명이 흐르는 "각 상태마다 태어나고, 한순간 그것을 규정하는 그다음 상태에서 항상 다시 태어나며, 자신을 태어나게 하고 다시 태어나게 하는 이 모든 상태를 소비한다. 체험된 상태가 이 상태를 사는 주체에 비해 일차적이다."[6] 내가 살아서 운명을 만들어가는 것이 아니라 운명의 흐름을 겪음으로써 내가 생성되는 것이다. 그리고 고미숙의 이런 구절과도 연결해본다. 운명의 흐름 속에서는 "주체가 '과정을 통과'하는 것이 아니라 '과정 자체'가 삶이자 주체"[7]가 된다.

팔자에 내재된 욕망은 우주적 기운이면서 사회적 장을 구성하고 '나'라는 주체의 질료가 된다. 팔자란 고정된 것이 아니라 끊임없이 흐르는 것이다. 따라서 운명의 핵심은 '창조와 순환 그리고

---

5   질 들뢰즈, 펠릭스 과타리, 같은 책, 51쪽.
6   질 들뢰즈, 펠릭스 과타리, 같은 책, 51쪽.
7   고미숙, 『바보야, 문제는 돈이 아니라니까』, 191쪽.

운동이며, 그 리듬의 조율'이다. 필연지리와 당연지리가 만나는 실천의 지점, 운명의 주인이 될 수 있는 지점도 여기일 것이다. 그 원동력은 자율성과 능동성에 있다. "좋아, 오케이!" 모든 것이 다 갖추어졌으니 이제 운명이 매끄럽게 흐를 수 있도록 자율성과 능동성을 발휘하기만 하면 된다. 그런데 여기서 장애물이 등장한다. 운명의 흐름을 방해하는 것이 내 안팎에 동시에 존재하고 있는 것이다. 무엇이 운명의 흐름을 막는가?

하나는 들뢰즈-과타리가 지적하고 있는 "생산의 풍부함 속에 결핍을 조직하고, 모든 욕망을 결핍에 대한 큰 공포 속으로 몰아넣는 시장경제와 지배계급의 예술"[8]이다. 다른 하나는 푸코의 지적대로 "우리가 권력을 사랑하게 만들고 우리를 지배하고 착취하는 바로 그것까지도 욕망하게 만드는 우리 안의 파시즘"[9]이다. '자본의 욕망을 자기의 욕망과 동일시하고, 내가 옳고 선하니 너도 나처럼 하라는 동일화의 논리를 구사하며, 욕망의 흐름을 특정한 방식으로 고착화시키거나 어떤 조직의 관계에 고착시키는' 우리의 일상 행동 속에 있는 파시즘. '지배계급의 예술과 내 안의 파시즘!' 어찌해야 하는가?

모든 운명의 키는 자기 자신 안에 있다. 그렇기 때문에 해법 또한 자기 자신 안에 있다. 해서 팔자를 고치려면 자기 안에

---

8   질 들뢰즈, 펠릭스 과타리, 같은 책, 63쪽.
9   질 들뢰즈, 펠릭스 과타리, 같은 책, 7쪽.

있는 단서와 원인을 제거해야 한다.[10]

다시 공부로 돌아온다. 내안에 있는 원인과 단서에 대한 성찰과 수행!

나를 찾아가는 여행

내 친구 '이정'은 대학에서 역사학과 경제학을 공부했다. '삼저 호황'의 호시절을 만나 대그룹 입사원서를 발로 차고 다니다가 '아홉시 출근 여섯 시 퇴근'이라는 말에 혹해 조그만 회사에 입사했다. 운 좋게도 그때부터 '자본주의의 꽃'이라는 증권시장의 성장과 더불어 회사도 날로 성장했다. 외환위기와 이천팔 년 금융위기 속에서도 우여곡절을 거쳐 임원이 된 후 퇴직했다.

또 다른 내 친구 '이수'는 고삼 때 시대적 격변 속에 엉뚱한 사건에 휘말려 무기정학을 당했다. 대학에서는 독재정권하의 '유화국면'에서 '학원자율화추진위원회' 활동을 했으며, 정치경제학과 경제사 공부에 심취했다. 취직을 해서는 엉겁결에 노조위원장을 맡았고, 이후에도 소위 '사무직 노동운동'을 계속했으며 진보정당의 창당발기인으로 참여했다. 그리고 지난 이천십육 년 겨울, 탄핵정국에서는 촛불을 들고 광장에 섰다. 짐작하다시피 내 친구 '이정'과 '이수'는 내 운명이 지나온 무수한 계열 중에 자의적으로 그

---

10   고미숙, 『나의 운명 사용설명서』, 185쪽, 242쪽.

어본 두 개의 선이다. 나는 누구인가?

'독립불구 돈세무민獨立不懼 遯世無悶', 홀로 서도 두려워하지 않으며, 세상과 멀리했어도 근심하지 않는다. 퇴사하기 얼마 전에 조용헌의 책에서 처음 접했던 문구다. 백수 생활 첫해 내내 이 문구를 되뇌며 지냈다. 주역의 택풍대과澤風大過 괘에 나오는 글로, 조선시대 선비들이 당파 싸움에서 패배하여 유배생활을 할 때 이 괘를 가장 많이 읽었다고 한다. 선비들의 유배생활에 비하면 턱도 없지만, 회사와 월급이라는 우산을 내려놓고 험한 세상으로 나와야 하는 마당이니 울림이 컸던 모양이다. 그 와중에 오랫동안 생각해오던 작은 도주선을 하나 냈다. '더 이상 임노동관계에 포획되지 않겠다'는 정치경제학적 중대결심을 했다. 그때 이후로 지금까지 여전히 도주중이다.

인도에서는 오십대 이후를 숲에 들어가 명상하는 시기라는 뜻에서 "임서기林棲期"라고 부른다고 한다. 가족과 사회적 책무를 벗어나 존재와 우주의 소리를 들어야 할 때라는 것이다. 천명天命을 모른 채 지知천명의 나이를 넘겨버린 나는 숲 대신에 책에 코를 박고 존재와 우주의 소리에 귀를 기울여보고 있다. 무슨 소리가 들리려나. '팔자타령'이라고는 해본 기억이 없으니 아직까진 그저 별 볼 일 없이 무난히 살아온 듯하다. '별 볼 일 없는 것'도 '무난한 것'도 다 사주원국에 목화토금수를 하나씩은 끼고 앉은 팔자 덕분인가? 덕분에 배움의 열정과 깨달음의 에너지가 흐르는 곳으로 욕망을 재배치하고, 백수 삼 년이면 읊을 풍월을 찾아 서성거리는 중이다.

나는 지금 사주명리학과 『안티 오이디푸스』를 통해 '나를 찾아가는 여행'을 하고 있다. 고미숙은 "명리학이라는 뗏목을 통해 스스로의 힘으로 자신의 '명'을 운전하는 '삶의 기예'를 터득하고 강을 건넌 다음 뗏목을 버리라"[11]고 한다. 푸코는 『안티 오이디푸스』를 '성애술, 이론술, 정치술'의 술術, art로 읽기를 제안한다. 내게는 '뗏목과 술術'의 이야기가 모두 책의 글자 속에 틀어박혀 엄숙한 태도로 진리를 찾지 말라는 메시지로 들린다. 그럼에도 나는 여전히 지식과 지성과 지혜가 분리된 채 따로 놀고, 아직 책 속에서 지식, 진리를 찾아 헤매는 느낌을 많이 받는다. 진리는 매 순간의 접속 그 자체에서 구성되는 것일 텐데 말이다.

운명은 흐른다. 나의 운명도 지금껏 흘러왔고 앞으로도 흘러갈 것이다. 큰 강줄기로, 실개천으로, 더 작은 흐름으로, 각각의 흐름 속에서 천지사방으로 또 다른 가지를 뻗고 길을 내며 흘러갈 것이다. 하지만 나는 아직 명을 운전하는 법을 모른다. 이제 겨우 명리학이라는 강으로 들어섰다. 그러니 계속 뗏목을 타는 수밖에 없다. 언젠가 웃으며 뗏목을 버릴 날을 기대하면서 말이다. '나를 찾아가는 여행'이란 결국 '일상의 리듬 속에 깨어 있는 나'를 매 순간 확인하는 여정인지도 모른다.

---

11   고미숙, 위의 책, 9쪽.

나를 가로지르는
권력과 저항

'권력' 찾아 삼십 년

오늘 우리 묻고 간 그대의 모든 것 권력의 영광으로 살아 만년
세세 빛날 것이다.

한 후배의 묘비명이다. 약 삼십 년 전 인천에서 노동자로 취업
해 '현장 활동'을 하던 그는 십일월 어느 아침 자취방에서 연탄가
스 중독으로 세상을 떠났다. 매년 이맘때면 십여 명의 지인들이 추
모식을 갖는데 그날의 사진 몇 장이 밴드에 올라왔다. 유난히 묘비
명이 눈에 들어온다. '묘비명이 그랬었나?' 세월 탓일까? '권력'이
란 두 글자가 많이 낯설어 보인다. '민중의 권력'으로 세상을 바꿔
보려 했던 그 시절, 내게 그리고 내 지인들에게 권력은 '국가'의 권
력이었고 지배계급의 '억압'이었다. 그 권력을 민중의 힘으로 되찾
아 민중이 주인 되는 세상을 만들고자 했다.

철학하는 삶

천구백팔십칠 년 유월, 신입사원이 된 지 칠 개월. 업무시간이 끝나자마자 종로, 을지로로 뛰어나갔다. 넥타이를 맨 채 홀로 인도 주변의 높은 곳으로 올라가, 차도를 가득 메우고 "독재타도 민주 쟁취"를 외치며 뛰어오는 학생들을 향해 아낌없이 박수를 보냈다. 그러면 학생들은 용기백배, 소리 높여 환호로 답했다. 아직 엄혹한 시절, 가두에서 시민의 격려는 학생들에게 최고의 선물이었다. 그 때도 우리에게 권력이란 독재자로부터 '쟁취', 싸워서 획득해야 할 것이었다. 하지만 쟁취한 줄 알았던 권력은 합법적인 직선제 선거를 통해 독재자의 친구에게 고스란히 합법적으로 반납되었다. 권력은 또 다시 찾아와야 할 '무엇'이 되었다.

그 후 십 년, '역사의 품속으로 달려갔던' 젊은이들의 유토피아였던 사회주의는 해체되었고 아이엠에프 외환위기로 우울한 가운데 '민주정권'이 들어섰다. 여전히 유토피아의 꿈을 버리지 못한 이들은 누가 뭐라든 자신의 길을 계속 갔고, 믿었던 민주정권의 신자유주의적 행보에 분노한 이들은 진보정치를 준비했다. 그들에게는 아직 되찾아야 할 '권력'이 남아 있었다. 하지만 불타는 청춘을 뒤로 한 채 생활인이 된 다수의 친구들은 무엇을 위해 저항해야 하는지, 누구를 향해 저항해야 할지 의문스러워했다. 이천십육 년 그들은 다시금 촛불을 들고 일어섰다. "대한민국의 모든 권력은 국민으로부터 나온다!" 권력은 국민에게 있었던가?

반복이다. 다시 '민주정부'다. 그러니 권력은 되찾아졌고 저항은 향할 곳이 없는가? 푸코는 권력을 이런 식으로 이해하지 말자고 한다. 푸코에 따르면 우익은 사법적인 맥락에서만 권력을 논했고,

마르크스주의는 국가기구의 맥락에서만 권력을 논했다. 그들은 서로의 권력을 "전체주의" 또는 "계급의 지배"라고 비판했을 뿐 "권력이 그 특유의 속성과 전술적 기술을 발휘하며 구체적으로 그리고 세부적으로 어떻게 행사되는가의 문제"는 아무도 확인하려 들지 않았다. 푸코에게 권력은 억압을 기능으로 하는 부정적 현상이 아니라 "사회라는 유기체를 관류하는 생산적 조직망"이었다.[1]

　사람들이 오랫동안 지녀왔던 자신의 생각을 바꾸게 된다면 그 계기는 무엇일까? 아마 직접적이든 간접적이든 자신의 생각과 많이 다른 어떤 경험을 했기 때문일 것이다. 나는 푸코의 글들을 통해 권력에 대해 오랫동안 가져왔던 생각, '국가와 지배계급의 권력, 억압하고 착취하는 권력'이라는 생각에 대해 찬찬히 돌아보려 한다. 그리고 권력에 대한 푸코의 개념을 '연장'삼아 우리 사회의 '백세 시대' 담론과 내 또래의 삶의 모습에 대해 살펴볼 것이다. 또한 '저항'이라는 개념을 통해 내 화두 중의 하나인 '개인적 수행과 사회적 실천 사이의 거리'를 조금이나마 더 메워보려 한다. "나는 무엇보다도 나 자신을 바꾸고 이전과 같이 생각하지 않기 위해서 책을 씁니다"[2]라는 푸코의 말을 되새기며.

***

1　폰타나·파스퀴노, 「진실과 권력-미셸 푸코와의 대담」, 이성원 옮김, 『외국문학』, 열음사, 1985년 봄호, 141쪽.
2　미셸 푸코, 『푸코의 맑스』, 이승철 옮김, 갈무리, 2010, 31쪽.

'푸코의 눈'으로 보는 권력

푸코에 따르면 "반反과학"으로서의 계보학은 과학적이라고 간주된 담론에 고유한 권력의 효과에 맞서 싸워야 하며, '과학이다'라는 주장이 수반하는 "권력의 야심"에 관해 물어야 한다. 그에게 계보학의 관건은 사회의 상이한 수준과 다양한 영역에서, 상이한 외연을 갖고 작동하는 이 상이한 "권력장치들이란 무엇인가"를 결정하는 것이다.

푸코는 사법적 권력이론과 마르크스주의 권력이론을 '권력이론에서의 경제주의'라고 비판하며, 권력을 분석하기 위해서는 완전히 상이한 도구가 필요하다고 주장한다. 그의 분석 도구에서 "권력은 주어지거나 교환되거나 되찾아지는 것이 아니라 행사되는 것이며, 행위 속에서만 존재하고", "권력은 일차적으로 경제적 관계들의 유지와 갱신이 아니라 그 자체에 있어서 일차적으로 힘 관계일 뿐"이다.[3]

권력은 힘 관계다! 권력은 우선 작용영역에 내재하고 조직을 구성하는 다수의 세력관계이며, 끊임없는 투쟁과 대결을 통해 다수의 세력관계를 변화시키고 강화하고 뒤집는 게임이다. 권력은 국지적으로 불안정한 권력 상태를 끊임없이 유도하는 세력관계의 변동을 기반으로 한다. 푸코가 보기에 전쟁과 정치는 불균형적이고 이질적이며 불안정하고 긴장된 세력관계를 통합하기 위한 서로

---

3   미셸 푸코, 『"사회를 보호해야 한다"』, 김상운 옮김, 난장, 2015, 33쪽.

다른 두 가지 전략이다. 영속적이고 반복적으로 자기 재생산을 하는 듯이 보이는 이 권력은 모든 유동적인 것으로부터 점점 뚜렷해지는 전체적 효과, 이 유동적인 것들 각각에 기대면서도 이 유동적인 것들을 고정시키려고 애쓰는 연쇄일 뿐이다. 권력은 제도도 아니고 구조도 아니며 몇몇 사람이 부여받았다고 하는 어떤 역량도 아니다. 권력은 어느 주어진 사회의 복잡한 전략적 상황에 부여되는 이름이다.[4]

권력은 행사되는 것이다! "권력은 소유되기보다는 오히려 행사되는 것이며", "권력지배의 효과는 소유에 의해서가 아니라 배열, 조작, 전술, 기술, 작용 등에 의해 이루어진다." "권력은 지배계급이 획득하거나 보존하는 '특권'이 아니라, 다양한 전략적 입장의 총체적인 효과이다." "권력은 무수한 지점으로부터, 불평등하고 유동적인 관계들의 상호작용 속에서 행사된다."

그렇다면 그 행사란 무엇인가? 푸코는 클라우제비츠의 명제를 뒤집어 "권력이란 다른 수단에 의해서 계속되는 전쟁"이라며, 문제가 되는 것은 합법과 비합법의 대립이 아니라 "투쟁과 복종의 대립"이라고 말한다. 이 말은 정치란 전쟁에서 드러난 힘의 불균형을 승인하고 갱신하는 것이며, 권력에 관련된 모든 힘 관계의 변경은 전쟁의 계속이고, 최후의 전투만이 지속된 전쟁으로서의 권력의 행사를 정지시킬 수 있다는 의미이다.[5]

---

4   미셸 푸코, 『성의 역사1』, 이규현 옮김, 나남, 2017, 108~110쪽.
5   미셸 푸코, 『감시와 처벌』, 오생근 옮김, 나남, 2014, 57~58쪽, 『"사회를 보호해야한다"』, 34~35쪽, 『성의 역사1』, 110쪽.

권력은 지식을 창출한다! "권력과 지식은 상호 직접 관여하며, 어떤 지식 영역과의 상관관계가 조성되지 않으면 권력 관계는 존재하지 않고, 동시에 권력 관계를 상정하지 않거나 구성하지 않는 지식은 존재하지 않는다.""권력에 유익한 지식이든 불복종하는 지식이든 하나의 지식을 창출하는 것은 인식 주체의 활동이 아니라 권력-지식의 상관관계"이며[6] 권력 속에서, 권력으로부터, 권력을 가로지르는 진실담론의 생산·축적·유통·기능 없이는 권력의 행사란 존재하지 않는다. 권력은 우리에게 진실에 대해 질문하고 조사하고 기록하며, 진실의 연구를 제도화하고 직업화한다. 사람들이 인간본성의 해방을 보장한다고 믿어온 지식은 다른 한편으로 예속화와 지배의 효과 및 기능을 함께 가지고 있다.

권력이 있는 곳에 저항이 있다! 권력은 힘 '관계'다. 따라서 일방적으로 작용하는 권력이란 없으며, 저항은 당연히 권력의 외부에 있는 것이 아니라 권력에 내재한다.

> 저항은 권력관계에서 다른 항이고, 요지부동의 맞은편으로서 권력관계에 편입된다. 권력관계는 다수의 저항지점에 따라서만 존재할 수 있을 뿐이다. 저항지점은 권력관계에서 반대자, 표적, 버팀목, 공략해야 할 돌출부의 구실을 한다. 이러한 저항지점은 권력망의 도처에 있다.

---

6   미셸 푸코, 『감시와 처벌』, 59쪽.

따라서 반란의 중심이라든가 순수한 혁명가의 권위 같은 것은 없으며 다만 "여러 저항"이 있을 뿐이다. 그렇다고 저항이 단순히 권력의 이면에 불과한, 수동적인 것은 아니다. 푸코에 따르면 유동적이고 과도적인 저항지점들은 사회의 여기저기에 균열을 내고 통일성을 무너뜨리며 재편성을 초래하고, 개인에게 자국을 내며 재단하고 개조한다. 그는 "혁명을 가능케 하는 것은 이러한 저항지점들의 전략적 코드화"라고 말한다.[7]

권력은 개인을 주체로 만든다! 개인이야말로 권력의 본질적인 대상이다. 푸코는 자신의 연구의 일반적 주제가 권력이 아니라 주체라고 말한다. '권력과 주체의 관계'야말로 푸코의 연구 목표인 것이다. "권력의 형식은 즉각적인 일상생활에 적용되어 개인을 범주화하고, 개인을 자신의 개별성에 의해 특징 지우며, 개인을 자기의 고유한 정체성에 밀착시키고, 그가 인정해야 하고 타인들이 그에게서 인식해내야 하는 진리의 법칙을 그에게 부과한다."[8]

푸코에 따르면 근대 권력은 규율권력과 생명권력의 두 가지 주요한 형태로 전개되었다. '인체의 해부-정치'로서 규율권력은 '기계로서의 육체'를 대상으로 '규범적이고 정상적인 개인'을 "제조한다." 규율은 육체를 조련하여 그 적성을 최대화하며, 육체적 힘을 착취하고 육체의 유용성과 순응성을 동시에 증대시키며 육체를 효과적이고 경제적인 통제체제로 통합한다. 인간은 신체가 유

---

7   미셸 푸코, 『성의 역사1』, 112~113쪽.
8   미셸 푸코, 「주체와 권력」, 『미셸 푸코의 권력이론』, 정일준 편역, 새물결, 1994, 92쪽.

용하면 할수록 더욱 권력에 복종하게 되며, 규범에 복종하면 할수록 신체가 더욱 유용해진다.

규율은 "온갖 종류의 장치 및 제도를 관통하여 그것들을 연결, 확산, 집중시키며 새로운 방식으로 기능하게 하는 권력의 유형이자 기술"로 학교, 군대, 공장, 병원, 감옥 같은 사회의 다양한 제도 속에서 개인들을 감시와 훈련, 이용과 처벌의 대상으로 만든다. 모든 것을 규범화하는 규율권력 아래서 가시성의 영역에 노출되어 있으며 또한 그 사실을 알고 있는 인간은 스스로 권력의 강제력을 떠맡아 자발적으로 자기 자신에게 적용한다. "그는 권력관계를 내면화하여 스스로 예속화의 원칙이 된다."[9]

십팔 세기 중엽에 형성된 '인구의 생체-정치'로서 생명권력은 '종으로서의 육체'를 대상으로 한다. 주권권력이 "죽게 하거나 살게 내버려두는" 권력임에 반해 생명권력은 "살게 하거나 죽음 속으로 몰아가는" 권력이다. 생명권력 아래서 생명은 권력이 관여하고 조절하고 증대시키고 확산시켜야 할 일차적 대상이 되며, 생명권력은 출생률과 사망률, 건강수준, 수명, 주거, 이주 등 생명 그 자체의 조절과 관리를 목표로 삼아 개입한다. 이러한 개입을 위해 생명권력에서는 국가가 권력의 주요 집행자로 나타난다. 푸코는 십육 세기 이래로 새로운 권력의 정치적 형식으로서 지속적으로 발전해 온 국가권력은 "개별화하는 동시에 전체화하는 권력의 형식"이라

---

9 미셸 푸코, 『성의 역사1』, 158쪽, 『감시와 처벌』, 217쪽, 314쪽, 질 들뢰즈, 『푸코』, 권영숙·조영근 옮김, 새길, 2015, 53쪽.

고 강조한다.

근대 서구국가는 그리스도교 제도에서 발원한 '사목권력'이라는 오래된 권력 테크닉을 새로운 정치형태 속으로 통합해 넣었다. 사목권력은 "인간이 태어나서 죽을 때까지 모든 상황에서 인간을 인도하고, 내세에서의 영혼을 구원하기 위해 현세의 행동을 규제하는" 권력이며, "요람에서 무덤까지 일상생활의 세세한 부분까지" 개인을 포착하고 감시하고 관리하는 "개인 형성적 권력"이다.[10]

'백세 시대' 담론과 베이비부머

'호모 헌드레드Homo Hundred', '백세 시대'는 이제 익숙한 말이 되었다. 생명공학과 로봇공학의 발전에 힘입어 인간의 평균수명은 백세까지 연장된다고 한다. 아니, 기술의 혜택을 충분히 누릴 수 있는 사람들은 사이보그가 되어 영원히 살 수 있을지도 모른다. 우리를 압도하는 과학 지식의 홍수 속에 '백세 시대'는 서서히 우리에게 '진실'이 된다. '백세 시대' 담론은 홀로 오지 않는다. 우리의 건강을 걱정하는 보험 상품과 노년의 삶을 책임지는 '몇 억 만들기' 연금 상품과 함께 오며, 기나긴 노년을 알차고 보람차게 해줄 버킷리스트와 자기계발 프로그램과 함께 온다. 자본의 욕망과 '구구팔팔이삼사'의 욕망은 이렇게 만난다. '구십구' 세까지 '팔팔' 하

---

10   미셸 푸코, 『성의 역사1』, 154~158쪽, 미셸 푸코·와타나베 모리아키, 『철학의 무대』, 오석철 옮김, 기담문고, 2016, 148~154쪽.

게 살다 '이삼' 일 않고 '죽'자는 야심찬 욕망!

우리 사회에서는 '오십오~육십삼' 년생을 오랫동안 베이비 부머라고 불러왔는데, 이들에게 '백세 시대'는 다른 세대보다 훨씬 더 무겁게 다가온다. 경제적 고민과 건강, 노후의 할 일들이 현실적으로 실감나게 느껴지는 것이다. 육십이 년생 내 또래들은 올해 만 오십팔 세다. 법적 정년은 만 육십 세지만 요즘 웬만한 회사에서도 만 오십오 세가 되면 임금피크제가 적용된다. 용케 아직까지 회사에 남아 있는 친구들도 이제 매년 줄어드는 급여를 받고 다니거나 아니면 명예퇴직을 해야 한다. 가정, 학교, 군대, 회사라는 잘 파진 '홈'을 돌아 이제 다시 가정으로 돌아오는 베이비부머들은 '백세 시대'를 어떻게 헤쳐 나가야 할지 목하 고민 중이다.

"권력은 '그것을 갖지 못한 자'들에게 다만 단순하게 일종의 의무 내지 금지로서 강제되는 것은 아니다. 그 권력은 그들을 포위 공격하고 그들을 거쳐 가고, 그들을 통해서 관철된다."[11] 푸코에 따르면 개인은 권력의 효과라는 의미에서 "권력의 중계항"이며 권력은 자신이 구성해놓은 개인을 경유한다. 우리 사회에서도 다양한 세력들이 '백세 시대' 담론을 앞세워, 방황하고 있는 베이비부머들을 '포위하고 경유'하기 위해 힘을 뻗치고 있다. 이 세력들은 '뉴 시니어'나 '액티브 시니어' 또는 '피프티 플러스fifty plus, 피프티+'라는 그럴듯한 이름으로 베이비부머를 기존의 고령층과 별도로 분할하고 이들에게 새로운 규범을 제시한다.

---

11   미셸 푸코, 『감시와 처벌』, 58쪽.

가장 발 빠른 세력인 자본은 이들 신세대 고령인구를 새로 등
장하는 적극적 소비계층으로 자리매김한다. 삼성경제연구소는 천
구백오십오 년생 첫 베이비부머가 은퇴하던 해인 이천십일 년에
발행한 한 보고서[12]에서 '뉴 시니어'를 움직이는 삼대 키워드로 '젊
음·향수·자아'를 제시했다. '뉴 시니어'는 '백세 시대'의 도래에 따
라 오랫동안 '젊은 청년'으로 살고 싶어 하고, 그동안 억제해왔던
문화향유 욕구를 청년시기에 대한 그리움과 함께 촉발하며, 자기
계발과 교류를 통한 자아실현으로 삶의 단계 변화에 따른 불안감
을 해소하고 성취감과 안정감을 회복한다는 것이다. 자본은 말한
다. '건강을 챙겨 문화를 누리고 자아를 실현하라. 필요한 상품은
얼마든지 있다.'

얼마 전 한 모임에서 아직 회사에 몸담고 있는 지인이 "'오십
더하기'라고 들어봤어?" 하고 묻기에 '뭔 얘기?' 하고 잠시 생각하
다 "아~ 그거 '피프티 플러스'라고 읽어야죠!" 하며 웃었다. 베이비
부머는 정치세력들에게도 소중한 공략대상이다. 그들은 나름 성
공적인 직장생활을 마친 베이비부머들에게 '피프티 플러스'라는
새 이름을 주고, 그동안의 숨 가빴던 인생에서 벗어나 이제 시민운
동이나 사회공헌 같은 보람찬 생활로 '백세 시대'의 인생이막을 열
어가라는 제안을 한다. 서울시는 사오 년 전부터 '피프티+ 캠퍼스'
라는 마스터플랜을 마련해 작년부터 캠퍼스 공간을 하나 둘씩 열

---

12   삼성경제연구소, 「뉴시니어 세대의 3대 키워드」, 『SERI 경영 노트』 제96호
      (2011.3.24.)

고 있다. 베이비부머들을 평생학습과 사회공헌 커뮤니티 구성으로 '인도'하는 새로운 '공간'의 출현이다.

'대항세력'도 움직인다. 내가 퇴직하던 해, 오래 전부터 노동조합 관련 활동을 해오던 한 친구가 은퇴자들을 대상으로 하는 '노후희망 유니언'이라는 사회조직을 만들었다. 베이비부머들이 매년 퇴직하면 민주노총의 조합원도 대폭 감소하게 되니 그들을 재조직해서 공백을 메우고 지역운동과 결합해 인생이막을 위한 새로운 활동을 모색해보자고 했다. 나는 '삼팔육 운동권'으로 규정되는 이들의 새로운 활동에 관심이 있었으나, 모임의 주류는 '백세 시대' 노후생활에 대한 복지확충과 사회민주화를 모토로 제도개선투쟁과 집회투쟁을 계속하려는 전직 활동가들이었다. 그들에게 인생이막 같은 논의는 다소 한가하기도 하고 낯선 것이기도 했다.

수명과 관련해 내가 가끔 관심을 가지는 통계는 '기대여명' 즉, 자기 나이를 기준으로 앞으로 얼마나 더 살 수 있을지 예상되는 기간이다. 최근 발표된 내용을 보니 이천십육 년 기준으로 오십 세 남성은 삼십일점일 년이고 그중 건강기간이 십팔점팔 년이며, 여성은 각각 삼십육점육 년과 십구점일 년이다. 육십 세 여성은 이십칠점이 년과 십일점오 년이며 사십 세 여성은 사십육점이 년과 이십팔 년, 이십 세 남성은 오십구점팔 년과 사십육점이 년이다. 아직은 '백세 시대'와 제법 차이가 있으나 기술은 발전중이다. 그런데 우리는 정말 백 살까지 살 수 있을까? '백세 시대'는 진실일까? 하지만 니체와 푸코를 읽는 이들은 이렇게 물으면 안 된다. 대신 이 '백세 시대'라는 담론이 가져오는 '효과'를 살펴야 하며, 그 담론을 끌고 가는 권력의 '야심'에 대해 물어야 한다.

'백세 시대' 담론은 각종 미디어를 통해 뉴스, 정보, 광고의 형태로 쉬지 않고 우리를 가로지른다. 베이비부머의 한 명으로서 나는 그 담론을 다양하게 변주하고 있는 권력관계 속에 놓여 있다. 이 권력관계 속에서 저항이란 어떤 것일까? '백세 시대' 담론 속에서 우리가 진정 놓치고 있는 것은 무엇일까? 그것은 백세에 대한 기대와 우려 속에, 행복한 노후를 위한 보험과 연금과 버킷리스트와 자기계발을 준비하는 동안 하루하루 흘려보내는 '지금 여기의 삶'이다. 저항이란 우리를 가로지르는 백세 담론의 변주들을 문제 삼고 자신의 가치기준에 따라 스스로의 행위를 구성해내는 역량일 것이다. 저항이란 보험과 연금과 버킷리스트와 자기계발을 조건으로 하는 삶에서 단 한 발자국이라도 벗어나려는 '매 순간의 몸부림'이어야 한다.

'저항'에서 찾는 '길'

오랫동안 나를 맴돌고 있는 화두는 나와 우주, 부분과 전체, 개인과 공동체의 관계와 그 연결지점에 대한 문제였다. 중년 백수로 새 삶을 모색해야 하는 시점에서 그 화두는 개인적 수행과 사회적 실천 사이의 '거리감'으로 다가온 것 같다. 나의 직관은 그 둘 사이에 거리가 없음을 알려주지만 언어로, 논리적으로 그 거리를 메워가기는 어려웠다. 나는 운 좋은 개인적 체험을 바탕으로 스피노자의 '제삼종 인식'을 지지한다. '직관적 지식'은 "신의 어떤 속성들의 형상적 본질에 대한 타당한 인식에서 사물의 형상적 본질에 대한 타당한 인식으로 나아간다."[13] 신이라는 전체는 만물이라는 부분과 "내재적"이다. 부분이자 전체, 전체이자 부분이다. 둘은 분리될 수 없다.

스피노자가 천상의 소리라면 푸코는 땅위의 울림이다. 푸코의 권력분석은 내가 고민하던 그 거리감을 언어로, 논리적으로 많이 좁혀준다. 개인은 권력관계 속에 놓여 있다. 권력관계는 "아무리 미세할지라도 개인적인 양상들이 발견되는 곳이면" 어디에나 존재한다. 권력은 "통치자와 피통치자의 관계"이며 통치란 "품행의 인도"다. 따라서 개인은 통치 즉, 품행의 인도에 대한 자신의 태도를 통해 사회와 내재적 관계를 맺게 된다. 국가는 "개별화하는 동시에 전체화하는 권력"이다. 국가의 인도에 대해 개인은 의식적이든 무의식적이든 자신의 전략과 전술로 게임을 하면서 관계를 맺고 있는 중이다. 통치에 인도될 것인가, 단순히 거부할 것인가, 또 다른 인도를 모색할 것인가? 개인과 사회 사이에 저항이라는 연결 지점이 있고 저항은 다시 자기통치의 수행과 만난다.

푸코에게 권력은 권력-지식의 복합체다. 그래서 또 하나의 연결 지점은 지식을 둘러싼 저항이다. 우리는 자신이 알고 있다고 믿는 것을 바탕으로 행위한다. 아니 행위 자체가 이미 해석이고 앎이다. 권력은 끊임없이 '과학적인' 진실담론으로 정상성과 규범성의 표준을 내세우며 개인의 품행을 인도한다. 개인은 이러한 담론을

---

13   스피노자, 『에티카』, 황태연 옮김, 비홍출판사, 2020, 2부 정리40 주석2.

통해 사회와 연결된다. 통치자의 담론, 지식의 자명성을 의심하지 않으면 개인은 자연스럽게 그에게 인도될 것이다. 저항은 그 지식에 대한 회의로부터 시작된다.

푸코에 따르면 "우리 인생에는 '성찰과 관찰을 계속하기 위해서 자기가 현재 생각하는 것과 다르게 생각할 수도 있으며 자기가 지금 보고 있는 것과 다르게 지각할 수도 있다'라는 의문이 반드시 필요한 그런 순간들이 있다."[14]

'저항'이란 말을 곰곰 되새겨본다. 나는 어쩌면 저항이란 말을 관성적으로 사용하고 있는지도 모른다. 다소 소심하지만 그래도 '모난 돌'로 자라온 나는 심심찮게 크고 작은 저항의 소용돌이 '곁'에 서 있었다. 그러한 기억이 습관이 되어 저항이란 단어를 그 시절의 고착화된 의미로 늘 '좋은 것'인 양 머릿속에 담아두고 있는지도 모른다. 아니면 '웬만한 것은 견뎌내는' 지금의 길들여진 신체가 저항을 그저 추억으로 붙들고 있는 것인지도 모른다. 모든 저항은 그 근거가 무엇이든 '참을 수 없음'으로부터 시작된다. 그렇다면 지금의 내게 필요한 저항은 오히려 길들여진 신체의 감성을 예민하게 되살려내는 일이다. 니체는 『아침놀』의 한 구절(206)에서 공장의 노동자들이 기계의 나사로 소모되는 것을 '치욕'이라고 느끼지 않는다면 그들은 '즐거운 노예'가 될 수 있다고 말한다. 길들여진 신체, 인도되는 삶이 '치욕'으로 느껴지지 않는 한 저항이 설

---

14   미셸 푸코, 『쾌락의 활용』, 서문, 디디에 에리봉, 『미셸 푸코, 1926~1984』, 박정자 옮김, 그린비, 2012, 575쪽에서 재인용.

자리는 없으며, 내가 사회와 맺는 관계도 바뀌지 않을 것이다.

그렇다면 저항의 방향은 어디일까? 저항의 방향은 스피노자의 '능동' 즉, 자신의 역량 증대와 만나는 지점이 아닐까? 사회적 규범이나 정상성을 척도로 한 유용성의 증대가 아니라 자신에게 기쁨의 정서를 가져다주는 역량의 증대야말로 예속화와 맞서는 주체화, 들뢰즈가 말하는 "주관성의 산출", "존재방식의 창조"일 것이다. 푸코는 자신이 권력의 현실적인 작동 메커니즘을 이해하려고 고심한 이유를 "그 권력관계 속에 위치한 사람들이 실천과 저항, 반란을 통해 그것들로부터 탈출하고 그것들을 변환시켜 더 이상 예속되지 않을 수 있기 때문"이라고 설명한다.[15] 그는 사람들이 자신이 속한 권력관계를 인식하고 그것에 저항하여 그것으로부터 탈출하고자 결심한다면, 그들 스스로 고안하고 계획할 수 있는 수많은 일들이 존재한다고 믿는다. 내가 할 수 있는 수많은 저항이 존재한다!

---

15   미셸 푸코, 『푸코의 맑스』, 164~165쪽.

정치적 이견과의
마주침

'현실 정치'를 둘러싼 의견들

사람들과의 만남에서 정치 이야기와 종교 이야기는 삼가는 게 좋다는 말을 종종 듣는다. '유유상종'이라 성향이 비슷한 친구들 사이에서야 무슨 이야기인들 문제가 되랴. 하지만 '유사함'의 경계를 벗어나면 상황이 달라진다. 선거철에 집안에서 부모 자식 간의 소소한 신경전이 말다툼이 되고 감정싸움으로 치닫는 것은 정치를 둘러싼 세대 갈등의 '고전적' 사례다.

약간의 계급 갈등이 섞이는 경우도 있다. 회사 다닐 때, 두 달 정도 사외 연수를 같이 받은 분들과 이따금 '동문 모임'을 했다. 나보다 십 년 정도 연상의 전현직 대기업 경영진 분들이 대부분이었는데, 모임 날이면 나는 그분들의 화제 속에 묵묵히 술잔을 받으며 안주 소화에 심혈을 기울여야 했다. 진보와 보수의 경계는 또 어떤가?

아무개는 나의 오랜 친구다. 초등학교 동창에다 고등학교 삼학년 때는 같은 반이기도 했지만, 서른 넘어서야 가까운 사이가 됐다. 보이 스카우트 활동을 했고 '지리' 과목을 좋아했으며, 군대 생활 내내 문고판 니체의 글을 한 장씩 찢어서 틈틈이 읽었다고 한다. 여행사를 잠시 다닌 후, '개량 한복'을 시작으로 여러 자영업을 했다. 부친은 '월남' 파병 장교셨다. 가까워진 후론 일주일이 멀다하고 막걸리를 마셔댔으니 얼추 '삼십 년 지기'다. 정치적 성향은 보수 우파보다 약간 더 오른 쪽일 테지만 그래도 그는 '말이 통하는' 친구다. 아무개는 열 명 '톡방'에서 수시로 정치적 발언을 하지만 나는 열에 한 번 정도만 완곡하게 대꾸한다. 그의 주요 표적은 문재인 정부와 민주노총 그리고 전교조다. 그런데 언제부턴가 한잔만 하면 '일베'식 표현을 동원한 글을 무더기로 올리기 시작했다. 참다못한 나는 '톡방' 탈퇴를 시도했고 '재초대와 탈퇴'를 반복하다, 다른 친구들이 있음에도 묵비권을 행사하기로 결심했다. 반년이 가까워진다.

스피노자의 정치에 관한 책을 읽다가, 사퇴한 조국 장관의 청문회 전 기자간담회를 우연히 보게 됐다. 쟁점은 세 가지였다. 나는 표창장 문제에는 '뜬금없다'는 생각이 들었고, 사모펀드 문제에는 '난센스'일 수도 있겠다는 느낌을 받았으며, 학원 문제에는 외환위기 때라면 그랬을 수도 있겠다 싶었다. '내 편이다' 싶어 너무 관대했던 것일까? 아니면 우리 사회의 윤리적 잣대에 내가 너무 무심했던 것일까? 표창장은 청년들로부터 '스펙 품앗이'라 맹비난을 받았고, 사모펀드는 진보적 지인들로부터 '투기'라 뭇매를 맞았다.

'진보적 지식인'은 '위선자'가 되고 있었다.

지인들은 '조국 사태'를 통해 경험했던 불편한 일들에 대해 조심스레 말을 나눈다. 나는 이 과정에서 '수구보수'라 판단되는 진영 앞에다 선을 그었다. 어떤 이들은 여당 내의 '열성 팬덤' 앞에다 선을 그었고, 또 다른 이들은 '강남 좌파' 앞에다 선을 그었다. '정의당'처럼 이러지도 저러지도 못하고 침묵을 이어간 이들도 많았다. 다 같은 '진보개혁 진영'이라고 유유상종하며 지내다 해묵은 감정을 드러내며 경계를 만들었다. 말은 않지만 한편으로는 '백만' 태극기 군중의 등장에 '저건 또 뭐지?' 하며 당황하면서 말이다. 각자 나름대로의 판단이 있었음이 분명하지만 토론은 멀고 감정은 가깝다.

"스피노자는 철학자 아냐?" 요즘 스피노자의 정치를 공부하고 있다는 나의 말을 들은 한 선배의 반응이다. 그렇다. 스피노자에게서 철학과 정치가 만났다. 정치는 제도 정치의 영역을 빠져나와 우리의 삶 속으로 들어왔다. 그리고 묻는다. '당신은 삶 속에서 정치를 어떻게 마주하고 있는가?' 우리의 삶 속에서 정치는 경험과 기억, 사랑과 증오, 무지와 지식을 가로지르며 출현한다. 이 글에서는 스피노자와 그의 해석자들 그리고 최근 우리 사회의 정치적 사건들에 대한 경험을 통해, 우리가 가지고 있는 정치적 견해는 어떻게 형성되는 것인지, 사람들은 어떻게 '자신의 진영'이라고 생각하는 곳에 위치하게 되는지, 나아가 정치에 있어 적합한 관념을 형성한다는 것은 무엇인지를 살펴보고자 한다.

경험과 기억의 정치

사람들은 일상 속에서 자신의 관심을 끄는 정치적 사안에 대해 나름대로의 판단을 형성한다. 이와 같은 판단은 하나의 '정치적 견해'라고 할 수 있으며, 정치적 견해는 정치적 행위 또는 실천을 함축한다. 하지만 우리가 일상적으로 가지고 있는 정치적 견해란 사실 논리 정연한 생각이라기보다는 주로 정당이나 인물, 기껏해야 특정 정책에 대한 선호에 가깝다. 그럼에도 사람들은 이슈가 있을 때마다 자신의 선호에 기초한 견해를 형성하고 그것을 매우 정당하고 합리적이라 판단하며 다양한 방식으로 표명한다. 게다가 자신의 견해에 대한 비판은 자신에 대한 침해라고 자연스럽게 생각한다. 그렇다면 이러한 정치적 견해는 어떻게, 무엇을 원인으로 하여 형성되는 것일까?

스피노자에 따르면 인간 정신은 인간 신체가 자극받아 변화된 변용의 관념들을 통해서만 자기 자신과 인간 신체 그리고 외부 물체를 인식한다.[1] 또한 "인간의 신체가 한 때 둘 또는 그보다 많은 물체들로부터 동시에 자극받아 변화되었다면, 정신은 나중에 그것들 중의 하나를 표상할 때 곧바로 다른 것들까지도 상기"(E:2:18)하게 된다. 이에 비추어볼 때, 우리는 우리의 외부에서 일어나고 있는 정치적 사안들이 우리 신체에 미친 심상(이미지)들, 곧 신체 변용에 대한 관념들과 그것들을 바탕으로 한 기억의 메커니즘을 통해

---

1   스피노자, 『에티카』(이하 E), 황태연 옮김, 비홍출판사, 2020, 2부 정리19, 23, 26.

매번 새로운 정치적 견해를 형성해나간다고 할 수 있다.

하지만 인간 신체의 모든 변용에 대한 관념은 정신과 신체 그리고 외부 물체에 대한 적합한 인식을 갖지 못하고, 단지 '혼란스럽고 단편적인 인식'만을 갖는다. (E:2:24,25,27,29) 따라서 우리의 정치적 견해도 대부분 부적합한 인식으로 형성될 것이다. "사람들의 견해는 본질적으로 상상적인 질서에 속하며, 각자의 상상(각자가 꾸며내는 이야기, 각자가 세계에 투사하는 이미지)은 각자의 고유한 성정에 환원불가능하게 의존한다."[2] 발리바르는 '성정 또는 기질ingenium'을 '삶과 마주침의 경험에 의해 형성된 각자의 기억'이라고 해석한다.

우리에게 익숙하고 우리 스스로 자명하다고 생각하는 '정치'라는 통념을 예로 들어보자. 스피노자에 따르면 통념들에는 다른 통념들보다 유익한 것도 있고 거의 아무런 쓸모가 없는 것도 있으며, 공통적인 것이나 명석판명한 것도 있고 근거가 없는 것도 있다. 또한 동일한 통념이라 해도 모든 사람에 의해 동일한 방식으로 형성되는 것이 아니라, 신체의 변용 방식이나 정신의 상상(표상) 방식에 따라 다르게 형성된다. 그래서 '인간'이라는 단어도 사람에 따라 직립 동물, 웃을 수 있는 동물, 털이 없는 두발 동물 또는 이성적 동물로 달리 이해될 수 있다. (E:2:40:주석1) 마찬가지로 사람들은 저마다의 경험과 기억에 따라 같은 정치적 사안에 대해 다른 것들을 떠올릴 수 있다. 따라서 '조국'이란 인물과 '선출되지 않은 권력이자 통제되지 않는 권력'인 검찰을 바라보면서, 어떤 이는 박근혜

2　에티엔 발리바르, 『스피노자와 정치』(이하 Ba), 진태원 옮김, 그린비, 2014, 52쪽.

를 떠올리고 어떤 이는 노무현을 떠올리며, 또 다른 이는 민주화 이전 독재시대의 민주인사들과 공안검사를 떠올린다.

개인적인 차이야 있겠지만 우리는 대부분 스무 살 전후 십 년 정도의 기간을 통해 처음으로 사회적·정치적 경험을 하게 된다. 그리고 이때의 경험을 통해 평생에 걸쳐 영향을 미치게 될 나름대로의 견해를 형성한다. 그런데 사람들은 세대마다 개인마다 처하게 되는 삶의 조건들이 서로 다르기 때문에 당연히 서로 다른 경험을 하게 되고, 익숙한 사건이나 상징들도 서로 다르게 기억된다. 우리 시대를 사는 이들의 기억에는 여러 대통령의 이름과 함께 일제, 전쟁, 반공, 새마을, 경제개발, 군사독재, 광주, 민주화, 외환위기, 정리해고, 명퇴, 금수저, 비정규직, 페미니즘과 같은 것들이 뒤섞여 있다.

'조국 사태'를 경과하면서 광화문과 서초동으로 나뉜 대규모 집회에서 단연 눈에 띄는 것은 두 집회 참여자들의 세대 분포일 것이다. 집회 현장에 나가보거나 단지 뉴스를 보기만 해도 그 차이는 확연히 드러난다. 광화문에는 육칠십대가, 서초동에는 사오십대가 주류를 이뤘다. 당연하다는 느낌이 들면서도, '이 두 세대는 대체 무슨 생각을 하며 살아가기에 이러는 걸까?'라는 놀라움도 떨칠 수 없다. 나는 천구백육십이 년생이다. 한 세대를 이십 년으로 치면, 이전 세대는 천구백사십 년대에 태어난 이들이고 이후 세대는 천구백팔십 년대에 태어난 이들이다. 이 세대들은 모두 역사적·정치적 경험치가 다르며, 그다음 세대는 이제 본격적으로 정치 경험을 시작하는 중이다.

그렇다면 나의 정치적 통념은 어떤 기억을 통해 재생산되어

왔을까? '광주사태'가 일어났던 천구백팔십 년, 나는 계엄군이 있던 서울시청 건물로 가서 고등학교 문학 동아리에서 축제용으로 발간하려던 '문집'의 사전 검열을 받았다. 이듬해 대학에서 만난 광주 친구들은 "계엄군이 무고한 광주시민들을 학살했다"며 자신이 직접 목도한 사실들을 소리죽여 들려주었다. 캠퍼스에는 사복 경찰들이 곳곳에 무리지어 상주하고 있었고, 전철역 앞이나 대학가 거리에서는 전경들이 수시로 학생들의 가방을 뒤지는 불심 검문이 행해졌다. 학생들은 비밀리에 '금서'를 돌려 읽으며 비판의식을 키웠고, 시위 때마다 최루탄에 맞서 싸웠다. '한 다리만 건너면' 고문과 최루탄, 군대의 '녹화사업' 같은 '국가폭력'에 피해를 당한 친구와 선후배가 있었다. 천구백팔십칠 년 수많은 시민들이 거리로 뛰쳐나왔고, 학생들의 화염병은 파출소로 날아들었다. 마침내 군부독재는 '타도'되었고 민주화가 시작되었다.

이런 시대를 보내면서 나는 의식적이든 무의식적이든 스스로 '정치란 이런 게 아닐까?'라는 생각으로 여러 '정치적 행위'를 했던 것 같다. 청년 시절에는 반독재 투쟁이나 이념을 명분으로 '학생운동'과 '노동운동'의 주변을 서성거렸다. '팔칠 년 민주화' 이후, 진보 진영의 분열에 상심하여 어느 술자리에서 느닷없이 '삼 년 금주'를 선언하고, 실행했다. '정치는 일상적인 것'이라고 주장하며, 선거철이면 등 뒤에 큼지막하게 '보이콧Boycott'이란 글자가 새겨진 외투를 입고 거리를 나다니기도 했다. 민주노총의 설립에 힘을 보태기 위해 지인들과 '일일 주점'을 열기도 했고, 정치적으로도 '남의 애인'은 싫다며 거금 일백만 원을 들고 진보정당의 창당 발기인으로 참여하기도 했다. 이것은 '나의 기억'이다. '국제시장의 덕수'에게는 그의 기억이 있을 것이고, 같은 시대에 젊음을 보냈지만 친구 아무개에게는 '나와는 또 다른' 그의 기억이 있을 것이며, '팔십이년 생 지영'에게는 또 그의 기억이 있을 것이다.

기억이란 무엇일까? 다시 살펴보자. 기억이란 인간 신체의 '바깥'에 존재하는 사물들의 본성을 함축하는 어떤 관념들의 연결이다. 그런데 이러한 연결은 인간 신체의 변용들의 질서와 연결에 따라 '정신 안'에서 만들어진다. 스피노자는 이러한 연결을 지성의 질서에 따라 만들어지는 관념들의 연결과 구별한다. (E:2:18:주석) '지성의 질서에 따라 생기는 관념들의 연결'은 실재들과의 우발적 마주침에 따라 외적으로 규정되는 것이 아니라, "여러 사물을 동시에 고려함으로써 그것들의 일치점, 차이점, 반대점을 인식"하도록 내적으로 규정된다. (E:2:29:주석) 정신은 이를 통해 사물들을 그 제일 원인에 따라 지각하며, 이러한 연결은 모든 인간 안에 동일하게 존재한다. (E:2:18:주석) 하지만 '감각이나 닥치는 대로의 경험 또는 기호'(E:2:40:주석2)를 바탕으로 한 기억은 '인간 신체의 변용들의 질서와 연결에 따라 만들어지는 한' 부적합한 인식이 되며 모든 인간 안에 동일하게 존재하지 않는다.

우리가 스스로 '정당하고 합리적'이라고 판단하는 정치적 견해의 대부분은 자신이 직간접적으로 경험한 몇몇 사안들과 그 경험의 편린들을 그때그때의 느낌에 따라 꿰어 맞춰 재생시키는 기억으로부터 만들어진다. 그 견해들은 논리적 근거에 따른 합리적 추론을 거친 것이 아닐뿐더러, 그 귀결이란 것도 고작 특정 정당이나 인물, 정책에 대한 지지 수준에 머문다. 우리는 그 정당이나 인물, 정책이 선하고 올바르다고 판단해서 지지한다고 생각하지만 스피노자에 따르면 이 역시 전도된 것이다. 사실 우리는 그 정당이나 인물, 정책을 '지지하기 때문에' 그것들을 선하고 올바르다고 판단한다. 경험과 기억에서 비롯된 '부적합한 관념들은 우리의 수동적 정서의 부적합한 원인이 되고'[3], 우리는 서로 감정을 상해가며 소리를 높인다.

사랑과 증오의 정치

정치적 대화는 대개 논쟁으로 치달아 감정을 상하게 하거나, 그 정도는 아닐지라도 최소한 '뒤끝'을 남긴다. 그 뒤끝은 주로 불편함으로 채워지지만, 때론 서로 헤어진 후 스스로를 되돌아보는 반성의 계기를 제공하기도 한다. 그런데 정치적 대화는 언제 논쟁으로 바뀌는 것일까? 서로가 상대방에게 자신의 의견이 맞으니 동의하라는 강요의 움직임을 보일 때일 것이다. 특히 지지하는 정당이나 인물, 정책에 대한 동의와 같이 퇴로가 없는 양자택일의 단답형을 강요하는 경우라면 말할 것도 없다.

그렇다면 사람들은 왜 상대방에게 자신의 의견을 정답이라고 강요하는 것일까? 또 사람들은 왜 일면식도 없었을 '조국'이란 인물을 둘러싸고 이처럼 격렬하게 싸웠던 것일까? 그 싸움에서 이기

---

3 질 들뢰즈, 『스피노자의 철학』(이하 De), 박기순 옮김, 민음사, 2015, 121쪽.

면 그들은 무엇을 얻을까? 무엇이 사람들을 백만 명 규모의 '진영'으로 결집시켜 서로를 증오하게 했을까?

"자연에는 보다 더 강하고 더욱 힘센 다른 것이 존재하지 않는 그러한 어떤 개물도 없다. 어떤 것이 주어져 있더라도 그것을 파괴할 수 있는 보다 더 강력한 다른 것이 존재한다."(E:4:공리) 따라서 각 개인들은 필연적으로 코나투스[4]에 따라 자신의 존재를 보존하는 동시에 그들의 본성에 대립하는 외부 원인들과 균형을 맞추기 위해 같은 본성을 지닌 다른 개인들과 함께 더 강한 하나의 개체를 구성해야 한다.(Ba, 125쪽) 이로부터 만일 어떤 사람들의 본성에 대립하는 외부 원인이 그들과 다른 '사람들'이라면 서로 간에는 '진영'이 형성된다고 유추할 수 있다. 일단 진영이 형성되고 사람들이 특정 진영에 자리 잡게 되면 그들은 '진영 논리'에 갇히게 된다. 이제 그들은 부적합한 관념을 쏟아내며, 자신의 진영에는 무한한 사랑을 선사하는 한편 상대의 진영에는 무한한 증오를 퍼붓는다. 어찌 이럴 수 있을까 싶지만, '인간이니까' 그럴 수 있다는 이야기다.

정서의 메커니즘에 따르면 "모든 사물은 우연에 의해서 기쁨이나 슬픔 또는 욕망의 원인이 될 수 있다."(E:3:15) 따라서 우리는 어떤 대상이 우리를 기쁨이나 슬픔으로 변용하는 대상과 유사하다고 상상하면 이 대상을 사랑하거나 미워하게 되며(E:3:16), 우리를 슬프게 하는 어떤 대상이 우리를 기쁘게 하는 대상과 어떤 유사성

---

4   "각각의 사물이, 자신의 능력이 미치는 한, 자신의 존재를 끈질기게 지속하려는 노력conatus은 그 사물의 현실적 본질 이외에 아무것도 아니다."(E:3:6,7)

을 지니고 있다고 상상하면 '마음의 동요'를 느끼게 된다. (E:3:17) 여기서 어떤 대상이란 곧 '다른 사람'이다.

이처럼 사람들은 타인들에게서 지각하는 유사한 특징에 대해 사랑과 증오를 결부시킨다. 따라서 "사랑과 증오는 주체들 사이의 인정의 관계가 아니다. 이는 항상 부분적인 정서들의 연쇄들로서, 마주침의 반복 및 단어들과 이미지들의 충돌에 의해 강화되며, 상상 속에서 개인들을 분리하거나 결합시킨다. 이는 신체적 개체성 아래에서, 그리고 그것을 넘어, 한 대상에서 다른 대상으로 이행하는 횡단적 관계이다."(Ba, 191쪽)

"사회성 또는 사회란 이성의 인도에 따른 실제적인 일치와 정서모방에 따른 상상적인 양가성의 통일이다."(Ba, 131쪽) 따라서 사람들 사이의 "증오는 사회적 유대 또는 사회성의 모순적인 한 형태"(Ba, 128쪽)로 나타난다. 인간들이 완전히 고립되어 있다면 서로를 증오하지 않을 것이다. 또한 자신들이 사랑하는 대상을 상실하지 않을까 하는 두려움이나, 그 대상을 지킬 수 있으리라는 희망을 경험하지 않는다면 서로 증오하지 않을 것이다. 사람들은 동일한 대상을 서로 다르게 사랑하는 한에서, 양립 불가능한 대상들을 사랑하는 한에서, 그들이 다함께 사랑하는 대상을 서로 다르게 상상하는 한에서 서로를 증오한다. 발리바르는 이것들이 사람들의 독특한 '기질'을 구성한다고 말한다. (Ba, 127쪽)

각각의 사람은 "자기의 성향대로 다른 사람이 살기를 원하고, 자기가 인정하는 것을 다른 사람도 인정하고, 자기가 거부하는 것을 다른 사람도 거부하기를 몹시 원한다. 그러므로 모두가 똑같이 으뜸이 되기를 원하기 때문에 대결로 치닫고, 할 수 있는 한 자기가 상대를 억누르려고 노력하며, 승자가 된 사람은 자기에게 이익이 된 것보다 다른 사람에게 손해가 된 것을 더 많이 자랑한다."[5] 스피노자는 사람들이 상대방으로 하여금 자신이 사랑하는 것, 예를 들면 자신이 지지하는 정당이나 인물, 정책을 인정하게 만들려고 하는 노력을 암비치오ambitio, 곧 야심이라고 말한다. 스피노자는 암비치오를 여러 방향에서 정의한다. 암비치오는 '단지 사람들의 마음에 들기 위해서 어떤 일을 행하거나 피하려는 노력'(E:3:29:주석)이자, '명예심에 대한 과도한 욕망'(E:3:정서들에 대한 정의44)이기도 하고, '모든 사람들로 하여금 자기가 사랑하거나 증오하는 것을 시인하게 하려는 노력'(E:3:31:주석)이기도 하다.

"사랑과 증오를 각각 사회화하는 반정립적인 행동들"(Ba, 130쪽)의 동일한 원인은 암비치오다. 암비치오로부터 "사람들이 얼마 동안 같은 취향과 품행 또는 판단이나 의견을 갖게 만들 가능성"(Ba, 131쪽)이 나온다. '진영'이란 고정되어 있는 것이 아니다. 진영은 '한 대상에서 다른 대상으로 이행하는 부분적인 정서들의 연쇄'다. 진영은 이합집산한다. '탄핵' 촛불 진영에 가담했던 사람들 중 무시할 수 없는 인원들이 '속았다'는 분노의 감정을 지니고 '조국 반대'의 태극기 집회로 옮겨갔다. '큰 틀'에서 진영을 바꾸지 않은 사람들도 내부에서는 다양하게 분화되었다.

동류, 즉 이웃 또는 동료 시민은 자연적으로 실존하는 게 아니

---

5   스피노자, 『정치론』(이하 TP), 공진성 옮김, 도서출판 길, 2020, 1장 5절.

라 '감정모방'에 의해 구성된다. "사람들은 동류로 생성된다."(Ba, 130쪽) 내가 친구 아무개에게 보이는 반응의 이면이나, 진보적 지인들이 한편으로는 서로 눈치를 보면서도 감정 섞인 논쟁을 계속하는 이면에는 '수구보수 세력의 재등장에 대한 두려움'이 크게 자리하고 있는 것 같다. 하지만 이 두려움이란 상대 진영의 사람들이 "그 나름대로 다른 선을 추구하는 경우 발생할지 모를 나쁜 일에 대한 상상"(Ba, 131쪽)으로부터 비롯되는 슬픔의 감정일 뿐이다. 이 두려움은 그들로부터 진보적 가치를 지켜낼 수 있을 것이라는 '불안정한 기쁨'의 감정인 희망과 함께 작동한다.

마트롱의 해석은 암비치오가 '명예 욕망에서 지배 욕망으로 전도'되는 과정을 잘 보여준다. 우선 우리는 사람들이 사랑하는 것을 행하려고 노력하는데, 이 노력은 '사람들의 마음에 들려는 노력'이며, 이것이 암비치오의 첫 번째 정의다. 노력의 결과 우리는 목적의 달성 여부에 따라 칭찬이나 비난을 받게 된다. 이로부터 우리는 감정모방을 통해 우리가 칭찬받거나 비난받는다고 상상하면 명예나 수치를 느끼게 된다. 따라서 우리는 열정적으로 계속해서 사람들의 마음에 들고자 한다. 나아가 우리는 우리가 사람들을 위해 일하며, 사람들이 행복해진 까닭은 우리 덕분이라는 것까지 알아주길 원한다. 이제 암비치오는 '명예에 대한 무절제한 욕망'으로 정의된다.

우리는 기회가 닿을 때마다 우리 자신이 돋보이길 원하게 된다. 그러나 이 과정에서 사람들이 우리가 좋아하는 것을 싫어하거나, 싫어하는 것을 좋아하면 우리는 '마음의 동요'에 빠지게 되고,

그렇게 되면 그로부터 벗어나고자 노력하게 된다. 즉 우리 자신의 욕망을 변경하여 타인의 욕망에 맞추든가, 아니면 무슨 수를 써서라도 타인이 우리와 같은 욕망을 갖도록 전향시켜야 하는 것이다. 그런데 우리가 감정에 사로잡혀 있는 한 우리의 가치에 오류가 있다 해도 그 가치는 우리에게는 자명한 것으로 보인다. 그리고 우리는 일반적으로 자신의 시각을 선호하기 때문에 타인이 우리 자신의 가치체계를 채택하게 만들려고 노력한다. 이제 우리는 그들에게 명령하기를 원하며, 선과 악이 무엇인지 지정해주고자 한다. 이렇게 해서 다른 사람에게 잘 보이려는 명예의 욕망은 다른 사람들로 하여금 자신의 욕망에 따라 살아가게 하려는 지배의 욕망으로 전환된다.[6]

정치는 옳고 그름으로만 환원되지 않는다. 하물며 자신의 신체 변용에 따른 경험과 기억으로부터 형성된 부적합한 관념을 다른 경험과 기억을 가진 사람에게 옳다고 주장한다면 상대방이 이를 순순히 받아들이겠는가? 그럼에도 사람들은 남들보다 우월하기를 바라며 거리낌 없이 자신의 정치적 견해를 상대방에게 강요하고 선과 악을 알려주려고 한다. "모든 사람이 이것을 똑같이 바라므로 모든 사람이 똑같이 서로 장애가 되며"(E:3:31:주석) 그들은 서로 증오하게 된다. 그리고 그 끝에 승자가 얻게 되는 것은 자신에게 유익한 그 무엇이 아니라 상대방을 방해하는 데 성공했다는

---

6   알렉상드르 마트롱, 『스피노자 철학에서 개인과 공동체』(이하 Ma), 김문수·김은주 옮김, 그린비, 2018, 229~249쪽.

뿌듯함이다. 부적합한 관념이 또 다른 부적합한 관념과 맞서 이겨 본들 그것이 적합한 관념으로 이행할 리는 없다. 그렇다면 정치에서 적합한 관념이란 어떤 것이며, 그것은 어떻게 형성되는 것일까?

'이성'의 정치 : "인식하라!"

다른 사람을 자신의 기질에 따라 살아가도록 하는 것이 인간의 본성이라면 사랑과 증오의 정치, '진영의 정치'로부터 벗어나는 방법은 없는 것일까? 그저 전체적 관점에서는 "보편적 불화에서 보편적 조화가 생겨나며, 불화가 출현하는 전 과정은 보편적 조화가 지배한다"(Ma, 48쪽)고 생각하며, 진영을 불가피한 것으로 담담하게 받아들이면 되는 것일까? 뭔가 허전하다. 축구나 야구 같은 스포츠의 경우도 그냥 구경하는 맛과 실제 경기를 하는 맛은 다른 법이다. 육상의 허들 경기처럼 '진영'이라는 장애물을 뛰어넘는 방법은 없을까?

모로는 "이성은 철학자의 기질"[7]이라는 말로 하나의 실마리를 제공한다. 따라서 철학자라면 다른 사람들이 자신의 기질인 이성에 따라 살아가기를 원할 것이다. 그런데 "우리가 이성에 근거하여 노력하는 것은 모두 인식하는 것일 뿐이다."(E:4:26) 곧 이성은 인식하려고 노력하고 '인식하기'를 추구한다. 그렇다면 '이성의 정치', '인식의 정치'라는 것도 가능하지 않을까?

---

7   피에르 프랑수아 모로, 『스피노자 매뉴얼』(이하 Mo), 김은주·김문수 옮김, 에디토리얼, 2019, 193쪽.

이성[8]이 추구하는 '인식하기'란 어떤 것인가? 이성은 "우리가 사물의 특성에 대하여 공통개념 및 타당한 관념을 가지고 있는 것으로부터 일반적인 개념들을 형성"(E:2:40:주석2)한다. 공통개념이란 "모든 것에 공통적이며, 부분의 속에도 전체의 속에도 똑같이 존재하는 것"(E:2:38)이며, 적합한 관념이란 우리 신체의 변용을 표상하는 것이 아니라, "있는 그대로의 우리와 있는 그대로의 사물을 표상"(De, 119쪽)하는 것이다. 들뢰즈에 따르면 인식이 주체의 작용이 아니라 "관념의 펼침 혹은 전개"(De ,89쪽)인 이유는 적합한 관념이 "원인으로서 또 다른 관념과, 이 원인을 결정하는 신의 관념을 표현"(De, 119쪽)하기 때문이다. 공통개념 역시 적합하게 인식될 수밖에 없으므로, '이성의 정치'란 '적합한 인식'을 출발점으로 하는 정치라 할 수 있다. "정신 안의 타당한 관념들로부터 정신 안에 생기는 모든 관념도 또한 타당"(E:2:40)하고 사람들은 "이성의 지도에 따라 생활하는 한에 있어서만 본성상 언제나 필연적으로 일치"(E:4:35)하기 때문에, 적합한 인식은 사람들 사이의 일치를 통해 보다 강력한 역량을 구성하는 씨앗이 될 수 있다.

마슈레를 따라 적합성을 "필연성 또는 내적 인과성"[9]으로 이해하면, 적합한 인식이란 어떤 실재의 내적 원인을 찾아가는 인식이라 할 수 있다. 그렇다면 정치적 이슈에 대해 적합하게 인식한다는 것은 구체적으로 어떤 것일까? 친구 아무개와 관련해서라면, 나

---

8   "이성의 본질은 뚜렷하고 명확하게 인식하는 한에 있어서의 우리의 정신"(E:4:26:증명)이다.

9   피에르 마슈레, 『헤겔 또는 스피노자』, 진태원 옮김, 그린비, 2018, 109쪽.

는 아무개의 행위에 대해 감정적 대응을 할 것이 아니라 우선 그 원인을 여러모로 생각해봐야 한다. 당시의 어떤 사건이 아무개의 감정을 상하게 했을 수도 있고, 아무개는 그것과 관련해 누군가와 대화를 하고 싶었을 수도 있다. 또 그가 예전과 달리 '일베'식 표현을 쓴 것도 그의 의도가 아니라, '일베'의 내용이나 표현이 어느새 우리 주변에 확산되어 그를 변용시킨 것일지도 모르며, 아무개는 그것이 '일베'식 표현인지 모를 수도 있다. 내 감정에 대해서도 마찬가지다. 그 원인이 아무개가 쓴 글의 보수적 내용 때문인지 아니면 그 표현 방식 때문인지, 그것도 아니면 이제는 정말 퇴출되기를 간절히 바랐던 수구보수 세력의 재등장에 대한 '내 스스로의 두려움' 때문인지. 하지만 이 모든 것은 무시되었고, 감정의 속도는 빨랐다. 그리고 반복되었다.

정치적 공동체인 국가에 대해서는 어떻게 인식해볼 수 있을까? '이게 나라냐?' 세월호의 침몰로 많은 사람들이 죽음에 내몰린 상황에서 '시민의 안전'을 위한 최소한의 역할도 하지 못했던 국가에 대해 '촛불 시민'들은 이렇게 물었다. 이에 대해 새 정부 출범 이후 모인 '태극기 시민'들은 '이건 나라냐?'고 되물었다. 대체 '나라'는 어떤 것인가? 스피노자에 따르면 "어떤 실재를 지성적으로 인식한다는 것은 그 실재에 대한 발생적 정의를 형성하는 것"[10]이다. 다시 말해 한 사물을 안다는 것은 곧 그 사물을 어떻게 산출하는지를 안다는 것이다. 그렇다면 국가는 어떻게 산출되는 것일까? 우

---

10   스피노자, 『지성교정론』 92절, 마트롱, 앞의 책, 23쪽에서 재인용.

선 반원의 회전 운동이 구를 발생시키듯, '무엇인가의 운동이 국가를 발생시킬 것'이라는 생각에서 출발해보자. 무슨 운동일까? 발리바르는 "국가의 힘의 인민적 토대가 대중 자체의 운동들에 존재한다"(Ba, 88쪽)고 말한다. 마트롱은 "국가는 그의 코나투스를 정의하는 상달 운동과 하달 운동을 이어가는 동안만큼은 살아남을 것"(Ma, 498쪽)이라고 말한다. 이로부터 '대중의 상달과 하달 운동'이 국가를 발생시킨다는 생각을 해볼 수 있다.

발리바르에게 다중(대중들)이란 피지배자들만이 아니라, 지배자들과 주권자 그리고 시민들을 모두 포함하는 개념이다.(Ba, 107쪽) 마트롱의 상달 운동과 하달 운동이란 "인민의 열망이 권고라는 형태로 하부에서 정상으로 전달되고, 그런 다음 이것이 일단 종합되어 명령이라는 형태로 정상에서 하부로 전달되는"(Ma, 592~593쪽) 이중의 전달 운동이다. 이처럼 다중의 상향 운동과 하향 운동이 국가를 발생시킨다면, 정치적 문제는 어떠한 조건을 형성함으로써 이 운동들이 원활하게 실행될 수 있도록 할 것인가로 제기된다. 그런데 상향 운동은 '의견의 자유'가 보장될 때 원활해지며, 하향 운동은 '시민의 복종'이 전제될 때 원활해진다. 발리바르는 이렇게 표현한다. "의견의 자유를 통해 합리적인 결정을 얻을 수 있는 기회를 극대화하는 국가는 개인들이 자신들에게 유익한 유일한 행동으로 복종을 선택하게 만든다."(Ba, 54쪽)

하지만 개인적 인식의 적합성이 높아진다고 해서 그 인식이 곧바로 정치적 행위가 되는 것은 아니다. 오히려 인식이 정치가 될 수 있는 것은 인식이 개인적인 것이 아니기 때문이다. "인식은 하나의 실천이며, 인식(철학)을 위한 투쟁은 하나의 정치적 실천"(Ba, 146 쪽)이라는 발리바르의 언명은 "실제로는 누구도 자신의 견해들을 표현하지 않은 채, 좁은 범위의 자기 친구들하고라도 교통하지 않은 채 그 혼자서만 사고할 수는 없다"(Ba, 198쪽)는 전제로부터 나온다. "사고의 장소는 사적 개인이 아니라 교통 자체"(Ba, 198쪽)이며, "교통과정 바깥에서 사고하는 것은 불가능"(Ba, 201쪽)하다. "실제로 인식한다는 것은 점점 덜 혼자서 사고한다는 것"(Ba, 145쪽)이다. 사회적 삶은 교통 활동인데, 교통은 무지와 지식, 미신과 이데올로기적 적대의 관계들에 따라 펼쳐지며, 이 관계들은 신체들의 활동이다. 따라서 인식이라는 실천이 없다면 각 정체regime 내에서 '경향적으로 민주주의적인 의사결정과정'은 불가능하게 된다. (Ba, 146쪽)

　'인식(철학)을 위한 투쟁'이라는 말을 어떻게 이해해야 할까? 인식이 개인적인 것이 아니라면 이 투쟁은 무엇과 무엇의 투쟁인가? 발리바르는 스피노자의 "언어가 우중과 지식인들 양자에 의해 동시에 보존된다"는 구절을 해석하면서 "지식인들과 무지자들이 서로 교통하는 과정에서 형성되는 언어의 공통적 사용에 의해 단어들의 의미가 규정"(Ba, 145쪽)된다고 말한다. 이 말은 이성적 인식이나 직관적 인식이 상상적 인식과 다른 언어를 사용함으로써 서로 교통이 불가능해지는 것은 아니라는 뜻이다.

　인식은 단어를 사용함으로써 시작된다. 투쟁은 적합한 인식과 부적합한 인식 사이에서 일어난다. 하지만 그 '투쟁'이란 "적합한 인식이 부적합한 인식에서 이루어지는 최초의 언어 활용을 정정해주고, 단어들이 자연적 필연성에 일치하게 연쇄되게 해주는 지적

인 작업"(Ba, 145쪽)이다. 발리바르는 이것이 공통개념을 이룬다고
말한다.

지식의 보유자들에게 권력을 배분하는 '철학자 왕'이나 정념,
욕망과 같은 세속적 욕망에 맞서는 사변적 요새로서의 '인식에 의
한 구원'이 문제가 아니라 '공통개념의 형성'이 문제다. 들뢰즈의
스피노자 해석에 따르면 모든 존재하는 사물은 본질뿐만 아니라
특징적인 관계들을 가지며, 이 관계들을 통해 존재 속에서 다른 사
물들과 결합하거나 다른 사물들로 해체된다. "공통 통념이란 정확
히 여러 사물들 사이의 관계들의 결합에 대한 관념"(De, 170쪽)이다.
한 신체가 주어져 있을 때, 그것은 어떤 다른 신체와 결합하며, 이
결합된 관계 혹은 두 신체의 결합의 통일성은 그 부분들 중 어느 하
나의 본질이나 전체의 본질로 환원되지 않는 공통 통념을 정의한
다. "공통 통념은 언제나 신체들 서로에게 적합한 어떤 것에 대한
관념"(De, 171쪽)이다. 하지만 우리는 결합의 관계들에 대한 선험적
인 인식을 가지고 있지 않기 때문에, 들뢰즈는 그것에 대한 실험들
이 필요하다고 말한다.(De, 173쪽, 각주12)

관념들에만 관계되는 설명의 질서와는 반대로, 공통 통념의
형성 질서는 감정들과 관계를 갖는다. 즉 그것은 어떻게 정신이 감
정들을 질서 짓고, 서로 연결시킬 수 있는지를 보여준다. '공통 통
념은 실험을 통해 좋은 만남들을 조직하고, 체험된 관계들을 결합
시키며, 역량들을 형성하는 기술(Art)'(De, 177쪽)이다. 문제는 사회
또는 공동체 속에서 어떤 관계들이 서로 결합하여 새로운 관계를
구성할 수 있는지, 어떤 역량들이 서로 결합하여 더 강력한 하나의

역량을 구성할 수 있는지를 아는 것이다. 어떻게 개인들은 서로 결합하여 보다 우월한 개체인 국가를 형성하는가? 그리고 이 과정은 어떻게 무한히 진행되는가? 어떻게 한 존재는 다른 존재를, 그것의 고유한 관계와 세계를 보존하면서, 자신의 세계 속으로 가져올 수 있는가?(De, 187쪽)

다른 의견을 가질 권리

단풍철을 맞아 설악산 오세암에서 하루를 묵었다. 오세암은 백담사에서 서너 시간 거리, 칠백 미터 고지에 자리 잡은 암자다. 하룻밤 묵고 저녁, 아침 공양에 일만 원이니 참 고마운 곳이다. 일행과 함께 배정받은 방에 들어서니 초면의 세 분이 이미 자리를 펴고 있었다. 모두 다섯이다. 창문 건너편의 빈 곳에 매트리스를 깔았다. 따로 덮을 만한 건 없다. 피곤했던 터라 사람들이 잠시 방을 비운 사이, 창문을 닫고 잠을 청했다.

얼마나 잤을까 갑작스런 한기에 눈을 떴다. '왜 추운 거지?' 정면의 창문이 반쯤 열려 있었다. 잠결에 '아, 누군가 태음인이 있는 모양'이라 생각하며 잠시 망설였지만 소음인인 나로서는 어쩔 수 없었다. 살며시 창문을 닫았다. 그러다 또 다시 한기에 눈을 떠보니 이번엔 반의반쯤 창문이 열려 있었다. 참아 보다 다시 닫았다. 그러기를 다시 두세 차례, 새벽이 밝았다.

저마다 타고난 체질이 다르니 고작 다섯이 한 방을 써도 이런 일이 생긴다. 하물며 한 나라에서 같이 살아야 하는 사람들 사이에서야 무슨 일인들 안 일어나랴. 체질이 다르듯 생각이 다른 건 지극히 당연한 일이다. 소음인이 추위를 참는 일만큼이나 '촛불 시민'이 '태극기 시민'을 이해하는 일도 쉽지 않으며, 그 역도 마찬가지일 것이다. 체질을 바꿀 수도 없고 바꾸라고 명령할 수도 없듯, 생각 역시 바꾸기 쉽지 않고 바꾸라고 명령할 수도 없다. 잠시만 생각해봐도 상대방이 나와 체질이 다르다고 해서, 생각이 다르다고 해서 내가 '열 받을' 일은 아님이 명백하다. 이성의 인도에 따라 현명하게 같이 살 일이다. '의견의 자유'에 대한 억압은 물리적으로도 불가능하니 최고의 힘을 가진 '주권자'라 하더라도 그런 시도는 철저히 실패할 것이라 하지 않는가. 개인들 사이에서야 말해 무엇하리.

지난 주말 한 결혼식의 피로연을 마치고 몇몇 지인들이 함께 자리를 옮겼다. 허물없는 사이라 초반부터 '조국'에서 '지소미아'-전날 정부에서 지소미아 종료에 대한 유예를 발표했다-에 이르기까지 여러 정치적 대화들이 오갔다. 차분한 토론보다는 열띤 논쟁에 가까웠다. '관망파'를 자처한 후, 각자가 말하려는 내용과 그 내용 속에 담긴 욕망을 읽어보려 귀를 기울였다. 자주 느끼는 것이지만 대여섯의 대화에서도 좀처럼 초점은 맞춰지지 않았다.

조국 사태의 '팩트'에 대한 관심과 주장은 '그래서 조국을 지명한 것이 잘했다는 말이냐'라는 '정세적' 항변에 부딪혔다. 서로 다른 이야기다. 지소미아에 대해서도 외교적 관점과 경제적 관점이 맞섰다. 같은 듯 다른 이야기다. 화제는 넘쳤지만 '소통의 기예'는 모자랐다. '진영적 감정' 같은 것이 토론을 막았다. 원인을 찾아가는 적합한 인식을 위해서라도 우선은 서로 마음 터놓고, 잘 듣고, 한 박자 쉬어 답하는 자세가 필요한 듯하다. 불통의 원인부터 인식할 것!

스피노자의 이론은 우주적 자연과 역사 그리고 인간을 관통한다. 그것들 사이에 단절은 없다. 그는 국가를 인간 개체와 마찬가지로 하나의 유한양태인 '국가 개체'로 분석한다.

이 국가 개체는 수많은 인간 개체들로 이루어진 복합 물체로서 고유한 운동과 정지의 비율로 자신을 재생산한다. 인간이 자신을 구성하는 타자들의 우주이자 그들의 활동에 의한 결과로서 존재하는 것과 같이, 국가 역시 자신을 구성하는 개인들과 개인들의 집단들 그리고 제도들 사이의 상호작용의 결과로서 존재한다. 국가는 자신의 코나투스에 따라 스스로의 보존을 위해 노력할 뿐, 나아가야 할 목적지나 방향 같은 것은 없으며, '스피노자적 필연성'에 따라 흥망성쇠한다. 단지 자기 보존을 위해 '민주주의적 경향성'을 가질 뿐이다. 나아가 발리바르의 스피노자 해석에 따르면 인간이든 국가든 모든 개체성은 그 자체 독립적으로 존재하는 궁극적 단위가 아니라, "그 개체성 안에서 합성되지만 그것으로 용해되지 않는 개체성의 하위 형태들과, 그 개체성이 진입할 수 있는 개체성의 상위 형태들 사이에 들어 있는 것"(Ba, 190쪽)이다.

우리가 정치적 토론이나 논쟁에 유난히 예민한 이유 중 하나는 국가나 국가를 구성하는 너와 나, 집단이나 계급이 '자유의지'를 가지고 있다고 상상하기 때문은 아닐까? 주체의 목적의식적 의지로 국가를 원하는 방향으로 이끌어가고, 국가 역시 다른 국가들과 관계없이 그 나라의 독립적 의지로 부국강병하는 상상. 국가의 구성원으로서 이성이 명하는 바에 따라 정치적 참여를 하거나 저항을 하면서도, 한편으로는 국가나 정치의 문제를 더 폭넓은 인과관계 안에서, '자연적 필연성'의 관점에서, 한발 물러나 '관조'할 수 있다면 정치적 문제들에 대해 한결 가벼워질 수 있을 듯하다.

연말이다. 지난달 아무개가 다른 친구를 통해 만나자는 연락을 해왔다. 셋이서 한잔 했다. 정치적 이야기는 없었다. 해가 가기 전에 그를 볼 작정이다. 내가 그의 정치적 대화에 가볍게 귀를 기울일 수 있었으면 좋겠다.

【보론】 '정치적 실천'에 대한 해석들

"이성에 의해 인도되는 사람은 더 자유롭게 살아가기 위해 국가의 공동의 법을 준수하려고 노력한다.(E:4:73:증명) 스피노자의 정치이론을 접하면서 당혹스러웠던 것은 '국가에 대한 복종'이라는 생각과 '국가의 보존은 최고선'이라는 생각이었다. 내게 국가란 '폭력적 억압기구'였고 따라서 늘 저항의 대상이었기 때문이다. 반면 스피노자에게 국가란 시민의 안전과 평화를 목적으로 하는 정치적 공동체다. '억압기구로서의 국가와 저항'이라는 생각은 내가 '독재국가'에서 젊은 시절을 보내면서 갖게 된 국가에 대한 부분적인, 부적합한 관념일 것이다.

'정치적 실천'에 대한 스피노자의 복잡다단한 고민을 반영하듯, 이와 관련한 '후학'들의 해석도 그 결이 다른 만큼이나 흥미로웠다. 먼저 마트롱의 해석이다. "자유로운 인간은 법률에 복종하는

데 만족하지 않으며, 국가의 개혁도 원한다…. 이성은 분명 우리에게 정치적 참여를 명한다. 다만 반란을 호소함으로써가 아니라 현존 통치형태에 맞는 제도적 체계를 탐색하고, 그런 연후 합법적 권력자들에게 이를 알려줌으로써 말이다. 물론 합법적 권력자들이 우리의 말을 들으리라는 보장은 없다. 그러나 불굴의 인내로 이를 시도해야 한다. 박해를 두려워하지도, 그렇다고 쓸데없이 도발하지도 않고서 말이다. 인류의 구원에는 이런 대가가 필요하다."(Ma, 747쪽)

반면 모로에 따르면 "스피노자주의는 필연적으로 전투적 철학으로 등장"하는데, 그것이 전투적인 이유는 스피노자의 성격 때문이 아니라 '타인을 우리 자신의 기질에 따라 살아가도록 인도한다'는 스피노자 철학의 논리 때문이다. 모로는 "철학자의 기질은 이성"이라며, 스피노자의 철학이 두 가지 의미에서 전투적이라고 말한다. "첫째, 평화, 안전, 정치적 자유가 모든 사람에게 제공되도록 기여한다는 의미에서이다. 둘째, 최대한 많은 사람들이 지복의 자유에 도달하게끔 노력한다는 의미에서이다."(Mo, 193쪽)

발리바르는 우선 '정치체의 보존'이라는 스피노자의 통념에 대한 '보수'적 의미의 해석에 대해 그것은 명백한 오류라고 말한다. "국가와 종교, 도덕이 제도화하는 복종 그 자체는 불변의 기정사실이 아니라, 진행 중인 이행의 축"이자 "교통 양식 자체의 변혁을 결정적인 계기로 삼고 있는 어떤 실천의 쟁점이다."(Ba,143~144) 발리바르에 따르면 "스피노자의 변혁적 경향은 민주주의를 국가 또는 국가 장치의 변혁과 전환으로서 엄격하게 사고하려는 견줄 수 없는 노력에 있다."(Ba, 202쪽)

흥미로운 것은 발리바르가 '스피노자 철학의 아포리아' 그리고 '스피노자의 무능력'이라는 표현으로 스피노자를 비판하는 지점이다. 발리바르는 스피노자가 '상상은 주체의 원죄나 불완전성이 아니라 항상 이미 사회적인 집합화의 과정으로 사고'했음에도 불구하고 '인식 및 인식이 인간들에게 제공해주는 실존조건에 대한 제어력은 집합적인 실천으로 사고하지 못한다'고 말한다. (Ba, 195쪽) 또한 스피노자가 '혁명들'에 대해 부정적인 표상을 지니고 있었으며, 혁명들을 대중적인 폭동들을 동반하는 정체 형태의 변화나 통치자들의 개인적 교체로 생각한 데 대해, "민주주의 정치의 또 다른 측면, 곧 국가 속에 조직되어 있는 지배와 차별에 저항하는 모든 봉기가 함축하는 부정성의 측면에 가치를 부여하지 못하는 그의 무능력이 존재한다"고 비판한다. (Ba, 238쪽)

중년 은퇴자와
'노동윤리'

'노동'의 가치를 묻다

"일하지 않는 자여 먹지도 마라. 자본가여 먹지도 마라. 무노동 무
임금 노동자 탄압, 총파업으로 맞서리라." 귀에 익숙한 노동자 투
쟁가의 한 소절이다. 여기서 앞부분의 '일하지 않는 자여 먹지도
마라'는 말은 일은 하지 않고 착취만 하는 자본가에 대한 노동자의
선언이다. 반면 뒷부분의 '무노동 무임금', 일을 하지 않았으니 돈
은 주지 않겠다는 말은 주어진 일을 하지 않고 파업에 나서는 노동
자에 대한 자본가의 경고다. 노동자와 자본가는 서로 '진실로 일하
는 자'는 바로 자신이며, 일에 대한 권리는 자신에게 있다고 맞서지
만, '일은 가치의 원천이요 고귀한 미덕'이며 '노동은 선이요 노동
하지 않는 것은 악'이라는 노동윤리는 함께 공유하고 있다.

    우리 사회에서 '노동'이란 일반적으로 '직업 또는 직업적인
일'과 같은 의미로 쓰이며, 흔히 소득을 얻기 위한 활동으로 여겨진

다. 이는 곧 돈을 벌지 못하는 활동은 노동의 범위로부터 배제됨을 뜻한다. 또한 노동이란 '수고스러운 활동'으로, 근면함과 성실함을 상징하는 미덕이며, 직업으로서의 노동은 근면성실함에 대한 기본적인 보증이 된다. 반면 건강한 성인임에도 직업을 갖지 않는다면 그는 우리 사회의 최대 악덕 중 하나인 '게으르다'는 의심의 눈초리를 받는다. '게으르다'는 평가를 담담하게 받아들일 수 있는 사람이 몇이나 되겠는가? 오십대 중반의 은퇴자로 지내고 있는 나도 '직업과 게으름'의 시선으로부터 여전히 자유롭지 못하다.

직업에 대한 미련이 오래도록 남는 것은 무엇보다 직업으로서의 노동, 돈벌이로서의 노동이 개인에게 안정적인 소득을 제공해줄 뿐 아니라 사회적 소속감과 평판까지 보태주기 때문일 것이다. 자산이 부족한 사람일수록 정규직이든 알바든 노동을 하지 않고서는 생계를 꾸려나가기 어렵다. 노동 외에는 대안이 없는 것이다. 또한 우리는 직업을 통해 자신의 정체성을 경험한다. 우리는 누군가를 처음 만났을 때 대개 명함을 내민다. 명함에 새겨져 있는 회사와 직위가 자신이 누구인지, 자신이 무슨 일을 하는지 보여준다고 생각하기 때문이다. 명함이 없는 은퇴자는 상대방의 명함을 받게 되면 잠시 혼선을 느끼며 어색해하기 마련이다.

중년의 은퇴자에게 자유시간은 또 하나의 도전과제이다. 시간을 헛되이 보내면 바로 게으름이나 불성실과 연결되기 때문이다. 회사를 다닐 때는 오전 일곱 시 반쯤 집을 나서면 오후 일곱 시 반쯤 회사를 나왔다. 지금 나는 그 열두 시간을 잠 더 자고, 가사일 좀 보태고, 산책하고, 책보고, 음악 듣고, 멍 때리며 보낸다. 실업이라

는 경험을 설명하는 데 흔히 이용되는 '따분하다, 지루함과 남아도
는 시간, 할 일이 없다'라는 낱말은 아마 은퇴자에게도 적용될 것
이다. '실업'에 관한 연구들에 따르면 소비자 사회에서 실업자들이
특히 고통을 겪는 것은 "끝이 없어 보이는 자유시간이 그걸 이용할
수 없는 무능력과 합쳐져서 일상의 대부분이 짜임새가 없어"[1]질 때
라고 한다. 다행히 나는 아직까지는 지루함을 느끼지 않는다.

우리는 왜 노동을 근면성실함으로 인식하며, 노동하지 않는
것은 게으름과 동일시하여 악덕으로 생각하는가? 또한 우리는 왜
직업이나 돈벌이로서의 노동에 특권적인 가치를 부여하는가? 노
동에 대한 이러한 생각은 인간의 본성에서 유래하는 것인가? 퇴직
오 년째인 나는 아직 특별한 직업을 마련하지 않고 있다. 아직까지
는 가능하다면 직업으로서의 노동은 하고 싶지 않다는 것이 나의
소박한 욕망이다. 지난 이십칠 년 동안 나는 '충분히' 노동했다. 이
제 중년 은퇴자의 조건으로 노동과 다시 관계를 맺기 전에, 내가 알
고 있는 '노동'이란 것이 앞으로의 내 삶 속에서 어떠한 '가치'를 지
닐 수 있는 것인지 생각해보고자 한다.

이제 막 사회로 진출하려는 청년세대는 생계 활동으로서의 노
동이 어느 정도 불가피하고, 나이가 훌쩍 들어버린 노년세대는 시
간이 흐를수록 노동 능력이 상실된다. 반면 중년세대는 그동안의
노동의 대가로 마련한 일정한 소득을 기반으로, 노동과 보다 다양
한 관계를 맺을 여지가 있을 것이다. 이 글에서는 우선 우리가 내면

---

1   지그문트 바우만, 『새로운 빈곤』, 이수영 옮김, 천지인, 2010, 74쪽.

화하고 있는 '노동은 선이요 노동하지 않는 것은 악'이라는 노동윤리에 대해, 그 기원과 역사를 검토함으로써 노동에 대한 '낯설게 보기'를 시도할 것이다. 그리고 현재의 노동윤리가 특권적 지위를 부여하고 있는 직업으로서의 노동, 임금노동이 노동에 대한 합리적 조직화 방식인지에 대해 의심해보고, 임금노동이 아니라면 노동은 어떤 활동을 의미할 수 있는지 나름대로 답을 구해보고자 한다.

노동윤리의 기원

삼십여 년 전 사회 초년생이었을 때, 다니던 회사의 정년은 만 오십오 세였다. '정년'이란 어떤 의미인가? 당시만 해도 정년은 '뒷방 늙은이 신세'라는 한탄의 의미보다는, 열심히 일한 당신이 '여생을 편안히 누릴 수 있는 권리'라는 사회적 명예의 뜻이 더 강했다. 얼마 지나지 않아 회사의 정년은 오십팔 세로 늘어났고, 지금은 법정 정년이 육십 세가 되었다. 하지만 그 과정에서 "아니, 약속이 틀리잖소. 삼 년, 오 년이나 일을 더 하라니 대체 뭔 소리요?"라는 항의는 들리지 않았다. 생활수준도 높아졌고, 물가도 올랐고, 특히나 수명이 늘어났기 때문에 일을 더 해야 한다는 '친절한 안내'에 "정년을 늘려만 주신다면" 하고 그저 감사할 따름이었다. 대체 우리는 노동에 대해 어떤 생각을 가지고 있기에 이처럼 '늘어난 노동'을 감사히 받아들이는가?

노동윤리란 일의 가치와 중요성을 긍정하며 노동을 도덕화·규범화·신성화하는 마음가짐이다. 우리는 이 윤리를 내면화하면서 노동을 인간다운 노력의 원형으로, 사회적 소속감과 개인적 성취의 핵심으로 받아들이고, 성실한 노동과 긴 노동시간을 욕망한다. 하지만 직업으로서의 노동에 대한 이러한 존중과 욕망은 고대로부터의 유산이 아니다. 오히려 고대에는 "노동이 스스로에 대한 양심의 가책을 느끼게 했"으며, "훌륭한 가문 출신의 사람은 노동을 할 수밖에 없는 처지에 내몰렸을 때, 자신의 노동을 숨겼다"[2]고 한다. 그렇다면 오늘날의 노동윤리는 어디로부터 생겨난 것일까? 막스 베버에 따르면 직업노동에 가치를 부여하는 세속적 노동윤리의 기원에는 일견 노동과 상관없어 보이는 종교적 기원, 즉 프로테스탄트 정신이 놓여 있다.

우선 '직업소명, Beruf, Calling'이라는 단어에 대한 개념사적 연구에 따르면 오늘날 우리가 사용하고 있는 의미에서의 '직업'이라는 말은 종교개혁, 즉 마르틴 루터의 성서 번역으로부터 나왔다. '확고한 사회적 지위 또는 특정된 노동영역'이라는 의미에서 직업과 유사한 표현은 고전적 고대나 가톨릭적인 민족 사이에서는 찾아볼 수 없고 주로 프로테스탄트적 민족에게 존재한다. 루터는 '신의 부름'이라는 순수한 종교적 의미로서 '직업'을 번역하는 동시에, 성경 집회서에 나오는 '너의 노동에 머물러라'라는 구절을 '너의 직업을 떠나지 마라'라고 번역함으로써, 최초로 오늘날의 순수한 세속적 의미로 '직업'이라는 말을 사용했다.[3]

---

2   니체, 『즐거운 학문』, 안성찬 • 홍사현 옮김, 책세상, 2005, 299쪽.
3   막스 베버, 『프로테스탄티즘의 윤리와 자본주의 정신』, 김덕영 옮김, 길, 2010, 121쪽, 145~146쪽.

프로테스탄티즘의 세속적 금욕주의는 직업윤리, 영리와 이윤 추구, 합리적 생활방식 같은 자본주의 정신을 낳았을 뿐 아니라 노동윤리에도 강력한 영향을 미쳤다. 이 새로운 윤리는 무엇이 일이며 일이어야 하는가에 대한 인식에 중요한 변화를 가져왔다. 칼뱅의 예정설에 따르면 인간의 일부는 신에게 구원받도록 선택되어 있고, 나머지는 저주받게끔 예정되어 있는데, 그 운명은 태어나기 전에 정해지며, 이미 정해진 운명은 누구도 바꿀 수 없다. 이러한 교리로 인해 각 개인은 전대미문의 내적 고독감에 직면하게 되었다.

당시의 인간들에게 가장 결정적인 삶의 관심사는 '영원한 구원'이었는데, 이제 그들은 확정된 운명을 따라 고독하게 자신의 길을 가는 것 외에 달리 방법이 없었다. 따라서 예정론을 믿는 사람들은 자신이 선택된 자라는 것을 인식할 수 있는 확실한 표지가 무엇인지 알고자 했다. 이에 대해 영국의 청교도주의 실천신학자들은 부단한 직업노동이야말로 불확실성 탓에 생기는 불안감을 없애고, 자신이 선택된 자라는 확신에 도달하기 위한 가장 탁월한 수단이라고 철저히 각인시켰다. 세속적 직업이 종교적 불안감을 진정시키는 수단이 되었고, 개인들은 세속적 직업 생활에서 신앙을 확증했다.[4]

영국의 청교도주의 목사인 박스터는 '시간이란 무한히 귀중한 것으로, 시간 낭비야말로 원칙적으로 가장 무거운 죄'라고 말한다. 왜냐하면 낭비한 모든 시간은 신의 영광에 봉사하는 노동의 기회

---

4   막스 베버, 181~195쪽.

를 상실함을 의미하기 때문이다. 박스터에 따르면 노동은 이미 오래전에 그 효과가 검증된 금욕의 수단이며, 무엇보다 신이 규정한 삶 일반의 자기 목적이다. "일하지 않는 자는 먹지도 말라"는 사도 바울의 명제는 무조건적으로 모든 사람에게 적용되며, 노동 의욕의 결핍은 은총 받지 못한 상태의 징후이다.

재산이 있는 자라도 일하지 않으면 먹지 말아야 한다. 왜냐하면 재산이 있는 자에게도 복종해야 하는 신의 계명은 여전히 유효하기 때문이다. 이것은 바울의 계명은 인류 전체에만 해당하지 각 개인에게 해당하는 것은 아니며, 노동이란 단지 개인과 전체의 삶을 유지하기 위해 필요한 자연의 이치일 뿐이라는 중세적 태도와는 확연한 차이를 드러낸다. 베버는 외견상 사소해 보이는 이 미묘한 차이가 실은 노동과 직업에 대한 중대한 심리학적 결과를 낳았다고 말한다.[5]

베버가 자본주의 정신을 통해 자본가의 원형을 제시했다면, 마르크스는 생산수단이라는 물질적 차원을 통해 임금 노동자의 출현을 보여준다. 마르크스에 따르면 인클로저 운동으로 잘 알려진 '농민으로부터의 토지수탈'이 노동자 출현의 기원이다. 근대 이전의 영국에서는 누구든 자신의 필요에 따라 쓸 수 있는 공유지가 있어서 영주나 군주도 그것을 마음대로 할 수 없었다. 그러나 십육세기 전후, 플랑드르 지역의 양모산업이 번영하면서 양모가격이 급등하자, 영주들은 초원과 공유지와 같이 별도로 경작하는 이가

---

5   막스 베버, 336~337쪽.

없는 땅에 울타리를 치고 농경지를 목초지로 용도 변경했다. 그러자 "많은 인간이 돌연히 그리고 폭력적으로 그들의 생존수단으로부터 분리되어 무일푼의 자유롭고 의지할 곳 없는 프롤레타리아로서 노동시장에 투입"[6]되었다. 그들은 타인을 위한 노동에 자신의 생활을 의지하고, 필요한 모든 것을 시장에서 사야 하는 사람이 되었다. 베버와 마르크스를 합쳐보면 노동윤리는 '내세적 구원이라는 종교적 이상과 생존수단의 수탈이라는 폭력의 합작품'으로 등장한 셈이 된다.

노동윤리의 역사

프로테스탄티즘의 금욕주의는 노동을 소명이자 은총 상태를 확신하기 위한 유일한 수단으로 파악함으로써 노동윤리에 심리학적 동인을 부여하는 동시에 기업가의 돈벌이 또한 소명으로 파악하여 노동의욕을 가진 자들에 대한 착취를 정당화했다. 영리활동을 소명으로 보는 것이 근대 기업가의 특징이 된 것처럼, 노동을 소명으로 보는 것이 근대 노동자의 특징이 되었다. 하지만 인간의 삶을 전문노동, 직업노동에 한정하는 것은 "다방면의 삶을 살려는 파우스트적 인간성을 포기"[7]하는 것으로, "근본적으로 노동 윤리는 자

---

6   칼 마르크스, 『자본론 I (하)』, 김수행 옮김, 비봉, 1989, 900쪽.
7   막스 베버, 360~364쪽.

유의 포기와 관련된 것"[8]이었다.

　근대 이전의 사람들에게 일이란 단지 실제적이고 한정된 목적을 위한 수단이었다. 그들에게 일 자체를 목적으로 여기고 헌신하라는 새로운 노동윤리는 별로 설득력이 없었다. 베버에 따르면 자본주의 정신이 투쟁해야 했던 가장 중요한 적수는, 더 많이 일하고 더 많이 갖기보다는 적게 일하고 주어진 대로 만족하려는 이들의 완고한 저항이었다. 바우만은 천팔백육 년에 어느 양말 제조업자가 남긴 말을 인용한다.

> 사람들이 가장 싫어했던 건 규칙적인 시간과 규칙적인 습관들 문제였다. 사람들은 매우 불만스러워했다. 자기 마음대로 드나들 수 없고, 쉬고 싶은 날 쉴 수 없으며, 몸에 익은 방식대로 행동할 수 없었기 때문이다. 야근 때도 다른 사람들의 고약한 감독 아래 놓여야 하니 사람들은 공장제도 자체에 넌덜머리를 냈다. 나는 어쩔 수 없이 공장 제도를 포기해야 했다.

근대화의 개척자들이 맞닥뜨렸던 진정한 문제는 노동 과정을 스스로 제어하면서 자신들이 하는 노동에 의미를 부여하는 데 익숙한 사람들을 변화시키는 일이었다. 그 사람들은 이제 타인이 정하고 감독하는, 따라서 일을 하는 자신들에게는 의미가 없는 작업에 기술과 노동 능력을 사용하도록 바꾸어야 했다. 이 문제를 해결

8　　지그문트 바우만, 18쪽.

철학하는 삶

하는 길은 맹목적인 훈련을 통해 노동자들이 아무 생각 없이 복종하는 습관을 갖도록 하는 것이었다.[9]

프로테스탄티즘 윤리의 초월적 논리는 자본주의 이전 경제와 자본주의 경제 사이에서 '사라지는 매개자'로서 기능했다. 일단 뿌리를 내린 자본주의는 금욕주의 정신이라는 버팀목을 더 이상 필요로 하지 않았다. '직업 수행'이 정신적 문화가치와 직접적인 관련을 가질 수 없는 경우, 그러니까 직업 수행을 단순히 경제적 강제로 받아들일 수밖에 없는 경우, 사람들은 대개 직업 수행이 지니는 의미의 해석을 완전히 포기한다.[10] 이제 직업노동을 은총 상태의 확신을 위한 최선의 수단으로 파악하는 프로테스탄티즘 노동윤리는 '성실한 노력과 끈기로 자신과 가족을 스스로 더 나은 삶으로 끌어올릴 수 있다'는 산업화 노동윤리로 대체된다. 내세의 구원이라는 종교적 목적은 서서히 사회적 이동성이라는 세속적 목적으로 바뀐다.

한국의 중년세대에게 산업화 노동윤리는 '개천에서 용 난다'는 매우 친근한 말로 전해진다. 서구사회가 삼백 년에 걸쳐 경험한 자본주의를 우리 중년세대는 오십 년의 짧은 기간 동안 '압축성장'이라는 말로 경험했다. 그들은 삶의 시간표에 따라 학교와 군대와 일터에서 자연스럽게 자본주의 정신과 노동윤리를 체화했다. 그들은 가족의 생계를 책임지기 위해 불철주야 주경야독, 밤낮없이 일하고 공부하면서 사회적 이동의 사다리를 타고 스스로의 성공신화

---

9   지그문트 바우만, 17~18쪽.
10   막스 베버, 365~366쪽.

를 일궈냈다. 스스로 용이 되지 못한 사람도 주위에서 실제로 용이 되는 사람을 목격할 수는 있었다. 자수성가한 재벌 회장들은 시련은 있어도 실패는 없으며 세계는 넓고 할 일은 많으니, '안 되면 되게 하라'는 군인정신으로 일에 매진하라고 독려했다. 누구든 근면 성실하게 일하고 검소한 생활태도로 절약하면 어느 정도의 계급 상승이 가능한 시대였다.

복지국가의 몰락과 함께 산업화 노동윤리는 다시 한 번 새로운 옷으로 단장한다. '노동의 종말'이 현실화되면서 기술의 진보에 따라 안정적이고 확실한 일자리는 급속히 줄어들고, 기간제나 임시직 같은 불안정한 일자리가 다수를 차지하게 된다. 노동이 특권이 되는 시대에 노동을 통한 신분상승과 사회적 이동은 점점 더 비현실적이 되고, 부지런함과 성실함을 권하는 산업화 노동윤리는 힘을 잃어갔다. 산업화 노동윤리는 이제 '자기계발과 자아실현을 위한 수단으로서의 일'이라는 새로운 노동윤리에 의해 밀려났다. 과거에는 반항적이고 노력을 기피하는 노동자의 복종을 이끌어내는 데 초점을 맞췄다면, 이제 일을 사랑하고 자기 주도적인 모범적 노동자의 헌신을 독려하는 것에 초점을 맞추었다. 탈산업화 노동윤리는 사람들에게 자아실현을 위해 자신의 삶을 경영하는 '자기경영적 주체'가 될 것을 요청한다. 임금을 벌기위해 자신의 노동을 팔아야 했던 노동자는 이제 '자신의 적성과 능력'이라는 자본, 인적 자원을 지니고 자신의 행복한 삶을 경영하여 수익을 창출하는 기업가가 되어야 한다.

일 바깥의 진정한 자아를 일 안으로 가지고 들어올 것을 주문하는 탈산업화 노동윤리는 직업과 취미, 일과 놀이, 노동과 여가를 구분하는 경계선을 지우고 노동 자체를 가장 만족스러운 오락의 수준으로 끌어올린다. 자아실현으로서의 노동, 삶의 의미로서의 노동, 만족스러운 경험을 많이 할 수 있는 노동은 무엇보다 우선 재미있어야 한다. 또한 다양하고 짜릿하며, 어느 정도 모험과 위험도 뒤따르고, 늘 새로운 느낌을 불러 일으켜야 한다. 단조롭게 반복되는 기계적이고 무사안일한 노동, 독창적이지 않고 도전적이지 않으며 자기 검증과 자기주장의 기회가 없는 노동은 따분하다. 사람들은 선택의 여지가 없는 경우에만 그런 노동을 할 것이다.[11]

신자유주의적 경쟁 논리와 탈산업화 노동윤리가 서구사회에 급속히 도입되던 천구백팔십 년대에도 한국에서는 여전히 산업화 노동윤리가 강력한 힘을 발휘하고 있었다. 천구백팔십 년대 중반 '삼저三低'에 힘입어 경기는 호황을 누렸고, 노동자들은 '민주화'와 '노동자 대투쟁'을 통해 열심히 일한 대가인 분배의 몫을 높여나갔다. 그 오 년 남짓 한국사회에는 자가용이 급속히 퍼져나갔다. 하지만 돌아보면 그 시기를 전후하여 이미 신자유주의와 탈산업화로의 변화가 시작되고 있었다. 정부는 천구백구십 년대 초부터 '세계화' 정책을 추진했고 천구백구십육 년 말, 세계화 시대에 걸맞은 '개정 노동법'을 국회에서 '날치기'로 통과시켰다. 정리해고제와 변형근로제의 도입이 포함된 법안이었다. 노동세력은 총파업으로 맞섰으나 이듬해 말 '외환위기'의 급변속에서 사회적 대타협이

---

11   지그문트 바우만, 66~67쪽.

라는 이름으로 정리해고제를 받아들였다. 이제 노동윤리는 열심히 일하는 수준이 아니라, '경쟁에서 살아남는 것'이 되었고 사람들은 규율대신 경쟁을 내면화했다.

노동윤리는 근대화 과정의 흐름을 따라 영혼의 구원을 확신하기 위해, 사회적 성공을 위해, 자아실현을 위해 노동자의 헌신을 독려해왔다. 하지만 일을 하려 해도 일자리가 없고, 일을 해도 빈곤에서 벗어날 수 없는 '워킹푸어'가 만연하는 시대에 노동윤리는 점점 더 그 설득력을 잃어간다. 이제 노동윤리는 오늘날의 소비자 사회에서 "가난이라는 불행의 책임을 가난한 이들의 일하지 않으려는 태도에 돌리고, 따라서 가난한 이들의 도덕적 타락을 비난하며 가난을 그 죄에 대한 벌로 뒤집어씌우는"[12] 마지막 봉사를 한다.

십구 세기를 살았던 니체는 "노동의 존엄"이란 개념은 "완전히 노예처럼 행동하면서도 노예라는 낱말을 두려워하고 피하는 세계를 위로하는 수단"으로 우리에게 주어진 "환각"이라고 말한다. 그는 "인간의 존엄, 노동의 존엄과 같은 허깨비들은 자기 자신 앞에서 스스로를 감추는 노예제도가 만들어낸 빈약하기 짝이 없는 산물"이며, "노예가 그런 개념들을 필요로 하는 시대"는 "불행한 시대"라고 단언한다.[13]

---

12   지그문트 바우만, 72쪽.
13   니체, 「그리스 국가」, 『유고(1870년~1873년)』, 이진우 옮김, 책세상, 2001, 309~311쪽.

임금노동과 기본소득

노동윤리에서 말하는 노동은 직업으로서의 노동, 곧 임금노동이다. 노동윤리의 목적은 시대에 따라 변화해도 그 윤리가 요구하는 행동은 변하지 않는다. 노동윤리는 언제나 임금노동에 자신을 투사하고 구조적으로 헌신하도록, 일을 삶의 중심으로 끌어올리도록, 그리고 일 자체를 목적으로 받아들이도록 요구한다. 노동윤리는 "대부분의 사람들은 팔 만한 노동력을 지니고 있고 그것을 판 대가로 그만큼의 가치가 있는 것을 얻음으로써 생계를 이어"가며, "행복하게 살기 위해 필요한 것을 얻으려면 다른 이들이 가치 있다고 여기고 돈을 받을 만하다고 여기는 일을 해야 한다"[14]고 전제한다. 한마디로 노동윤리는 자본주의적 시장 메커니즘으로 조직된 노동에 고유한 윤리이다.

임금노동은 자본주의 사회를 지탱하는 주춧돌이며, 임금은 사회적 협업의 두 영역인 가정경제와 임금노동 경제를 연결 짓는 핵심이다. 노동윤리의 또 다른 기초가 되는 가족제도는 '임금을 버는 이들의, 임금을 벌지 않는 이들에 대한 사회관계'로서 실업자, 노인, 병자, 아이, 주부를 모두 포괄한다. 우리 사회에서 가족은 사회적 재생산 장치이자 소득의 분배기제로 작동하는데, 임금은 가족을 통해 임금을 벌지 않는 자, 임금을 적게 버는 자, 임금을 더 이상 벌지 않는 자로 전달된다. 따라서 임금노동으로 얻는 소득이 없다

---

14   지그문트 바우만, 13쪽.

면 가족의 생계를 유지하기 어려운 반면, 가족의 무급 가사노동이 없다면 임금노동자인 개인은 임금으로 가정 내에서 필요한 재화나 서비스를 구매하거나 임금노동을 하고 난 후 추가적인 가사노동을 해야 한다.[15]

특정한 행동을 요구하는 윤리는 언제나 그에 대한 저항을 수반한다. 노동윤리에도 역시 노동의 규범적 담론에 대한 다양한 형태의 거부와 저항이 따른다. 이러한 저항은 임금노동 체제를 둘러싸고 두 가지 방향에서 제기되어왔다. 하나는 임금노동이 사회 구성원들의 자유를 억누르고 위계를 형성한다는 것이고, 다른 하나는 임금노동이 사회 구성원들의 노동의 가치를 제대로 평가하지 못한다는 것이다. 노동윤리에 대한 저항은 이러한 문제들을 둘러싼 '진리 게임'의 형태로 진행된다.

무엇보다 우선 임금노동은 개인의 자유를 억누르고 사회적 위계를 만들어낸다는 점에서 저항을 불러일으킨다. 임금과 노동은 시장에서 동등한 개인 사이에서 교환되지만, 장소가 "관계자 외 출입금지"인 일터로 바뀌면 변화가 일어난다. "이전의 화폐소유자는 자본가로서 앞장서 걸어가고, 노동력의 소유자는 그의 노동자로서 그 뒤를 따라간다."[16] 백오십 년 전 마르크스의 이론적 통찰에 기댈 필요도 없이, 오늘날의 우리는 단기 알바의 경험만으로도 임금이 자유의 대가임을 알 수 있다. 어느 정도 연륜이 쌓인 노동자들은

---

15   케이시 윅스, 『우리는 왜 이렇게 오래, 열심히 일하는가』, 제현주 옮김, 동녘, 2016, 192~193쪽.

16   칼 마르크스, 『자본론 I (상)』, 김수행 옮김, 비봉, 1989, 222~223쪽.

부당한 대우를 받으면 "다 월급 값이지 뭐. 세상에 공짜가 어디 있나?" 하면서 쓴 웃음을 짓게 마련이다.

자유의 대가인지 알면서도 임금노동을 그만두지 못하는 자는 니체의 말대로 "치욕"에 가까운 감정을 느끼며 살아가야 한다. 하지만 임금노동이 만들어내는 위계는 일터에서 그치지 않는다. 낸시 하트삭은 또 하나의 "은밀한 생산의 장소"인 노동자의 집으로 안내한다. "겁에 질려 주춤주춤 걸어가던 노동자는 이제 앞장서 활보한다. 둘 다 남자였던 자본가와 노동자 사이의 거래에는 등장하지 않았던 제삼의 인물이 이제 겁에 질려 뒤를 따른다. 두 손에 식료품과 아이, 기저귀를 들고서."[17]

이러한 관점에서 본다면 천구백육십 년대와 천구백칠십 년대 이탈리아의 사회운동 과정에서 탄생한 개념인 '노동거부'는 시사적이다. 노동거부론자들은 노동의 해방이 아니라 노동으로부터의 해방을 요구했다. 노동거부는 단순히 노동을 포기하자는 것이 아니다. 그들은 노동을 가장 고결한 소명이자 도덕적 의무로 보는 윤리를 거부했으며, 노동을 사회적 삶의 불가피한 중심이자 시민으로서의 권리를 얻기 위한 수단으로 보기를 거부했다. 또한 노동을 다른 모든 추구보다 우위에 두는 금욕주의를 거부하며, '더 많은 수입과 더 적은 노동'을 요구했다. 그들은 노동시간을 단축함으로써 노동의 사회적 중요성을 줄이는 한편, 노동에 대한 자본주의적 조직화 방식을 새로운 협업방식으로 대체하고자 했다.

---

17   케이시 윅스, 47쪽.

또 다른 저항 담론은 임금노동이 사회구성원들의 노동의 가치를 제대로 평가하지 못한다고 주장하며, 가사임금이나 기본소득의 지급을 요구한다. 천구백육십 년대 후반부터 천구백칠십 년대 말, 가사노동 논쟁에 참여했던 페미니스트 중 일부는 여성이 가족 내에서 하는 일에 대해 임금을 받아야 한다고 요구했다. 가사임금 요구자들은 여성이 남성으로부터, 자본으로부터, 국가로부터 독립할 수단을 확보할 수 있는 조건으로 시간과 돈을 달라고 요구했다.

"전부 현금으로, 소급 적용하여 당장 가져올 것, 한 푼도 빠짐없이!" 그들은 가사노동을 칭송하거나 숭배하지 않았으며, 자본주의 생산의 필수요소인 가사노동 추출의 장을 "사회적 공장"이라고 불렀다. 그들은 사회적 생산에 공헌하는 것들 중 무엇에 임금을 주고 무엇에 임금을 주지 않느냐가 얼마나 임의적인지에 대한 물음을 제기했다. 또한 여성의 본성에 뿌리내린 자발적 욕망으로 여겨지는 일에 대해 여성이 돈을 받아야 한다고 주장함으로써 자본이 발명한 여성의 역할에 의문을 제기했다. 그들은 가정을 노동의 세계로부터의 안식처라기보다는 임금노동 경제와 복잡한 연결고리를 가진 경제적 단위이자 구조적 요소로 파악하고자 했다.[18]

산업화 경제에서 탈산업화 경제로 이행하면 생산노동과 재생산노동은 점점 더 겹쳐져 서로 구분하기가 어려워진다. 가정 내에서 생산되던 재화와 서비스가 상품화된 형태로 대체되고, 서비스나 돌봄노동이 여러 방식의 임금고용 형태로 전환되면서 생산과

---

18   케이시 웍스, 204~207쪽.

재생산의 상호침투는 더욱 심화되어간다. 그 결과 똑같은 과업이 임금 활동일 수도, 무급 활동일 수도 있게 되고, 생산과 재생산의 차이, 노동과 비노동의 차이는 점점 흐릿해진다. 노동과 비노동의 차이는 '돈을 지불받는 삶과 지불받지 못하는 삶'을 나누는 임의적 구분과 닮아간다.

기본소득 요구는 가사임금 관점이 주는 통찰을 확장시켜 개인의 소득이 개별 소득관계보다 더 폭넓은 사회적 노동과 협업의 네트워크에 기초해야 한다고 주장한다. 가사임금 요구가 임금노동이 가정에 기초한 재생산관계에 의존하고 있음을 밝히고자 했다면, 기본소득 요구는 '모든 시민이 다양한 방식으로 사회에 기여한다'는 사실을 인식시키고자 한다. 그 기여들은 금전적 가치가 있을 수도 없을 수도, 심지어는 금전적 가치를 측정할 수 있을 수도 없을 수도 있다. 가사임금 요구가 노동과 소득의 관계가 부적절한 지점을 드러내고자 했다면 기본소득 요구는 노동과 소득의 고리를 깨뜨리고자 어떤 활동에 임금을 주고 어떤 활동에는 임금을 주지 않는지가 임의적이라는 점을 부각시킨다.

기본소득 지지자들은 개인들에게 무조건적으로, 가족이나 가구구성, 다른 소득 여부, 과거와 현재, 미래의 고용 여부와 관계없이 일정한 소득을 지급하라고 요구한다. 가장 중요한 쟁점은 역시 '기본'에 해당하는 소득 수준이다. 그 수준에 따라 기본소득이 저임금 일자리에 대한 보조금에 그칠지 아니면 개인들에게 임금노동을 선택하지 않을 자유를 줄 수 있을지가 결정되기 때문이다. 또하나의 쟁점은 소득 지급에 조건을 부과할지 여부이다. 자원봉사

나 돌봄노동처럼 사회적 기여 활동을 전제로 지급하는 '참여소득'
이냐, 아니면 조건 없이 지급하는 '시민소득 또는 사회임금'이냐의
문제이다.[19]

기본소득론자들은 우리 행위의 생산성이 노동관계에 포함된
범주를 너무도 자주 뛰어넘어 무슨 일은 돈을 받고 무슨 일은 받지
못하는지가 점점 더 애매해지고, 풀타임의 평생에 걸친 안정적 일
자리를 사회 규범으로 여기는 것이 점점 더 어려워지며, 일에 기초
한 혜택을 얻는 것이 점점 더 힘들어진다면, 수입의 기본수준을 보
장하는 것이 소득을 분배하는 훨씬 합리적인 방법이 될 수 있다고
주장한다.

하지만 기본소득 요구의 가장 자극적인 측면은 반금욕주의일
것이다. 실제로 기본소득에 대한 논의에서 비용이 반드시 첫 번째
논쟁 지점인 것은 아니다. 오히려 가장 많은 불편을 자아내는 지점
은 기본소득 요구에 깔린 윤리에 있다. 기본소득 요구가 노동윤리
를 훼손하고 노동 계약의 이상에 공고히 결부되어온 사회적 상호
성의 이상에 도전한다고 여겨지는 것이다. 기본소득 요구는 개인
의 생산과 소비 사이의 연결 고리에 반기를 들고, 임금노동만이 최
소한의 생활수준을 누리도록 하는 합당한 수준이라는 생각을 거부
함으로써 '노동에 더 이상 종속되지 않는 삶'을 주장한다.[20]

개인적인 느낌이지만, 기본소득 요구는 시초축적 시대에 수탈

---

19   케이시 웍스, 218~225쪽.
20   케이시 웍스, 228~233쪽.

철학하는 삶

당한 생존수단의 재분배를 요청하는 것 같기도 하고, 생산자 사회의 '일할 권리'에 해당하는 소비자 사회의 '소비할 권리'를 요구하는 것 같기도 하며, 또 폴라니가 말한 '사회의 자기보호'를 위한 움직임 같기도 하다.

임금노동의 속살

임금노동이 지배적인 산업사회의 문화에 대해 니체는 "현재의 형태로서는 지금까지 있어온 존재 양식 가운데 가장 비속한 형태"라고 말한다. 이 사회에서는 단지 "궁핍의 법칙"만이 작용하고 있으며, "인간은 살기 위해서 자신을 팔아야만 한다." 임금노동에 대한 니체의 비판은 신랄하다. 그에게 임금노동이란 "공장제 노예제도", "불결한 노예제도"이자 "치욕"이며 "참을 수 없는 것"이다. 문명화된 나라에 사는 사람들은 보수를 위해 일자리를 찾으며, 일이 수입을 가져다주기만 하면 만족해하지만, 니체가 보기에 높은 급여만으로는 그들의 비참한 삶을 본질적으로 극복할 수 없다. "임금이 높아진다고 해서 그들이 당하고 있는 비인격적인 노예화가 지양되는 것은 아니다." 왜냐하면 "이득을 좇는 삶은 끊임없이 자신을 꾸며내고, 계략을 짜내고, 남을 앞지르는 일에 지속적으로 자신의 정신을 모두 소모할 것을 요구"하기 때문이다.[21]

그렇다면 어떻게 임금노동에 붙들리지 않고 살아갈 수 있는

---

[21] 니체, 『아침놀』, 박찬국 옮김, 책세상, 2016, 227~229쪽, 『즐거운 학문』, 110쪽, 122쪽.

가? 우리는 임금노동 이외의 노동에 대해 상상할 수 있는가? 다행히도 모든 사회가 임금노동의 형태로 노동을 조직했던 것은 아니다. 하지만 자본주의 사회의 임금노동을 일상적으로 실천하며 살아가는 우리로서는 다른 형태의 노동을 상상하기 쉽지 않다. 그런 점에서 임금노동이 노동의 특권적 지위를 차지하기 이전 시대의 노동의 형태와 노동에 대한 인식은 '임금노동 이후'를 상상하는 데도 유용하다. 완전고용을 목표로 삼던 시대의 노동에 대한 인식과 '노동의 종말'을 목격하고 있는 시대의 노동에 대한 인식이 같을 수는 없다. 또한 노동과 새로운 관계를 맺으려는 노력은 노동에 대한 새로운 인식과 분리될 수 없다.

칼 폴라니가 참고한 자료들에 따르면, 원시사회에서는 노동과 지불을 연관시키는 관념이 없다. 그들에게 노동은 보상을 필요로 하는 행위가 아니라 하나의 의무로서 인식되며, 낯선 사람에게 일을 해준다면 그것은 명예와 사회적 인정을 위해서 해주는 것일 뿐이다. 그들에게 노동의 유인은 이익이 아니라 선물과 답례의 연쇄로 이루어지는 상호성과 경쟁, 노동의 즐거움, 사회적 인정이다. 또한 원시사회의 부는 경제적 성격이 아닌 사회적 성격을 가지며, 물질적 재화의 분배가 이루어지도록 보장하는 것은 여러 비경제적 동기이다. 노동이 '결과를 낳는 활동'이 될 수 있는 것은 여러 사회적 힘으로 조직된 집단적 노력의 일부로서 통합되어 있기 때문이다. 개인이 자기 자신과 가족을 위해 식량을 채취하는 것은 원시사회의 생활에서는 찾아볼 수 없다고 한다.[22]

또한 이반 일리히의 연구에 따르면 오늘날의 일을 대표하고 있는 '임금노동'은 중세시대에는 비참함의 대명사였다. 당시의 임금노동은 적어도 다음 세 가지의 다른 유형의 일과 명확히 대립되었다. 첫째는 대부분의 사람들의 생활을 뒷받침하는 생산과 소비의 장으로서의 가정적 활동들이고, 둘째는 구둣방이나 이발소 또는 석공소에서 일하는 사람들의 직업활동이며, 셋째는 타인이 나누어준 것으로 생활하는 다양한 구걸형태였다. 중세사회는 그 구성원으로 인정한 모든 사람들에게 정착지를 제공했기 때문에, 그 구조 하에서 실업과 궁핍은 발생할 수 없었다. 가족의 구성원으로서가 아니라 생활 수단이 필요하여 임금노동에 고용된 경우, 그는 공동체에 대하여 자신이 정착지도 없고 가족도 없으며, 따라서 원조를 받을 필요가 있다는 것을 분명히 표명하여야 했다.[23]

상품이 '시장에서 판매하기 위해 생산된 물건'이라는 경험적 정의로 보자면 노동은 상품이 될 수 없다. 임금노동은 산업사회의 공장제가 도입되면서 불가피하게 나타난 현상이다. "노동이란 인간 활동의 다른 이름일 뿐이다." 폴라니에 따르면 "인간 활동은 인간의 생명과 함께 붙어 있는 것이며, 판매를 위해서가 아니라 전혀 다른 이유에서 생산되는 것이다. 게다가 그 활동은 생명의 다른 영역과 분리할 수 없으며, 비축할 수도, 사람 자신과 분리하여 동원할 수도 없다." 따라서 폴라니는 "노동을 상품으로 묘사하는 것은 전적으로 허구"라고 말한다. '노동'은 사실상 사람을 지칭하는 말로

22   칼 폴라니, 『거대한 전환』, 홍기빈 옮김, 길, 2017, 201~205쪽.
23   이반 일리히, 『그림자 노동』, 박홍규 옮김, 미토, 2005, 156~157쪽.

서, 그 사람이 고용주가 아닌 피고용자일 때, 그 사람을 부르는 기술적 용어이다.[24] 결국 임금노동이 아닌 노동이란 인간의 생명과 분리될 수 없는 인간의 활동을 말하는 것인가?

굿바이 임금노동!

내 또래의 중년 은퇴자들은 한국의 압축적인 경제성장과 사회변화 과정에서 노동과 노동윤리의 변화 역시 고스란히 체험했다. "새벽종이 울렸네~" 하는 노랫소리가 스피커를 통해 울려 퍼지면 삼삼오오 빗자루를 들고 동네청소를 하던 '새마을운동'에서부터 근면성실의 노동윤리를 익혔다. 컴퓨터가 처음으로 업무에 도입되던 시절, 운 좋게 평생직장이라는 경제성장의 마지막 열차를 탔지만 그것도 십 년 남짓, 외환위기를 맞으며 정리해고와 희망퇴직의 위협 속으로 내몰렸다. 경쟁에서 살아남으려면 새벽잠, 밤잠을 설치며 자기계발의 시간을 노동시간에 더 보태야 했다. 당시 오십대 초반의 한 부장은 "나이를 기준으로 사람을 쫓아낸다는 게 말이 되는 소리냐?"며 삼십대 초반의 노조위원장에게 주먹을 날렸다. 십 년이 더 지난 이천팔 년 세계금융위기 때, 나는 인사담당 책임자로 동료와 후배들의 희망퇴직 사표를 받아내야 했다.

　다시 십 년, 중년의 은퇴자들은 홈쇼핑 채널과 온라인 쇼핑, 유튜브를 통해 소비사회의 급속한 변화를 서서히 경험하고 있다.

24　칼 폴라니, 247쪽.

일상용품은 말할 것도 없고 피트니스 상품에서 해외여행, 근교의 전원주택에 이르기까지 그야말로 없는 상품이 없다. 오늘날의 소비사회는 "욕망을 달래는 데 드는 시간보다 빠르게 욕망을 솟구치게 하고, 소유물에 싫증이 나고 화가 나는 데 걸리는 시간보다 더 빠르게 욕망의 대상이 바뀌도록" 우리를 이끈다. 노동윤리를 대신해 등장한 소비미학은 지루함에 지친 은퇴자들에게 '결코 지루해하지 말고 소비자 주체로 거듭날 것'을 삶의 새로운 기준으로 제시한다. 소비자 주체가 되려면 다시 돈이 필요하다. "지루함을 치료하는 약은 국민건강보험으로 구입할 수 없"기 때문이다.[25]

중년의 은퇴자들은 노년세대와 달리 아직 일할 능력이 있지만, 생계를 꾸려나가야 할 젊은 세대만큼 직업으로서의 노동이 불가피한 것은 아니다. 크든 작든 그동안 자신이 이루어온 삶의 성과를 바탕으로 노동과 더 다양한 관계를 맺을 수 있다. 발목을 잡는 것은 삶의 과정 속에서 내면화해온 노동윤리와 노동에 대한 고정관념이다. 직업노동이나 임금노동과는 다른 느낌의 노동을 상상하지 못하는 사유의 빈곤은 중년 은퇴자의 삶을 지루함과 소비활동 사이에서 지치게 만들고, 윤리적으로 무력하게 만들며 다시 임금노동을 욕망하게 만든다. 그러한 고정관념으로부터 어떻게 벗어날 것인가? 일자리가 사라지는 시대, 노동과 비노동의 구분이 흐려지는 시대를 맞아 중년의 은퇴자인 나는 노동을 삶 속에서 어떻게 해석하고 실천할 것인가?

---

25   지그문트 바우만, 76쪽.

정도의 차이를 떠나 우리 근대인은 모두 임금노동이라는 인식의 병을 앓고 있다. 임금노동과 그에 기반을 둔 노동윤리는 개인과 공동체를 분리하고, 노동과 삶을 분리하여 우리의 인식을 전도시킨다. 우리는 임금을 대가로 특정한 시간에 특정한 공간에서 특정하게 수행하는 작업만을 '노동'으로 간주하고 그 외의 일들은 노동에서 배제함으로써, 삶을 노동의 시공간과 비노동의 시공간으로 분리하고 노동에 특권적 지위를 부여했다. 그러한 인식에 기초해 노동이 자신의 삶을 침해해도 그냥 방치하거나 아니면 자발적으로 자신의 삶을 노동 속으로 끌고 들어가려 한다. 그런데 삶은 정말 노동의 삶과 비노동의 삶으로 구분할 수 있는 것인가?

삶이 그렇게 구분될 수 없다면, 노동이 임금노동이 아니라면, 그렇다면 노동은 또 무엇이 될 수 있는가? 노동이 자신의 에너지를 사용해 무엇인가를 생산하는 활동이라면 노동은 곧 삶과 동일한 것이 아닐까? 개인은 자신의 신체와 자신이 속한 공동체를 떠나서는 잠시도 생존할 수 없다. 따라서 광의로 보면, 개인이 스스로의 신체적 삶을 영위하기 위해 하는 모든 활동은, 즉 신진대사에서 예술에 이르기까지의 모든 활동은 그 자체로 바로 노동이요 일이다. 편의상 협의로 정의해보자면, 노동이란 '개인이 자신이 속한 공동체의 존속을 위해 기여하는 모든 활동, 즉 사회적 기여 활동'이라 할 수 있겠다. 사회적 기여 활동은 특정한 시공간에서 특정한 형태로만 행해지는 것이 아니라, 우리 삶의 모든 과정에서 필요할 때, 필요한 곳에서, 필요한 형태로 행해진다. 그러니 또 다시 삶이 곧 노동이요 노동이 곧 삶이다. 다만 활동의 평가와 상호성을 어떻게 구성할 것인가 하는 문제가 남을 뿐이다.

　개인은 공동체와 분리된 실체가 아니며, 노동은 삶과 분리된 실체적 활동이 아니다. 일은 삶과 맞서지 않는다. 다만 임금노동이, 그에 기반을 둔 노동윤리가 삶에 맞설 뿐이다. 그러니 나, 중년의 은퇴자여, 니체의 말대로 "차라리 이민을 가자. 세계에 아직 남아 있는 야만적이고 신선한 지역의 주인이 되고 무엇보다도 나 자신의 주인이 되려 하자. 그 어떠한 것이든 노예 제도의 징후가 조금이라도 보이는 한, 장소를 바꾸자. 모험과 전쟁을 회피하지 말고 최악의 경우에는 죽을 각오를 하자."[26] 나, 중년의 은퇴자여, 임금노동의 시간을 떠나 비노동의 시간으로 이민을 가보자. 그곳에서 '삶이 활동이요 활동이 삶'인 시간을 창조해보자. 그리고 내 삶의 주인이 되자. 아직은 견딜 만하지 않은가, 목숨을 걸 정도는 아니지 않은가? '직업과 게으름'의 시선을 뒤로 하고, 끝까지 가보자. "굿바이 임금노동!"의 그날까지.

26　니체, 『아침놀』, 229쪽.

3부

사회적
실천으로서의
공부

정치,
공존의 역량

한 표를 행사하고

사오 년은 지난 일이다. '기본소득' 제도에 관심이 있어 몇몇 자료를 뒤지다 우연히 녹색당의 홈페이지에 접속하게 되었다. 마침 당의 강령이 눈에 띠었다. 기후위기를 중심으로 생태, 평화, 다양성, 지속가능성 등 진보정치가 상상할 수 있는 많은 내용들이 포함되어 있었다. 마땅한 '사회적' 활동을 찾지 못한다면 녹색당의 당원으로 활동하는 것도 방법이겠다 싶었다. 그런데 웬걸, 당원은 거의 모든 집회와 시위에 직접 몸으로 참여해야 할 의무가 있었다. '이크! 나중에 다시 생각해보자.' 지난 선거에서 비례연합당 얘기가 나올 때 그 생각이 나서 다시 가봤더니 이제 '후원 당원' 수준의 당원도 허용하는 듯했다. 일단 아이콘을 폰의 바탕화면으로 끌어내 놓았다.

　선거는 끝났다. 유권자로서 한 표를 행사했다. 한 표는 '나'의 뜻이고 결과는 '모두'의 뜻이다. 결과는, 나로서는 다행스러웠다. '코로나일구'의 혼란 속에서도 한 달 가까이 사람들의 정치적 욕망을 모아내던 선거는 그렇게 하루 만에 끝났다. 우리는 이 년 후 대통령 선거에서 다시 한 표를 행사하게 될 것이다.

　이삼 년에 한 번씩 행사하게 되는 선거권은 정치에서 어떤 의미를 갖는 것일까? 우리 헌법 이십사 조는 "모든 국민은 법률이 정하는 바에 의하여 선거권을 가진다"고 규정하고 있다. 민주정체에서 선거란 대중들이 투표를 통해 자신들의 의사를 결집하여, 일정 기간 동안 자신들을 대신해 '자신들을' 통치할 대표를 선출하는 행위라 할 수 있다. 그렇다면 선거권에서 말하는 '권리'란 또 무엇일까? 투표를 하거나 하지 않을 수 있는 자유를 말하는 것일까? 기권도 권리일 수 있을까? 나는 민주노동당 창당 이전인 구십 년대에 십 년 가까이 총선에 대해 보이콧, 그러니까 적극적 기권론자였다. 적극적 기권과 무관심에 가까운 기권은 얼마나 거리가 있을까?

권리는 역량이다

권리는 우리가 흔히 생각하듯 의무의 대가로서 현재의 법질서가 허용하고 있는 '그 무엇'도 아니고, 또한 개인이 소유물처럼 보유하고 있는 '어떤 것'도 아니다. 스피노자는 우리의 통념과 달리 권리를 역량의 관점에서 본다. 모든 자연적 사물들은 "존재하고 활동하기 위한 역량을 가지고 있는 만큼의 권리"를 가지고 있으며, "각자의 권리는 그의 규정된 역량이 미치는 곳까지 전개"된다.(『정치론』

2장 3~4절) 스피노자에게 역량이란 항상 현행적이고 활동적이며, 개체의 역량은 전체 역량의 일부이다. 따라서 권리는 법전 속에 고정되어 있는 '선언'이 아니라 변화하는 '역량 관계' 속에서 지속적으로 구성되는 '현실'이다.

'권리 즉 역량'이라는 관점에서 본다면 선거에서의 기권은 어떻게 해석될 수 있을까? 십 년 가까이 '총선 보이콧'을 고집하면서 나는 두 가지 이유로 스스로를 정당화했다. 하나는 나의 정치적 입장을 대표하는 정당이 없다는 것이고, 또 하나는 일상적 계급투쟁이어야 할 정치를 '한 표'라는 제도적 틀에 가두려는 선거의 이데올로기적 성격을 폭로해야 한다는 생각이다. 하지만 명분이 아무리 그럴싸해도, 선거 거부라는 활동이 나의 정치적 입장을 대표할 정당을 만드는 일로 연결되지 못하거나 또는 투표율을 오십 퍼센트 미만으로 낮춰 집권정당의 대표성에 타격을 가하지 못한다면 이는 사실상 무관심한 기권과 결과적으로 큰 차이가 없어 보인다.

이번 총선의 투표율은 육십육점이 퍼센트로 이십팔 년 만에 최고였다고 한다. 기권의 이유는 다양할 수 있다. 마음에 드는 정당이 없다거나 '대세에 무슨 영향이 있겠어?'라고 생각하거나 정치적 무관심 때문이거나 등등. 하지만 여러 이유에도 불구하고 기권은 '선택하지 않을 자유'가 아니라 '사실상의 무능력'이다. 이는 스피노자에게서 '존재할 수 없음'이나 '이성을 사용하지 않음'이 무능력을 나타낼 뿐 역량이 될 수 없는 것과 마찬가지다. 기권은 현행적이고 활동적인 아무런 행위를 수반하지 않기 때문에 어떠한 정치적 관계도 맺지 못하며 어떠한 역량도 구성해내지 못한다. 선거 거부를 할 때, 나는 딸들에게 그 뜻을 전달할 수 없어 투표장까지 동행한 후 '빈' 투표용지를 내고 나와야 했다.

'선거권'을 단 하루의 투표로 마무리한다면 우리의 권리 역시 거기에 머물고 만다. 우리는 자신이 뽑은 대표자들이 자신이 원하는 방향으로 정치를 이끌어 주었으면 하는 바람으로 선거권을 행사한다. 하지만 투표 이후 우리는 곧바로 그들과 '남남'이 된다. 일백 퍼센트 맡겼다가 마음에 들지 않으면 '그놈이 그놈이지' 하고 비난하며 또 다음 선거를 맞는다. '권리 즉 역량'의 관점에서 보면 우리는 선거 이후의 일상에서도 선거권을 매개로 한 다양한 활동을 할 수 있다. 선거는 당일로 끝나는 투표행위가 아니라 유권자와 대표자 사이에 하나의 '새로운 역량'을 구성하는 출발점 역할을 할 수 있다. 그것은 법전에서는 찾을 수 없는 역동적 권리이다.

불평등과 차별을 비롯한 '삶의 정치'가 여론에서 점점 사라지고 있는 현실을 생각하면 활동적 역량과 역동적 권리에 대한 인식은 매우 중요해 보인다. 지난 이십 년 동안, 선거를 통해 여야의 정권교체가 안정적으로 이루어지고 진보정치세력이 제도권으로 진입하면서 우리 사회의 정치적 관심은 오히려 그 폭이 좁아졌다. 특히 '촛불탄핵' 이후에는 진영 대결이 심화되면서 '대중들의 정치'가 집권세력을 둘러싼 공격과 방어로 축소되어버린 것 같다. 그 결과 일상적 삶과 관련된 의제들은 진영 논리로 왜곡되고, 불안정한 삶에 노출된 '을들'의 목소리와 소규모 저항은 사람들의 관심사로부터 멀어지고 있는 느낌이다.

'일상의 정치'에 대한 기대

활동적 역량과 관련하여 이번 선거 과정 동안 흥미롭게 지켜본 것 중 하나는 열린미래당, 기본소득당, 시대전환, 미래당 같은 '의제 정당'의 출현과 그 움직임이다. 열린미래당은 검찰개혁과 언론개혁 이슈를 통해 대중들의 욕망을 담아냈다. 기본소득당은 '모든 국민에게 조건 없이 매달 육십만 원의 기본소득 지급'을 '원 이슈'로 내걸었다. 시대전환은 플랫폼 정당을 선언하며 중도 실용적인 '의제의 생산'을 표방했다. 미래당은 '청년'의 당이다. 나는 이들의 흐름에서 의제의 공론화, 방법의 다양화, 시대흐름의 반영과 같이 대중적 일상정치를 활성화할 수 있는 몇 가지 희망을 가져본다.

'기본소득' 의제는 전 국민적 토론거리가 될 수 있다는 점에서 매력적이다. 정치는 욕망의 문제이고, 정치의 기본적 쟁점은 무엇보다 먹고사는 일, 곧 살림살이다. 좋은 정치는 마음을 비우고 배를 채운다고 하지 않는가. (聖人之治 虛其心 實其腹, 『도덕경』 3장) 먹고 사는 일은 찬성이든 반대든 모든 사람의 관심을 끈다. '기본소득' 정도의 의제가 공론화되기에도 아직 우리 사회는 이념적 편향이 너무 심하지만, 그런 점에서도 이 의제는 좋은 수단이 될 수 있다. 공교롭게도 코로나 위기로 인해 전 국민이 '기본소득'을 자연스럽게 알게 됐다. 비록 '재난'이라는 단서가 붙어 있긴 하지만 말이다. 기본소득당의 당원이 이만 명에 가깝다니 그들이 앞으로 사 년 동안 하나의 이슈에만 매진한다면 '공론화' 정도야 충분히 가능하지 않을까?

좋든 싫든 정보통신기술의 발전은 여러모로 우리의 삶을 계속 바꾸고 있으며 정치와 관련해서도 그렇다. 대중들의 정치적 의사표현 자체가 자유롭지 않았던 권위주의 시절에는 위험을 감수한 거리 시위나 유인물 배포가 주요한 정치적 표현 수단이었다. 요즘에는 온라인상의 청원이나 댓글, 에스앤에스SNS, 개인방송 등 다양한 방법들이 일반화되고 있다. 문제점이나 부작용도 없지 않겠지만 나는 그 잠재력에 훨씬 더 관심이 간다. 아직은 가끔 전해지는 온라인 청원 요청에 내용별로 응해주는 정도지만, 나 역시 점점 더 익숙해질 수밖에 없을 것이다. 얼마 전에는 '대통령 탄핵 청원' 뉴스를 보고 자발적으로 '반대 청원'에 참석하기도 했다. 과거 세대들에게는 낯설고 기발한 수단들이 새로운 '정치적 관계 맺기'를 활성화할 것 같다.

　　시대는 변한다. 삶의 현실도 따라 변한다. 정치적 쟁점도 당연히 변하고 있을 것이다. 느린 것은 사람의 의식이다. 산업화 세대들의 '한국전쟁'은 칠십 년 전의 사건이고, 민주화 세대들의 '광주항쟁'은 사십 년 전의 사건이다. 이제 만 십팔 세면 유권자가 된다. 모든 세대들은 '새로운' 시대를 '다같이' 평등하게 처음으로 경험하며 산다. 내가 경험했던 이십대의 시공간은 지금의 이십대가 살아가는 시공간과 다르다. 나는 오십대의 몸으로, 그들은 이십대의 몸으로 지금의 시공간을 함께 살아갈 뿐이다. 앞의 '의제 정당'의 구성원들은 상대적으로 젊다. 열린민주당은 예외지만 나머지는 대부분 이십대~사십대가 주류이다. 과거의 사건과 현재의 삶에 대한 그들의 '정치적 해석'과 참신한 아이디어를 기대해본다.

정의당은 이번 비례 선거에서 구점육칠 퍼센트의 지지를 받았다. 지금은 교섭단체를 목표로 하는 '종합 정당'이지만, 어찌 보면 정의당도 그 뿌리는 '노동'을 '원 이슈'로 내걸고 출발한 정당이라 할 수 있다. 나는 정의당이 주요 의제를 순서대로 명확히 제시하고 일상에서 대의정치와 직접정치를 결합해나가는 모습을 보고 싶다. 정의당이 일상의 정치를 통해 대기업 정규직 노동자들에게 이런 제안을 해볼 수 없을까? '월급의 일 퍼센트씩이라도 출연해 불안정 노동자를 위한 사회적 연대기금을 우리 스스로 만들어보자.' 그래야 '해고 금지' 같은 그들의 주장도 더 명분을 얻고, 기업과 정부의 출연도 압박할 수 있지 않을까? 꿈같은 얘기일까? 권리는 법의 허용 대상이거나 대중들의 요구 대상이기에 앞서 스스로의 역량으로 구성하는 것이다.

좋은 정치 : 공존과 균형

사람은 혼자서는 태어날 수도, 살아갈 수도 없다. 누구나 부모의 몸으로부터 태어나며, '항상-이미' 어떤 사회의 일원으로 살아간다. 우리가 어떤 사회의 구성원이라는 것은 그 사회가 요구하는 공동의 삶의 규칙을 받아들이며 살아가야 함을 뜻한다. 그럼으로써 우리는 사회가 제공하는 '안전'이라는 우산 아래서 각자의 삶의 역량을 펼쳐나갈 수 있다. 오늘날 이러한 규칙은 우선 법으로 나타나며, 그 외에도 '시장'을 비롯한 여러 지배적 규범의 형태로 작동하고 있다. 그런데 이러한 법과 지배적 규범은 특정 시기의 사회적 세력 관계로부터 형성된 합리성에 근거를 둔다. 따라서 세력 관계의 변화에 따라 사람들은 기존의 법과 지배적 규범이 가진 합리성에 의문을 제기할 수 있다.

한 국가를 구성하는 대중들은 현행적인 세력 관계의 변화 속에서 기존의 합리성에 대한 태도에 따라 서로 화합하기도 하고 갈등하기도 한다. 대중들의 움직임 속에서 개인들의 역량 역시 서로 더해지기도 하고 파괴되기도 하며, 그 과정에서 일부는 중화되기도 한다. 정치란 이처럼 화합, 갈등하는 대중들이 서로 공존하는 가운데 자신들의 역량을 마음껏 펼쳐낼 수 있도록 하는 '공존의 기예'라 할 수 있다. 여기서 통치는 권력의 일방적 행사가 아니라 통치자와 피지배자 사이의, 또한 피지배자들 사이의, 그리고 통치자와 피지배자 모두를 포함하는 '대중들' 사이의 '상호 작용이자 운동'이며, 국가의 모습은 그 활동의 결과로서 나타나게 된다.

공존이란 어떤 정적인 상태가 아니라 개별적·집단적 역량들이 서로 균형을 생성해내는 과정이다. 그렇다면 공존과 균형은 어떻게 가능해지는 것일까? 공존하기 위해서는 무엇보다 우선 사람이 버려지지 않아야 한다. 좋은 정치는 사람이나 사물을 잘 구해서 버리는 일이 없다.(聖人常善救人 故無棄人 常善救物 故無棄物, 27장) '불안정, 비정규 노동'의 브레이크 없는 확산은 사람을 사물로 만들고 결국은 버리는 과정에 다름 아니다. 균형은 '두루 고르게' 하는 과정에서 나오는 법이다. 좋은 정치는 남는 것을 덜어 모자라는 것을 채운다.(天之道 損有餘而補不足 人之道則不然 損不足以奉有餘, 77장) '부익부 빈익빈' 현상은 모자라는 것을 덜어 남는 것을 떠받든 결과이다. 개인이든 집단이든 정부든 덜어내는 일은 자발적·능동적으로 할 수도 있지만, 힘에 밀리거나 예기치 못한 위기로 인해 어쩔 수 없이 하게 되는 경우도 있다.

'덜어냄'은 역량이요 미덕이다. 내 것을 덜어내는 것은 '내 뜻'에 달린 일이니, 부디 나부터 덜어낼 일이다. 덜어내고 덜어내면 자유에 이르게 된다.(爲道日損 損之又損 以至無爲, 48장) 무엇을 덜어내야 하는가? 자의식을 견고하게 하는 앎과 사적인 욕심을 덜어내야 한다. 나는 無知, 無欲, 無爲의 '無'라는 글자를 '자의식을 덜어내는 활동을 통해 자유에 이르는 과정'으로 풀고 싶다. 덜어내려면 만족할 줄 알아야 한다. '밝음'은 자기 자신과 자연의 필연성을 아는 것이다.(自知者明 33장, 知常曰明 55장) 좋은 정치는 무심하게 모두의 마음을 자신의 마음으로 삼는 데서 나온다.(聖人無常心 以百姓心爲心, 49장) 개인의 역량과 공동체의 역량은 함께 가는 것이다.

맹자의 인정仁政,
'잃어버린 마음'을 찾는 정치

하필왈리 何必曰利

'영끌'이 화제다. 얼마간의 종자돈을 마련한 이들은 '영혼까지 끌어 모아' 빚을 내서라도 아파트를 사고, 그럴 형편이 되지 못하는 이들은 주식 '푼돈 투자'에라도 나선다. 가만히 있으면 시대에 뒤떨어졌다거나 세상물정 모른다는 핀잔을 받기 십상이다. 한창 가정을 꾸려가야 하는 젊은이들이 돈을 모으고 경제에 관심을 갖는 것은 어찌 보면 당연한 일이다. 은퇴를 하고 노년의 삶을 맞아야 할 우리 세대 역시 돈에 무관심할 수는 없다. 하지만 영혼을 끌어 모아서까지 해야 하는 일이 하필 '빚투'라니.

　이천삼백여 년 전 중국의 '전국시대', 양나라의 혜왕은 맹자를 만나자 이렇게 물었다. "노인께서 천리 길을 멀다 하지 않고 찾아주셨으니 장차 우리나라에 이익利이 있겠지요?" 그러자 맹자는 "왕께서는 하필 이익에 대해서 말씀하십니까? 단지 인의仁義가 있을 뿐입니다"라고 답한다. 부국강병의 이익추구를 위해서라면 전쟁을 불사하던 시대, 양혜왕의 당연한 질문에 맹자는 왜 하필 '인의'로 답한 것일까?

맹자에 따르면, 만약 한 나라의 왕이 자기 나라의 이익을 생각하면, 그 아래 있는 대부는 자기 집안의 이익을 생각하고, 선비와 서민들은 자기 한 몸의 이익을 생각한다. 이처럼 위아래가 다투어 자신의 이익을 취하려 하면 나라는 위태로워진다. "의리를 뒤로 돌리고 이익을 앞세운다면 사람들은 더 많은 것을 빼앗지 않고는 만족해하지 않을 것"(양혜왕상, 1-1)이다. 맹자에게 '이익'이란 끊임없는 다툼이요 전쟁이며, 사람들을 슬픔과 고통으로 내모는 '미끼'이다. '인의'란 이에 대한 '치유책'이라 할 수 있다.

오늘날 우리가 『맹자』라는 책을 읽는 것을 가리켜 맹자는 "옛사람을 벗으로 삼는 것尙友"(만장하, 10-8)이라 말한다. 사람들은 '투명한 어항 속에서 살아가는 금붕어'처럼, 자신이 살아가는 시공간을 벗어날 수 없다. 그래서 늘 특별한 문제의식 없이 살아가던 대로 살고 사유하던 대로 사유한다. 이런 점에서 보면 옛사람과 친구'되기'는 어항 밖에서 우리의 삶을 들여다 볼 수 있는 귀하고 드문 '실험'이다. 이 과정에서 또 한 사람의 '옛사친'이라 할 수 있는 십칠 세기 네덜란드의 철학자 스피노자의 도움을 받을 수 있다면 우리는 그들을 통해 잠시나마 우리의 삶을 '낯설게' 바라볼 수 있을 것이다.

맹자가 말하는 이익이나 인의란 무엇일까? 맹자는 이익과 인의의 관계를 어떻게 생각하기에 이익에 대해 인의를 제기한 것일까? 이익이란 경제적·물질적 이익을, 인의란 도덕적·정신적 가치를 뜻하는 것일까? 인의는 이익을 배제하는 것일까 아니면 '진짜' 이익 또는 '더 큰' 이익을 말하는 것일까? 우선은 스피노자가 정서를 제어하고 억제할 수 있는 '이성의 역량'에 대해 말하는 것처럼, 맹자도 이익을 제어하고 억제할 수 있는 역량으로서 '인의'를 생각한 것은 아닐까 생각해본다. 그렇다면 '이익'이란 '정념적 욕망' 쯤으로 읽어볼 수 있겠다.

정치의 목표가 경제적 성장과 분배 사이를 오가며 가끔 '다 같이 잘 사는 사회'로 절충되는 우리 사회지만, 그래도 '영끌'이 '빚투'로만 흐르지는 않는다. 내가 아는 몇몇 젊은이들은 '영끌'로 읽기와 쓰기에 매진하고 있고, '신중년' 은퇴자로서 나도 잠시 돈을 미뤄둔 채 공부의 시간을 보내고 있다. 우리의 '읽기와 쓰기'는 기승전'돈'의 세태 속에서 계란으로 바위치기나 찻잔 속의 폭풍에 갇히지 않을 근거를 스스로 찾아낼 수 있을까? 우리의 공부는 나 또는 우리 '나름대로의' 정치적 비전을 이끌어낼 수 있을까?

인정仁政, 왕도정치

무력을 바탕으로 이익을 추구하는 패도정치에 맞서 맹자는 덕을 바탕으로 인의仁義를 추구하는 왕도정치를 내세운다. 맹자에 따르면 무력으로써 사람을 복종시킨다면 사람들은 단지 자기의 힘이 부족하기 때문에 억지로 복종하지만, 덕으로써 사람을 복종시킨다면 사람들은 진심으로 기뻐하며 진정으로 복종한다. (공손추상, 3-3) 맹자에게 "인仁은 사람의 마음이고 의義는 사람의 길이다."(고자상,11-11) 따라서 '인의'의 정치란 '사람들이 자신의 마음의 인도에 따라 바른 길을 가도록 하는 정치'라 할 수 있다.

맹자가 등문공, 양혜왕, 제선왕에게 설명한 왕도정치의 구상에 따르면, 군주는 사람을 차마 해치지 못하는 마음으로 "사람을 차마 해치지 못하는 정치"(공손추상, 3-6)를 펼치며, 덕으로써 인을 행함으로써 백성이 모두 그와 같이 살 수 있는 나라를 실현해야 한다. 이를 위해 군주는 "백성들의 즐거움을 자신의 즐거움으로 여기고 백성들의 근심을 자신의 근심으로 여기며"(양혜왕하, 2-4), 백성과 함께 즐거워하고 근심해야 한다.

맹자는 어떤 나라를 꿈꾸었는가? 맹자는 산 사람을 봉양하고 죽은 사람을 장사 지냄에 유감이 없는 나라, 오십 세 노인이 비단 옷을 입을 수 있고 칠십 세 노인이 고기를 먹을 수 있는 나라, 머리가 희끗한 사람이 길에서 짐을 지거나 이고 다니지 않는 나라를 이루고자 했다.(양혜왕상, 1-3) 그 나라의 백성들은 마을의 정전을 같이 나누어 경작하며 서로 친구처럼 지내고, 도적에 대비해 지키고 망을 볼 때에도 서로 도와주며, 질병에 걸렸을 때에도 서로가 돌봐주면서 친애하고 화목하게 지낸다.(등문공상, 5-3) 이 나라는 위아래가 다투어 자신의 이익을 취하려는 나라가 아니다.

맹자는 국제관계에서도 '서로 섬김'의 필요성을 강조했다. 어진 사람만이 대국으로서 소국을 섬길 수 있고, 지혜로운 사람만이 소국으로서 대국을 섬길 수 있다. "대국의 통치자인데도 소국을 섬기는 자는 하늘의 이치를 즐겁게 받아들이는 사람이고, 소국의 통치자로서 대국을 섬기는 자는 하늘의 이치를 경외하는 사람이

다."(양혜왕하, 2-3)

맹자는 어떤 정책으로 그의 꿈을 실현하려 했는가? 자신의 생계를 이어갈 여유조차 없는 사람들은 예의를 익힐 겨를이 없다. 따라서 우선 "백성들의 생업을 제정해주되 반드시 위로는 부모를 섬기기에 충분하게 하고 아래로는 처자를 먹여 살릴 만하게 하여, 풍년에는 언제나 배부르고 흉년에도 죽음을 면하게 한"(양혜왕상, 1-7) 이후에, 상서와 학교를 세워 백성들에게 인륜을 밝히고 효도와 공경의 의미를 거듭 가르친다. 그래야 백성들이 쉽게 따른다. "백성들은 안정적인 생업恒産이 있으면 안정된 마음恒心을 가지게 되고 안정적인 생업이 없으면 안정된 마음이 없게 된다. 만약 안정된 마음이 없으면 백성들은 방탕하고 편벽되고 사특하고 사치한 행동을 하게 될 것"(등문공상, 5-3)이다.

백성들에게 다섯 무의 집터와 백 무의 밭을 분배하여 그곳에 뽕나무를 심고 가축을 기르며 농사를 짓도록 하면서, 일손 바쁠 때를 빼앗지 않고 일정한 법도에 따라 세금을 거둔다면 '인의'의 나라가 실현될 수 있다는 것이다. 맹자의 정치에서 군주의 권력은 어디로부터 나오는가? 맹자는 "백성이 귀하고 군주는 가볍다"(진심하, 14-14)고 말한다. 군주가 천하를 얻기 위해서는 민심을 얻어야 하고, 백성의 마음을 얻으려면 "그들이 바라는 것은 모아주고 그들이 싫어하는 것은 행하지 않아야 한다."(이루상, 7-9) 곧 인정을 펼쳐야 한다. 왕도정치는 '백성의 역량을 키워주는 정치'이며, 백성의 역량은 곧 군주의 역량이다.

나라는 언제나 외부의 적보다는 내부의 백성들 때문에 위험하다. 백성들은 민심을 잃은 군주를 위해 무기를 들지 않으며, 오히려 그 정복자를 환영한다. '신하가 군주를 시해하는 것이 옳은가'라는 제선왕의 물음에 맹자는 다음과 같이 답한다. "저는 인심을 잃어 고립된 사람인 걸과 주를 처형했다는 말은 들었어도 군주를 시해했다는 말은 듣지 못했습니다."(양혜왕하, 2-8) 인정仁政을 행하지 않아 역량을 잃은 군주는 한낱 필부일 뿐이다.

본성을 따르는 정치

'인의'의 정치는 사람들이 자신의 마음의 인도에 따라 바른 길을 가도록 하는 정치이다. 여기에는 우선 누구나 자신의 마음을 따르면 바르게 된다는 것과 누구나 그렇게 할 수 있는 역량을 타고난다는 것이 전제되어 있다. 따라서 마음에 대한 이해는 맹자의 정치를 이해하는 출발점이다. 맹자에게 인간의 마음이란 '하늘'이 인간에게 부여해준 본성이다. 그래서 "자신의 마음을 남김없이 실현盡心하는 자는 자신의 본성을 이해하게 되고, 자신의 본성을 이해하면 하늘을 이해하게 된다."(진심상, 13-1) 사람의 마음 곧 본성은 우주자연과 통한다.

인간의 본성은 어떻게 맹자의 정치와 연결되는가? 우선 맹자는 사람의 본성을 개나 소의 본성과 같은 '자연적 본능'으로 환원하려는 고자의 주장에 반대한다. 그는 사람과 금수의 '지극히 미미'한 차이인 '인의仁義'에서 사람다움을 찾는다.(이루하, 8-19) 사람은 누구나 측은지심, 수오지심, 사양지심, 시비지심 곧 '인의예지

仁義禮智의 마음'을 본성으로 가지고 있다. 둘째, 이 본성은 "밖으로부터 자신에게 주어진 것이 아니라 자신이 본래부터 가지고 있는 것"(고자상, 11-6)이다. 맹자는 사람이 배우지 않아도 할 수 있는 것을 '타고난 능력良能'이라 하고 생각하지 않아도 아는 것을 '타고난 지능良知'이라고 한다. (진심상, 13-15) 셋째, 이러한 본성은 모두 같아서 '나'와 요순堯舜과 같은 성인 사이에도 차이가 없다. 따라서 누구나 성인의 삶을 살아갈 수 있다. 타고난 본성에 따라 누구나 성인이 될 수 있도록 하는 나라가 맹자의 정치적 비전이다.

맹자의 인간 본성에 대한 이해는 스피노자의 '코나투스' 개념과 어떻게 만날 수 있을까? 코나투스는 모든 실재가 자신의 존재를 유지, 보존하려는 노력이며, 이는 실재의 현행적 본질이다. 이러한 노력이 신체와 정신에 동시에 관련될 때 욕구 또는 '욕망'이 된다. 스피노자는 욕망을 인간의 본질 자체라고 말한다. 만일 '존재를 유지·보존하는 측면'에서만 코나투스를 본다면, 이는 고자의 '자연적 본능'과 유사한 것 같다. 하지만 '인간'이라는 관점에서 코나투스를 본다면 맹자의 '인의'는 스피노자의 '이성'에 해당된다.

스피노자는 "이성이 결여되어 있다고 하는 동물들의 정서는 인간들의 정서와 어긋나는데, 이는 동물의 본성이 인간의 본성과 다른 한에서 그렇다"(『에티카(E)』3부 정리57 주석)고 말한다. 스피노자에 따르면 "우리는 우리가 염두에 두고 바라볼 수 있는 인간 본성의 모형으로서 인간에 대한 관념을 형성하려고 욕망"(E:4:서문)한다. '무지한 대중'과 마주친 스피노자는 '이성'으로 인간에 대한 관념을 형성하려고 욕망했고, '탐욕스러운 군주'와 마주친 맹자는

'인의'로 인간에 대한 관념을 형성하려고 욕망한 것은 아닐까? 연장선상에서 맹자의 '사단四端'은 스피노자의 '관대함'과 비교된다.

이성의 인도에 따라 다른 사람을 돕고 그들과 우정으로 연결되려고 노력하는 욕망인 '관대함'이 이성적 역량의 발휘를 통해 '획득해야 할 열매'라면, 사단은 수신을 통해 인의예지로 '확충해 나가야 할 싹'이라고 할 수 있다. 맹자의 '양능과 양지'는 코나투스가 지닌 최소한의 근원적 역량, 곧 '능동'으로서 행위 역량과 사유 역량에 비교될 수 있다. 우리가 양능과 양지를 타고나는 것처럼, 능동으로서의 역량은 우리에게 내재되어 있다.

성선性善에서의 '선'은 어떻게 풀어볼 수 있을까? 맹자는 '원할 만한 것을 선可欲之謂善'(진심하, 14-25)이라 하고, '타고난 본성 또는 실정대로 따른다면 선해질 수 있다乃若其情 則可以謂善'(고자상, 11-6)고 말한다. 만일 '기쁨을 추구하고 슬픔을 피하려는 노력' 자체를 '선'이라 할 수 있다면, '성선'은 곧바로 코나투스가 될 수도 있다.

하지만 이 경우, 요임금이나 도척이나 다 같이 본성에 따라 살아가는 것이므로, 무엇을 '참된 선'으로 볼 것인지에 대한 문제가 다시 제기된다. 따라서 '인간 본성의 모형'에 비교되는 '요순의 삶'을 본보기로 이에 가까이 갈 수 있다고 확실하게 알고 있는 것을 '선'이라 규정해야 할 필요성이 생긴다.

'수신'을 바탕으로 하는 정치

맹자의 왕도정치는 학자이자 정치가인 유가 선비의 정치적 이상이다. 법가는 왕도정치를 성왕의 출현을 기다리는 '수주대토守株待兔' 의 정치라 비판하며, 오백 년에 한두 번 나타나는 성왕을 기다릴 것 이 아니라 '엄격한 법'으로 성왕을 대신하고자 한다. 하지만 유가 에게 왕도정치의 실현은 성왕의 출현여부에 달려 있는 것이 아니 다. 왕도정치는 선비 스스로가 '수신', 곧 '수기치인'을 통해 매 순 간 현실화해야 하는 실천이다. '대장부'는 "천하의 넓은 집에 살고 천하의 올바른 자리에 서서 천하의 큰 길을 걸어간다. 관직에 등용 되었을 때에는 백성들과 함께 그 길을 걸어가고, 관직에 등용되지 못했을 때는 홀로 그 길을 걸어간다."(이루상, 7-20) 선비는 "곤궁한 상황에 처하게 되면 홀로 자신의 몸을 선하게 하고, 출세하게 되면 함께 천하 사람들을 선하게 한다."(진심상, 13-9)

맹자에게 수신이란 "자신의 잃어버린 마음을 찾아"(고자상, 11-11), "그 마음을 간직하고 기르는 것"(진심상, 13-1)이다. 사람은 왜 자 신의 마음을 잃어버리는가? 우리가 외부의 사물에 이끌리기 때문 이다. "귀와 눈의 기능은 사고할 수 없기 때문에 외부의 사물에 가 리워진다. 외부의 사물이 한 사물에 불과한 감각기관과 접촉하면 감각기관은 그것에 의해 이끌려가게 된다."(고자상, 11-15) '외부의 사 물에 의해 마음을 잃어버린다'는 맹자의 표현은 '신체 변용에 의해 부적합한 인식에 빠진다'는 스피노자의 생각과 통한다.

그렇다면 잃어버린 마음은 찾을 수 있는가? 있다면 그 방법은 어떠한가? 맹자에 따르면 잃어버린 마음의 경우, '그 구하려는 대상 이 자신에게 있기 때문에' 스스로 구하면 얻을 수 있다.(진심상, 13-3) 그 리고 잃어버린 마음인 인仁을 구하는 가장 가까운 방법은 "자신의 마음을 미루어 남을 생각하기를 힘써 실천하는 것強恕而行"(진심상, 13-4)이다. 또한 "마음을 기르는 방법으로는 욕망을 적게 하는 것寡欲보다 더 좋은 방법이 없다."(진심하, 14-35) 욕망을 적게 하려면 외부 사물에 이끌리지 않아야 되고, 그러려면 '생각'을 해야 한다. "마음의 기능은 생각하는 것이다. 생각하면 도리를 이해할 수 있고 생각하지 않으면 도리를 이해할 수 없다."(고자상, 11-15) 이처럼 수신을 통해 "자신의 마음을 남김없이 실현盡心하는 자는 자신의 본성을 이해하게 되고, 자신의 본성을 이해하게 되면 하늘을 이해하게 된다."(진심상, 13-1)

'하늘을 이해知天한다'는 것은 무엇일까? "만물이 다 나에게 갖추어져 있음"을 아는 것이고, 이는 '자신이 만물과 연결되어 있음'을 이해하는 것이다. 맹자는 만물이 다 자신에게 갖추어져 있으므로, "자기 내면으로 되돌아가서 내면을 진실 되게 하는 것反身而誠보다 더 큰 즐거움은 없다"(진심상, 13-4)고 말한다. 맹자에게 "자신의 마음을 간직하고 자신의 본성을 기르는 것은 하늘을 섬기는事天 방법"(진심상, 13-1)이다. 수신이 곧 하늘을 섬기는 방법인 셈이다. '하늘을 이해하고, 하늘을 섬긴다'는 맹자의 표현은 스피노자가 말하는 '신을 향한 사랑'이나 '신의 지적 사랑'과 연결된다. 스피노자에 따르면 "정신의 최고선은 신에 대한 인식이며"(E:4:28), "자기 자신 및 자신의 정서들을 명석판명하게 이해하는 사람은 신을 사랑하고"(E:5:15), 원인으로서의 신에 대한 관념을 수반하는 기쁨, 곧 "신에 대한 지적 사랑은 영원"(E:5:33)하다.

맹자에 따르면 선善에 대해 밝게 알지 못하면 자신을 진실하게 할 수 없고, 그렇다면 백성을 다스릴 수 없다. 백성을 다스리려면 먼저 자신을 돌아보아 진실해야 한다. (이루상, 7-12) '대인'은 "자기 몸을 바르게 함으로써 남도 저절로 감화되어 바르게 되도록 하는 자이다正己而物正."(진심상, 13-19) 그래서 선비는 남이 알아주든 알아주지 않든, 곤궁한 상황에 처하든 출세하든 부귀와 빈천이나 일찍 죽고 오래 사는 것에 개의치 않고 늘 수신하며 '하늘의 뜻'을 기다린다. 선비는 수기치인의 과정을 통해 하늘의 뜻을 '표현'해나가는 사람이다.

동서고금東西古今을 통한 배움

동서양의 횡단과 고금古今의 오고감을 통해 나는 어떤 경험을 하는가? 우선 서로의 개념이 정확히 대응하지는 않더라도, 비교 과정에서 개념 간의 미묘한 차이를 느끼게 되고, 그 차이를 기초로 맹자를 통해 스피노자를, 스피노자를 통해 맹자를 더 풍부하게 읽게 된다. '인의'라는 개념을 단순한 도덕적 개념으로부터 끌어내어 정치적 맥락 속에서 사유하게 되고, '이성'이라는 차가운 개념을 '마음'이라는 개념 속에서 조금은 부드럽게 느끼게 된다. '사단四端이라는 마음속에 이성이 녹아들어 있는' 느낌이라고나 할까. 또한 그 옛날 맹자의 정책을 읽으면서 이 시대의 논쟁적 이슈들이 연상되는 경험도 하게 된다.

'다섯 무의 집터와 백 무의 밭'은 기본소득 이슈와, '군君의 봉록은 경卿의 열 배'(만장하, 10-2)라는 봉록 배분 방법은 최고 경영자의 급여 제한 이슈와, 선비의 '수신'은 정치인들의 도덕성 이슈와 연결된다. 또한 국제관계의 '서로 섬김'도 추상적 요청이 아니라 '자연 안에는 그보다 더 역량이 크고 더 강력한 다른 것이 존재하지 않는 독특한 실재는 아무것도 없다'(E:4:공리)는 통찰에 기초하고 있음을 깨닫는다.

소모적 논쟁이 계속되고 있는 정치인의 도덕성 이슈를 접하면서는 문득 유가 선비의 '통치 도덕성'에 대해 의구심을 갖게 된다. 선비의 수신은 통치의 도덕성을 보장할 수 있는가? 유가에 대한 법가의 비판을 감안해보면 그다지 효과적이었던 것 같지는 않다. 스피노자는 국가의 안녕이 국사國事를 책임지고 있는 사람의 신의에 달려 있는 국가는 아무런 안정성도 없을 것이라고 말하며, 국가가 영속하려면 그들이 신뢰를 저버리거나 사악한 행동을 할 수 없도록 통치가 조직적인 형태를 가져야 한다고 지적한다.(『정치론』, 1장6절) 반면 맹자는 획일적인 법제도보다는 중용의 도를 따르는 것 같다. "한갓 선한 마음만 가지고서는 좋은 정치를 할 수 없고, 한갓 법만 갖추어놓는다고 해서 그것이 저절로 실행되지는 못한다."(이루상, 7-1)

오늘날의 민주 사회에서는 누구나 '자신의 역량에 따라' 맹자 시대의 선비와 같은 정치적 주체가 될 수 있다. 맹자 시대에 뜻을 이루지 못한 선비가 제도 정치의 틀에 갇히지 않고 '수신'을 통해 나름대로의 정치적 실천을 모색했듯이, 오늘날 '관직' 또는 정치적 직업과 무관한 대다수의 개인도 나름대로의 정치를 구성할 수 있을 것이다. '선한 선비가 선한 선비를 벗으로 삼고'(만장하, 10-8), 이성의 인도에 따라 살아가려는 사람에게 가장 유익한 존재가 그렇게 살아가려는 또 다른 사람이듯 우리는 서로에게 필요한 벗을 만나고, 서로에게 필요한 공동체를 형성할 수 있다. 그 과정에서 자신의 '좋음善'을 홀로 또는 함께 실천하는 행위로서의 정치, '잃어버린 마음'을 회복하는 실천으로서의 정치, 서로를 기쁨으로 이끄는 마주침의 조직화로서의 정치, 자기 해방의 조건 형성으로서의 정치, 수기치인修己治人을 통한 자리이타自利利他적 실천으로서의 정치와 같이 얼마든지 '다른' 정치를 생각할 수 있을 것이다.

자신이 만물과 연결되어 있고, 양능과 양지가 하늘의 역량으로서 자신에게 부여되어 있다는 것을 우리가 '충분히' 깨닫는다면, 우리는 우리의 읽기와 쓰기와 공부가 '찻잔 속의 폭풍'으로 갇히지 않을 것임을 알 수 있다. 다만 그 현실적 효과에 대한 '불확실한 상상'이 우리를 위축시킬 뿐이다. 맹자는 '인의'를 행하는 태도에 대해 다음과 같이 말한다. "활을 쏘는 사람은 먼저 몸을 바르게 한 후에 화살을 발사한다. 설령 발사해서 명중시키지 못해도, 자기를 이긴 사람을 원망하지 않고 자신에게 돌이켜 반성反求諸己할 뿐이다."(공손추상, 3-7) "결과에 집착하지 말아야 하고勿正, 실천하는 것을 잊어서도 안 되지만勿忘 억지로 조장해서도 안 된다勿助長."(공손추상, 3-2) 우리의 공부도 그렇지 않겠는가. 욕망을 줄이는 간소한 삶과 그로부터 전해지는 유쾌한 기쁨을 즐기며 '수신'의 끝까지 가보기! 지나치게 비장한 마음일랑 내려놓고 기쁨을 느끼는 만큼 여유 있고 경쾌하게 가보기!

공부,
개인의 '정치적 실천'

'좋은 삶'에 대한 생각

사람들은 누구나 '잘' 살기를 원하며, 할 수 있는 한 그렇게 살아가려 노력한다. '잘 산다는 것', 곧 '좋은 삶'이란 어떤 것인가? '좋은 삶'이란 저마다의 기질에 따라 다르며, 동일인이라도 나이가 들어감에 따라 달라질 수 있다. 사람에 따라 '좋은 삶'의 기준은 물질적 부, 사회적 명예, 정치적 권력, 마음의 평화와 같이 다양하게 나타난다. 나는 젊었을 땐 언저리라도 좋으니 '혁명적 삶'을 살고 싶었고, 좀 나이가 들어서는 우주자연과의 다소 '영적인 삶'을 꿈꿨으며, 지금은 스피노자적 의미에서 '지성적인 삶'을 살고 싶다. 그래서 지금의 나에게 좋은 삶이란 우선 몸과 마음의 평화를 추구하는 삶이며, 이를 바탕으로 나와 우주 그리고 타자에 대한 '이해'를 욕망하는 삶이고, 나아가 이러한 이해로부터 나의 존재를 온전히 유지하고 타인과의 우정을 쌓아가는 삶이다. 그렇다면 그렇게 살면 되지 무엇이 문제인가?

출발부터 쉽지 않다. 사실 몸과 마음의 평화는 모든 좋은 삶의 기본 조건이겠지만, 세상사가 다 그렇듯 '기본을 갖춘다는 것'은 만만한 일이 아니다. 이는 잠시도 쉬지 않고 우리를 들락거리는 희로애락의 감정이 몸과 마음의 평화를 어지럽히기 때문이다. 감정이란 우리가 다른 사람이나 외부 물체 또는 사건과 마주침으로써 '겪게 되는' 마음의 변화이다. 사랑과 미움, 희망과 두려움, 시기심과 야망 같은 감정은 우리에게 특정한 행동을 촉발시킴으로써 우리의 삶을 이끌어간다. 하지만 외부 대상으로부터 유래하는 감정의 힘은 우리 자신의 힘보다 더 강하기 때문에 우리는 자주 감정에 휘둘리게 된다. 감정에 예속되면 우리는 "더 좋은 것을 보면서도 더 나쁜 것을 따르도록"[1] (E:4:서문) 강제된다. 그렇다고 해도 우리가 자연과 사회를 벗어나 독립적으로 살 수 없는 한 '감정이 없는 삶'을 기대할 수는 없다.

요즘 우리 사회를 압도하는 감정은 단연 '코로나 일구'로 인한 '두려움'이다. 그 결과 작년 내내 많은 사람들을 사로잡았던 '정치적 감정'은 거리의 대규모 집회에서 안방의 뉴스로 물러났다. 그렇다고 그 강도가 그다지 줄어든 것 같지는 않다. 사람들은 여전히 '검찰개혁' 같은 이슈를 둘러싸고 감정적 대립을 지속하고 있으며, 아파트 가격 폭등이나 비정규직의 정규직 전환과 관련해서도 사회에서 자신의 상대적 위치에 따라 다양한 분파를 이루며 감정적으

---

1   스피노자, 『에티카』(이하 E), 황태연 옮김, 비홍출판사, 2020, 4부 서문.

로 충돌하고 있다. 합법성과 시장논리, 공정과 같은 명분을 내세우며 전개되는 논쟁의 이면에는 각자의 이해관계로부터 비롯된 감정과 욕망의 강렬한 힘이 자리 잡고 있다. 고고하게 '지성적인 삶'을 원한다고 해서 어찌 이 그물망을 홀로 벗어날 수 있겠는가?

몇몇 지인들은 이러한 상황에 맞서 나름대로의 좋은 삶을 꾸리고자 귀농, 귀촌을 하기도 하고 도시 속에서 '은자'처럼 지내기도 한다. 방법이다. 나는 아직은 조금 다른 실험을 해보고 싶다. 온갖 감정을 만들어내는 국가 안에서, 내가 그 구성원인 정치공동체 안에서 그것과 '새로운' 관계를 맺으며 좋은 삶을 모색하고 싶다. 스피노자가 걸었던 '철학자의 길'이다. 철학자의 기질은 '이성'이라고 한다. 우리는 감정들에 대한 절대적 지배력을 갖고 있지는 않지만 다행히 우리가 이성의 역량을 발휘하면 "정념들을 억제하고 통제"(E:5:서문)할 수는 있다. 어떤 정념이든 우리가 그것에 대해 뚜렷하고 명확한 관념을 형성하는 정도만큼은 정념이기를 그친다.(E:5:3) 이처럼 몸과 마음의 평화는 '감정에 대한 이해'로부터 구해진다. 그렇다면 과연 현대 국가를 살아가는 '한 사람'의 시민에게서 철학자의 기질은 어디까지 발현될 수 있을까?

감정에 대한 이해

감정에 대한 명석판명한 관념을 형성한다는 것, 감정에 대해 적합하게 이해한다는 것은 무엇을 의미하는가? 그것은 감정이 무엇인지를 안다는 것이고, 감정이 어떻게 발생되는지 그 메커니즘을 안다는 것이며, 이성이 어떻게 감정을 억제하게 되는지를 안다는 것이다.

> 감정이란 신체의 활동능력을 증대시키거나 감소시키며, 촉진하거나 억제하는 신체의 변용인 동시에 그러한 변용의 관념이라고 나는 이해한다.(E:3:정의3) 정신의 수동이라고 불리는 감정은 어떤 혼동된 관념인데, 이것에 의하여 정신은 자신의 신체 또는 신체의 일부에 대하여 이전보다 더 크거나 또는 더 작은 존재력을 긍정하며, 주어진 그것에 의하여 정신은 어떤 것을 다른 것보다 더 많이 사유하도록 결정된다.(E:3:감정의 일반적 정의)

스피노자의 철학에서 '감정'은 우리가 일상적으로 사용하는 감정이라는 말 이상의 의미를 갖고 있다. 모든 사물은 힘, 역량을 가지고 있는데, 하나의 사물이 그 힘을 다른 사물에게 발휘하면 다른 사물은 변용된다. 감정이란 이 과정에서 한 사물에 의해 다른 사물에게 산출된 결과를 나타낸다.[2] 감정은 능동적 감정과 수동적 감정으로 구분할 수 있는데, 만약 우리가 신체의 역량을 변이시키는 변용들 중 하나의 적합한 원인이 될 수 있다면 그 감정은 능동이며, 그렇지 않다면 수동이다. 정념이란 우리의 정신이 부적합한 관념들 또는 혼동된 관념들을 갖고 있는 한에서 겪게 되는 수동적 감정을 말한다. 정념을 겪게 되면 우리는 우리 아닌 다른 것에 의해

---

2   프레데리크 로르동, 『정치적 정서』, 전경훈 옮김, 꿈꾼 문고, 2020, 20쪽, 34쪽.

서 부분적으로 결정되어 어떤 행동을 하게 된다.

감정의 발생은 어떤 경로를 거치게 되는가? 외부 물체가 우리에게 어떤 힘을 가하면 그 결과 우선 우리의 신체에 심상(이미지, 흔적)이 새겨지며 그와 동시에 우리의 정신에는 그 변용에 대한 관념이 형성된다. 감정이란 이러한 신체 변용과 그 변용의 관념으로 우리의 몸과 마음에 동시적으로 관계를 맺는다. 그다음 이 심상은 사람들이 "사물의 심상을 이 방식 또는 저 방식으로 결합하고 연결하는 데에 습관화되어 있"(E:2:18:주석)는 방식에 따라 하나의 생각에서 다른 생각을 떠올리게 한다.

심상에 상응하는 관념 역시 같은 식으로 진행될 것이다. 이와 같이 '심상들과 관념들을 연결하는 습성, 습관'을 인게니움(기질, 성향)이라 한다. 인게니움은 외부 물체와의 만남을 통하여 우리 몸 안에 생겨난 "사회=생물학적 궤적"이자 "흔적과 주름의 통합체"이며 "새로운 변용가능성"이다. 인게니움은 "흔적이 남겨진 육체"이며, 정신은 인게니움 안에 "사유의 방식을 입력"한다.[3]

이성은 어떻게 감정들을 억제하고 조절하게 되는가? "감정은 그것과 반대되는, 그리고 억제되어야 할 그 감정보다 더 강력한 어떤 감정에 의해서가 아니면 억제될 수도 없고 제거될 수도 없다."(E:4:7) 따라서 이성의 참된 인식이 가진 진리의 힘만으로는 감정을 없앨 수 없다. 하지만 참된 인식은 우리 정신의 활동 능력을 증가시키는 감정, 곧 '이해하고 이해시키는 기쁨이자 욕망'이기도

---

3   인게니움에 대해서는 앞의 책 29~34쪽, 147~153쪽, 216~221쪽 참조.

하다. 우리는 참된 인식에 이르면 자기 원인을 수반하는 내적 만족감을 느낀다. 이 내적 만족에 따른 기쁨의 감정이 충분히 강하다면 우리는 슬픔의 감정을 넘어설 계기를 마련할 수 있다. 또한 우리가 어떤 혼동된 관념, 즉 감정에 대해 적합한 관념을 형성한다면 이 혼동된 관념은 필연적으로 적합해지며, 수동은 능동이 된다. 이렇게 감정을 줄여가는 동안 우리는 "지성의 질서에 따라서 신체의 변용들을 정리하고 연결하는 능력들"(E:5:10)을 키울 수 있다.

개체 : 부분과 전체

'도구적 합리성'으로서의 이성을 비판하는 데 익숙했던 사람들은 이성으로 뭔가를 한다는 것에 선뜻 마음을 내주지 않는 듯하다. 그들에게는 '이성'보다는 '지적 역량'이나 '지성적 힘'이라는 말이 더 부담이 없어 보인다. 이성이란 무엇인가? 이성이란 막연한 경험이나 소문 등에 의해 앎을 구성하는 능력과 달리, '공통 개념 및 적합한 관념'으로부터 지성적 질서를 따라 앎을 구성하는 능력이자 욕망이다.

　이성은 구체적으로 어디에 있는가? "각각의 사물은, 자신의 능력이 미치는 한, 자신의 존재를 끈질기게 지속하려고 노력"(E:3:6)하는데, 이러한 노력이 정신과 신체에 동시에 관련될 때 욕망이 되며 이 욕망은 바로 인간의 본질 자체이다. 이성은 나의 본질이자 욕망을 구성하는 무수한 충동 중의 하나인 '나의 사유하는 힘'으로 존재하며, '나의 사유하는 활동'으로 펼쳐진다.

우리가 자기 존재를 유지한다는 것, 곧 산다는 것은 단지 생물학적으로 사는 것이 아니라, 자신의 '개체적 본질에 따라' 사는 것이다.[4] 이에 따라 이성은 무엇보다 '자신의 개체적 본질'이 무엇인지 알고자 한다. 그래야 자신의 존재를 잘 유지할 수 있기 때문이다. 그렇다면 '개체'란 무엇인가? 스피노자에게 모든 개체는 '다양한 개체들의 상대적 통일체', 복합체로서 자신의 형태와 실존을 보존하기 위해 다른 개체들을 필요로 하는 존재이다. 하나의 통일체에서 '부분인 것'은 전체에 대해 상대적 독립성을 지니며, '하위 질서의 수준'에서는 '부분적인 것' 자체가 하나의 통일체로서 전체가 된다. 따라서 개체란 자기의식이나 공간상의 경계로 나누어지는 것이 아니라 부분들이 서로 운동을 교환하는 특정한 관계나 법칙을 통해 정의된다.[5] 인간 신체 역시 "본성을 달리 하는 수많은 개체들로 구성되어 있으며, 그 개체들 하나하나 역시 극히 복잡"(E:2:요청 1)하고, "자신을 유지하기 위해 지극히 많은 다른 물체들을 필요로 하며, 그것들에 의해 끊임없이 재생된다."(E:2:요청4)

국가도 하나의 개체다. 우리는 자신의 몸의 수준에서는 '전체'지만 국가의 수준에서는 '부분'이다. 그렇게 보면 우리는 전체로서의 경험과 부분으로서의 경험을 모두 하며 살아가는 존재인 셈이다. 그러한 경험에 비추어 우리는 자기의 '부분인 세포나 기관'과

---

4 알렉상드르 마트롱, 『스피노자 철학에서 개인과 공동체』, 김문수·김은주 옮김, 그린비, 2018, 129~130쪽.

5 김은주, 「스피노자의 감정모방 원리와 인간 공동체의 코나투스」, 『현대유럽철학연구』 제54집, 125쪽.

자기의 '전체인 국가'에 대해 몇 가지를 짐작해볼 수 있다. 우리 몸이 세포와 오장육부로 이루어지고 경락과 같은 '유동하는 장부'가 서로를 연결하듯이 국가도 개인과 조직으로 이루어지고 '정치·사회적 제도들'이 서로를 연결한다. 우리가 세포나 오장육부 같은 우리 부분의 세세한 움직임을 알 수 없듯이 국가도 그 부분인 개인의 사적인 움직임을 충분히 알 수 없을 것이다. 또한 부분인 우리 개인 각자가 전체로서의 국가의 결정을 좌우할 수 없듯이 우리의 부분인 개개의 세포 역시 전체로서의 우리 몸의 결정을 좌우할 수 없을 것이다.

국가와 같은 집합적 개체는 개인-개체와 어떻게 다를까? 우선 집합적 개체는 개인보다 그 역량이 크다. 혼자서는 밤을 꼬박 새며 외부의 적이나 자연 재해에 대비할 수 없지만, 집합적 개체는 그 구성원이 많아질수록 사정이 나아진다. 또한 집합적 개체는 개인보다 경험의 폭과 깊이가 넓고 깊다. 집합적 개체는 '모든 세대와 사회적 위치'의 감정과 욕망을 동시적·공시적으로 경험한다. 하지만 개인은 그러한 경험을 '시간의 흐름에 따라' 할 수밖에 없다. 따라서 집합적 개체는 의사와 행동의 결정에 있어 고려해야 할 요소가 많고, 개인으로서는 이해하기 힘들거나 실익이 없는 조직과 제도, 규율과 과정을 필요로 할 수 있다.

개인과 국가 : 권력의 작동

국가란 자연상태에서 '만인에 대한 만인의 투쟁'을 벗어나기 위해 사람들이 자신의 자연권을 주권자에게 양도함으로써 발생했다. 우리는 이러한 생각에 익숙하지만 스피노자는 '자연권의 양도에 의한 사회계약'에 의문을 제기한다. 그에 따르면 사람들은 자연상태에서도 다른 사람들이 불러일으키는 공포와 희망 때문에 '이미' 서로 의존해야 했다. 정치사회는 자연상태에서부터 '협동과 규율'이 순환적으로 서로를 발생시키며 아주 오랜 기간에 걸쳐 사람들이 "동요하는 상호의존에서 견고해진 상호의존으로 이행"(마트롱, 466쪽)하면서 발생했다. 따라서 자연상태와 시민사회는 근본적으로 구별되지 않고, 개인은 시민사회에서도 계속 자신의 자연권을 보존하며 항상 자신의 욕망에 따라 활동한다. 다만 자연상태와 달리 "정치적 상태에서는 모두가 동일한 것을 두려워하고 모두에게 하나의 동일한 안전의 원인과 생활의 방식이 있다."[6]

"정치사회는 이성의 작품이 아니라 정념의 작품이다."(마트롱, 456쪽) 마트롱은 감정모방[7]이 인간의 상호관계를 규정짓는 토대라고 분석한다. 타인이 기뻐하면 나도 기뻐하고 타인이 슬퍼하면 나도 슬퍼하며 타인이 욕망하면 나도 욕망한다. 감정모방으로서 암비치오ambitio라는 감정은 자신을 세상 사람에게 맞춰 칭찬을 받으려는 명예욕이기도 하고, 남들이 자기 기질에 따라 살아가기를 바라는 지배욕이기도 하다. 이러한 명예욕과 지배욕은 타인으로부터

---

6   스피노자, 『정치론』(이하 TP), 공진성 옮김, 도서출판 길, 2020, 3장 3절.
7   "우리와 유사한 것으로서, 그것에 대하여 우리가 아무런 감정도 갖고 있지 않은 것이 어떤 감정으로 자극받아 변화되는 것을 우리가 표상한다면, 우리는 그것으로 인하여 유사한 감정으로 자극받아 변화된다."(E:3:27)

의 인정에 대한 기대가 사라지면 슬픔의 감정으로 전복되어 적대와 증오를 낳는다. 감정모방은 근본적으로 '보편성에 대한 욕망'이며, 이로 인해 사람들은 '사회의 가치기준'으로부터 쉽게 벗어나려 하지 않는다. 그래서 감정모방은 이성이 발달하지 않은 무지자들을 수치나 후회의 감정을 통해 통치될 수 있게 하는 "이성의 대체재"(김은주, 110쪽)라고 말하기도 한다.

개인은 국가와 어떤 관계를 맺고 있는가? 국가는 스스로를 항구적으로 생산-재생산하는 운동 체계이자 자기완결적인 닫힌 전체로서 상대적 자율성을 지닌다. 개인과 개인이 편입되어 있는 국가-개체 사이의 관계는 이중적이다. 한편으로 개인들은 "정치사회의 내재적 원인"이지만, 다른 한편 국가는 일단 탄생하고 나면 개인들에게 "초월성의 형태로 등장"한다. (마트롱, 493~495쪽) 개인들의 의견은 여론수렴 기능이 제대로 작동해야 주권자에게 전달되지만, 국가의 제도는 그 구성원인 개인들이 공통으로 따라야 하는 '강제적 법칙'으로 나타난다. 국가의 능력은 국민의 능력을 '차용'한 것이지만, 그 능력은 "포획되어 방향이 바뀌고 제도들 안에서 고정된 권력"(로르동, 140쪽)이 되어 그 권력의 원천인 개인들에게 낯설게 나타난다.

한 사회의 권력은 제도를 통해 작동하며, 모든 제도는 개인들을 행동하게 하는 힘을 가지고 있다. 우리는 자녀를 낳으면 출생신고를 한다. 아이들은 일정한 나이가 되면 학교를 가고 군대를 간다. 신호등에 빨간불이 켜지면 우리는 멈춘다. "국가는 적법성이나 동의에 따라 기능하는 것이 아니라, 능력에 따라, 즉 변용할 수 있는 권력에 따라 작동한다."(로르동, 138~139쪽) 정치는 '변용의 기술'이다. 하지만 국가가 공통의 감정으로 사람들을 변용하여 유사한 행동을 욕망하도록 규정해도 국가에 의해 유도된 감정들은 서로 다른 개인적 기질들에 따라 차별화된다. 국가의 '길들임(품행인도)'은 늘 개인 또는 대중의 '참을 수 없음(분개, 격분)'과 마주치게 되는 것이다.

사실상의 모든 정치사회는 그 안에 개체 전체에 상대적으로 독립적인 제도나 개인을 일종의 '외부 원인'처럼 포함하고 있고 "이 이질적 물체들이 산출하는 효과는 인간 개체에서 정념과 비견될 수 있다."(마트롱, 498쪽) 따라서 국가-개체도 개인처럼 감정을 겪으며 이 감정은 국가를 최적의 현실화 수준에서 가동되지 못하도록 가로막는다.

공부가 정치적 실천이 되려면

출발은 좋은 삶의 전제로서 몸과 마음의 평화였다. 몸과 마음의 평화를 확보하기 위해서는 쉼 없이 일어나는 감정을 잘 다스려야 한다. 감정을 억제하고 조절하려면 이성의 역량을 발휘하여 감정에 대해 충분히 이해해야 한다. 이성의 역량은 토론으로부터 싹튼다. "인간은 어떤 문제든 심의와 경청과 토론을 통해 예리해지며 그 과정에서 아무도 생각해내지 못했던 해결책을 발견한다."(TP:9:14) 토론에는 개인적 훈련 이외에도 마음을 터놓을 수 있는 벗이나 모임이 필요하다. 좀 더 나가보면 '토론거리'에 대한 제한이나 억압이 없는 정치적 조건도 요구된다. 정치적 조건은 거저 주어지는 게 아니라 지난한 민주화 과정의 산물이다.

국가도 그 자체의 감정을 겪는다. 정치사회의 감정은 국가의 공통 감정과 개인적 기질의 충돌이나, 제도를 매개로 한 개인 또는 집단 간의 충돌로 나타난다. 국가가 목표로 삼는 사회적 평화와 안전을 잘 이루려면 국가도 자기의 감정을 잘 다스려야 한다. 국가의 감정이 전체와 부분 사이의 갈등, 전체를 매개로 한 부분 사이의 갈등이라면, 국가의 이성적 역량은 국가의 본질을 이루는 여론수렴의 상향운동과 법제도의 준수라는 하향운동이다. 민주화란 어쩌면 '힘 관계에 기반 한' 사회적 규모의 집단적 토론과정인지도 모른다. 욕망의 대표성이 확보되지 못한 우리 사회의 선거제도는 국가의 감정을 고착화시키는 원인 중 하나이다.

나는 현실 정치인도 아니고, 여론 형성에 영향을 미치거나 정부에 제도 개선이나 정책을 건의할 사회적 위치에 있지도 않다. 한국 사회에서 평범한 시민으로서의 나의 정치적 몫은 산술적으로 오천만 분의 일이다. 그렇다면 '뒤늦게' 지성적인 삶의 길을 가보고자 하는 한 명의 시민으로서, 나는 어떠한 정치적 실천이나 활동을 할 수 있으며 또 그 실천은 나에게 무슨 의미를 가질 수 있을까? 내가 지금의 주요 일과로 삼고 있는 '공부'에는 어떤 정치적 의미를 부여할 수 있을까? 공부는 어떻게 정치적 실천이 될 수 있을까?

공부, 독서와 토론 활동이 정치적 의미를 띨 수 있으려면, 무엇보다 그 활동을 통해 자신의 이성적 역량을 강화할 수 있어야 하며, 또한 그 활동 과정에서 '정치적 신체'를 형성할 수 있어야 한다.

여기서 '정치적 신체'란 지성적 삶을 원하는 사람들의 작은 모임 또는 공동체라는 가벼운 의미다. 만일 그럴 수 있다면, 공동체의 부분-개체인 나의 '지적 감수성'을 높이는 공부는 나를 포함한 전체-개체인 공동체의 몸에 직접 지적 감수성의 관념을 새겨 넣는 결과가 될 수 있다. '정치적 신체'라는 관념이 좀 더 풍부하게 해석될 수 있으면 좋겠다.

'일이 잘 풀리면' 나의 욕망은 감정모방을 통해 다른 정치적 신체 내의 다른 개인에게로 확장될 수도 있고, 정치적 신체 자체를 감정모방하는 또 다른 정치적 신체로도 확장될 수 있을 것이다. 지성적 삶을 지향하는 사람들은 곳곳에 있으니 어쩌면 나 자신 그 감정모방의 결과인지도 모른다. 더 많은 사람이 지성적 삶을 원하는 사회가 있을 수 있다면 오랜 시간에 걸쳐 이러한 모습이 점점 더 견고해진 '결과'로 나타나는 것이 아닐까?

개인적으로 열심히 공부하다 보면 나의 신체는 정치적 신체의 형성이라는 '행동'에 나설 수 있을까? '감정에 대한 이해'가 감정을 다스리려면 그 이해가 능동적 감정으로 체화되어야 하듯, 공부를 통해 얻은 관념이 행동을 촉발하려면 그 관념 또한 능동적 감정으로 체화되어야 할 것이다. 우리를 행동으로 이끄는 것은 관념이 아니라 감정이기 때문이다. 이성을 능동적 감정으로 체화한다는 것은 뭘 어떻게 하는 것일까? 여전히 잘 풀리지 않는 문제다.

하나의 방법은 스피노자의 '평행론'에 기대어 관념의 논리적 연쇄는 이미지의 논리적 연쇄와 같이 간다는 믿음 아래, '행동에 나설 때까지' 공부를 심화시키는 것이다. 관념에 능력을 부여하는 것과 관련하여 로르동은 두 가지 방법에 대해 말한다. 하나는 관념에 '정념적 보철'을 덧대는 것이고, 다른 하나는 '지적인 표상'을 통해 관념적 내용이 곧바로 심상을 '생생하게' 이끌어내도록 하는 것이다. 지적인 표상이란 "관념을 떠오르게 하는 기호에 풍부한 심상들을 연결하는 역량"(로르동, 212쪽)이다. 이 말은 우리의 '기질이 지적으로 바뀔 때까지' 공부하라는 말로 들린다. 둘 다 '하수'들이 따를 방법은 못되는 것 같다. '이성의 능동적 감정화'란 우선 하나의 작은 이해나 인식에서 생겨나는 즐거움의 감정을 알아채고 누리는 것이 아닐까 생각해본다. 그 기쁨의 감정이 우리를 또 다른 이해로, 인식으로 이끄는 것은 아닐까? 이해로부터 생겨나는 소소한 기쁨의 감정에 계속 눈길을 주다보면, 그 기쁨이 스스로 굴러 언제가 우리에게 이성의 눈덩이를 선사할지도 모른다.

거대한 국가 앞에서 한 개인이 '공부'로서 정치를 할 수 있다는 생각이 너무 초라해 보일 수도 있겠다. 하지만 오천만 분의 일의 역량이 그 이상의 욕심을 내는 것 또한 오만일지 모른다. 중요한 것은 역량을 발휘하는 것이고 그것을 하나의 실험으로, 과정으로 이해해보는 것이다. 지난 몇 년 동안 작은 공부모임에 여기저기 참여할 기회가 많았다. 새로운 인연들과의 만남도 있었고, 과거의 지인들과의 모임도 있었다. 주제도 다양했다. 짧게는 수개월 길게는 이삼 년 이상 진행했다. 이런 모임에 나의 '정치적 실천'이라는 의미 부여를 한 적은 없었다. 서로가 생각하는 '정치'의 모습도 달랐을 테지만 무엇보다 나 스스로 그런 모임에 참여하는 것이 '정치적 실천'일 수 있다는 생각을 갖지 못했기 때문이다.

새로운 관점은 모임과의 관계를 어떻게 변화시킬 수 있을까? 지금 나에게 정치란 자리이타自利利他의 마음으로 수기치인修己治人 하는 것이다. '정치적' 자비행慈悲行이란 말도 가능할 듯하다. 서로 의 이성적 역량에 같이 기뻐하고 서로의 무지에 같이 안타까워하 는 지적인 여정. 곳곳에서 활발하게 활동하고 있을 '정치적 신체', 새로이 꿈틀거리고 있는 '정치적 신체'에 조금은 더 많은 관심을 가질 수 있을 것 같다.

정치사회의 변화와
개인적 삶

내로남불·내불남불·내로남로

오랫동안의 사회생활에서 은퇴를 맞이하거나, 자녀들의 혼사를 준비할 나이가 되면 누구나 한 번쯤 자신의 지나온 삶을 돌아보고 새로운 인생에 대해 생각할 기회를 갖는다. 조금 이른 은퇴자였던 나는 자연의 한 부분이자 사회의 한 부분으로서 나의 삶을 자연과 사회 전체의 흐름과 하나로 꿰어보고 싶었다. 그러한 이해를 바탕으로 자연과 사회의 흐름이 내 삶과 실시간으로 연결되어 있음을 느끼며 살고 싶었다. 자연적 삶에는 선과 악이 없지만 사회적 삶에는 시비와 선악이 공존한다. 인간에게 사회적 삶을 건너 뛴 자연적 삶이란 있을 수 없다. 따라서 그 기준이 무엇이든 우리는 시비선악의 윤리적 선택을 하며 자연적 삶을 살아가야 한다.

    몇 해 전 겨울, 한국의 '촛불시민'은 살아 있는 최고의 권력을 탄핵했다. 탄핵 자체는 적법한 절차에 의해 진행되었지만, 그 절차의 시작과 끝을 이끌어낸 것은 분명 해를 넘겨 대통령 퇴진운동에 참여한 수백만 시민의 위력威力일 것이다. "대한민국의 모든 권력은 국민으로부터 나온다"는 말로는 이 과정의 정치적 역동성을 전혀 담아낼 수 없다. 헌법 조항이 시민의 위력을 보장한 것이 아니라, 시민의 힘이 헌법 조항의 유효성을 증명한 것이다. 촛불시민의 그 위력은 어디서 생겨나 어디로 사라진 것일까? 무無로부터 나오는 힘은 없다. 눈에 띠지 않을지라도 시민 또는 대중들의 힘은 언제나 이미 정치적으로 작동하고 있다.

광범위한 지지를 바탕으로 새 정부는 남북관계의 개선과 정치 개혁에 나섰다. 검찰 개혁의 과정에서 정부가 어려움을 겪게 되자, 시민들은 다시 한 번 대규모 직접 행동으로 결집했다. 하지만 힘 관계는 변하기 마련이다. 법무부 장관의 임명에 반대하거나 검찰 개혁에 반대하는 또 다른 시민들은 보란 듯, 더 큰 규모의 맞불 집회로 대응했다. 시민이라고 해서 늘 다 같은 시민인 것은 아니다. 착한 시민과 나쁜 시민이 따로 있을 리도 없다. 우리들은 '당연히 내가 옳을 것'이라는 자만과 관성 탓에 있는 그대로의 현실을 너무 쉽게 잊는다. 현실 속의 시민들은 사안과 욕망에 따라 모이고 흩어지는 이질적 대중들이다.

이질적 대중들 사이에서 나름의 구심력을 지닌 강력한 정치적 팬덤이 나타났다. '이십 대 팔십'의 사회 또는 '일 대 구십구'의 사회라고까지 말하지만, 정치가 사회를 그대로 반영하지는 않는다. 진보와 보수의 엇비슷한 '공격적 세력'은 진영 대립을 심화시키고, 내로남불의 비난은 내불남불(김훈), 내로남로(정희진)의 비판을 불렀다. 정치세력이 된 대중 집단은 온라인 댓글과 청원, 시민단체를 통한 고소와 고발 등 적극적인 행동으로 정당 정치세력과 이심전심 협력한다. 정당 정치세력과 스스로를 동일시하는 정치적 팬덤의 이러한 활동은 공동체의 역량 강화로 이어질 수 있을까? 대중의 정치적 역량이 강화된다는 것은 무엇을 의미할까?

이 글에서는 스피노자의 글을 참고삼아 그의 '역량potentia' 개념을 중심으로 국가, 곧 정치사회의 변화와 개인적 삶의 연결성을 살펴보고자 한다. 스피노자에게 역량은 자연과 한 인간을 매개 없이 직접 연결시켜주는 개념이다. 역량은 자연의 차원에서는 본질이자 실존인 능동적 힘으로 나타나고, 인간적 차원에서는 '능동과 수동의 차이화'로서 코나투스(욕망)로 주어지며, 정치사회적 차원에서는 자연권으로 이어진다. 정치사회의 한 구성원으로서 개인은 공동의 삶의 규칙인 법 또는 제도적 조건 아래서 자신의 좋은 삶을 추구해야 한다. 정치란 이 조건을 둘러싼 경쟁과 연대의 게임이자 기술이다.

힘, 능력, 역량[1]

우리가 일상적으로 어떤 행위를 하거나 생각을 하면서 살아갈 수 있는 것은 우리에게 그것을 할 수 있는 '힘'이 있기 때문이다. 힘이

---

[1] 이글에서는 번역자들에 따라 다양하게 번역되고 있는 용어(힘, 능력, 역량 또는 정서, 감정, 정념 등)들을 엄밀한 구분 없이 맥락에 따라 혼용함.

란 능력이요 역량이며, 나의 삶이란 나의 생명력이 펼쳐지는 것에 다름 아니다. 우리는 살아갈 수 있는 힘을 타고 난다. 그 힘은 '스피노자의 신', 즉 자연으로부터 우리에게 주어진 것이다. 자연적 존재로서 나의 힘은 내 몸의 세포와 같이 나를 이루는 무수한 부분들의 힘들로 구성되며, 사회적 존재로서 나의 힘은 내가 속한 크고 작은 공동체의 힘을 구성한다. 나를 구성하는 힘과 내가 구성하는 힘을 통해 나와 사회와 자연은 하나로 연결된다. 나의 몸은 자연과 사회의 힘이 나의 힘과 교차하는 '현장'이다.

힘을 통해 하나로 연결된다는 것이 그리 고상한 것만은 아니다. 그 말은 한편으로는 '우주와의 합일'이라는 가슴 벅찬 메시지이기도 하지만 다른 한편으로는 자연적·사회적 조건을 벗어난 삶이란 없다는 '현실에 대한 엄중한 경고'이기도 하다. 우리가 태어날 때 자연적으로 지니고 나온 맨몸 하나의 힘이란 누구나 고만고만하다. 그러나 사회적인 몸이 되는 순간 맨몸은 '금수저와 흙수저'라는 능력의 차이를 낳는다. 조건은 진짜 능력이 아니라는 다소 도덕적인 가르침은 "능력 없으면 니네 부모를 원망해. 돈도 실력이야"(정유라)라는 말 앞에 그다지 위안이 되지 못한다. 자칫 "없는 사람이 무소유를 어떻게 이해하나"(백무산)라는 절규를 만날 수도 있다. 조건의 차이는 감정을 부른다. "정서에 우리는 시달린다."[2]

조건이란 무엇인가? 조건 자체도 하나의 힘이다. 모든 힘은 특정한 조건 아래, 특정한 힘 관계 아래 놓여진다. 우리는 특정한

---

2   스피노자, 『정치론』(이하 TP), 공진성 옮김, 도서출판 길, 2020, 1장 1절.

사회적 조건 아래서 살아간다. 사회적 조건이란 인간이 집단적으로 구성한 조건이며, 힘 관계의 변화에 따라 새로 또는 다르게 구성될 수 있는 것이다. 한 사회의 법은 그 구성원들의 집단적인 삶의 조건이다. 사적 소유를 기본으로 하는 자본주의 사회에서는 사람들의 욕망이 돈으로 집중되며, 돈은 사람들의 능력을 좌우할 정도로 그 영향력이 크다. 따라서 우리가 자본주의 사회에서 살아가는 한, 능력에 대한 논의는 돈과의 관계에 대한 질문을 피해갈 수 없다. 자연에서와 달리 국가 안에서는 "무엇이 이 사람의 것이고 무엇이 저 사람의 것인지가 공동의 법에 의해 결정"(TP:2:23)된다.

운전자들이 쉽게 경험하는 것처럼, 법이 있다고 해서 사람들이 늘 그 법을 잘 지키는 것은 아니다. 그렇지만 교통법규의 위반과 재산에 대한 법규의 위반은 그 느낌이나 정도가 많이 다른 것 같다. 최근 미국 경찰의 인종차별적 공권력 행사에 대한 흑인들의 항의 시위가 잇달아 일어났다. 그 과정에서 한국에서는 좀처럼 보기 힘든 장면들이 텔레비전을 통해 전해졌다. 시위자들은 공공연하게 주변의 상점을 침입하고 옷가지나 식료품을 약탈했다. 한편으로 시위자들의 군중심리 탓일 거라 생각하면서도 또 한편으론 그들이 정말로 그 물건들을 절박하게 필요로 한 것은 아닐까 하는 의심이 들었다. '흑인의 생명은 소중하다Black Lives Matter'는 대의를 둘러싼 것이든 '장 발장의 빵'을 둘러싼 것이든 공권력과 시민의 적나라한 충돌은 사실상 소규모의 '내전'이다.

인간의 능력을 한갓 '돈 버는 실력' 정도로 치부하는 현대인과 달리, 서른 즈음에 사람들 사이에서 최고선으로 평가되는 '부, 명예, 정욕' 대신 '참된 선'을 찾아보기로 결심한 스피노자는 인간의 능력에 대해 어떠한 생각을 가졌을까? 스피노자에 따르면 "인간의 능력은 인간의 현실적 본질에 의하여 설명되는 한에서 있어서 신 또는 자연의 무한한 능력의 일부분"[3]이다. 자연의 역량, 능력은 인간에게 코나투스로, 즉 "자신의 능력이 미치는 한, 자신의 존재를 끈질기게 지속하려는 노력"(E:3:6)으로 주어지며, 인간은 이러한 노력을 자신의 욕망을 통해 의식한다. 이 욕망으로서 코나투스가 바로 인간의 현실적 본질이다. 그런데 인간의 욕망은 "인간의 본질이 주어진 각각의 변용에 의하여 어떤 것을 행하도록 결정"(E:3:감정의 정의1)된다. 여기서 변용이란 '다른 것이 자신에게 미치는 결과', 곧 신체에 남기는 흔적과 그에 대한 관념을 말하며, 인간은 그 자극과 변화에 따라 이것 또는 저것을 하기를 욕망한다.

우리의 능력은 우리가 외부의 힘에 대해 수용하고 작용하는 방식, 즉 변용 방식에 따라 증가하기도 하고 감소하기도 하며 동일하게 유지되기도 한다. "인간의 신체는 자체의 활동 능력이 증대되거나 감소되는 많은 방식으로 자극받아 변화될 수 있으며, 또한 자체의 활동 능력을 증대시키지도 감소시키지도 않는 다른 많은 방식으로도 자극받아 변화될 수 있다."(E:3:요청1) 스피노자는 변용에 따른 우리 능력의 변화를 감정 또는 정서를 통해 설명한다. 우리는 활동 능력이 증가할 때 '기쁨'의 감정을 느끼고, 활동 능력이 감소할 때 '슬픔'의 감정을 느낀다.(E:3:11:증명) 그리고 자신에게 기쁨을

---

3   스피노자, 『에티카』(이하 E), 황태연 옮김, 비홍출판사, 2020, 4부 정리4 증명.

준다고 생각하는 대상을 사랑하며 자신에게 슬픔을 준다고 생각하는 대상을 미워한다. (E:3:13:주석) 또한 우리가 자신의 어떤 변용에 대해 타당한(적합한) 원인[4], 곧 전체적인 원인이 될 수 있다면 그 감정은 '능동'이 되고, 부분적인 원인에 머문다면 그 정서는 '수동'이 된다. (E:3:정의3) 능동적인 감정은 언제나 기쁨이 되지만, 수동적인 감정은 기쁨이 되기도 하고 슬픔이 되기도 한다.

스피노자에 따르면 사랑, 미움, 분노, 질투심, 명예심, 동정심 같은 인간의 감정들은 인간 본성의 악덕이 아니라 인간의 본성에 속하는 고유한 속성이다. "그것들은 설령 불편한 것일지 몰라도 필연적인 것이며, 일정한 원인들을 가지는 것이다."(TP:1:4) 만일 사람들이 폭동을 일으키거나 법을 무시하고 위반한다면 그것은 그들이 사악하기 때문이라기보다 국가의 상태가 나쁘기 때문이다. 인간은 시민으로 태어나지 않고 시민으로 만들어진다. 또한 인간의 자연적 정서들은 어디에서나 똑같다. 따라서 "어느 정치공동체에서 다른 정치공동체에서보다 악이 더 많이 지배하고 더 많은 잘못이 저질러진다면, 그것은 그 정치공동체가 화합에 충분히 신경을 쓰지 않았고, 법을 충분히 신중하게 제정하지 않았으며, 그 결과 정치공동체의 절대적 권리를 보유하지 못한 데서 비롯됨이 확실하다."(TP:5:2)

---

4   "어떤 원인의 결과가 그 원인에 의하여 뚜렷하고 명확하게 지각될 수 있을 때, 나는 그 원인을 타당한 원인이라고 부른다. 그러나 어떤 원인의 결과가 그 원인만 가지고서는 이해될 수 없을 때, 나는 그 원인을 타당하지 않은 원인 또는 부분적인 원인이라고 일컫는다."(E:3:정의1)

코나투스로 주어진 개인의 능력은 정치 공동체인 국가 안에서는 그의 '자연권'이 된다. "모든 사람은 자기 본성의 법칙에 따라 행하고, 자연의 최고 권리를 가지고 행하며, 그가 힘으로써 할 수 있는 만큼의 권리를 자연에 대해 가진다."(TP:2:4) 그렇지만 한 사람이 혼자서 모든 사람으로부터 자기를 지킬 수 있다는 보장은 전혀 없다.(TP:2:15) 개인의 자연권은 오로지 "공동의 법을 가지고 모두가 하나의 정신에 의해 인도되는 곳"(TP:2:16), 즉 국가 안에서만 고려될 수 있다. 그러나 국가가 모든 개인에게 자연권을 주게 되면 모든 것은 '자연상태'로 되돌아가기 때문에, 개인의 자연권은 국가의 법령 또는 제도를 통해 필연적으로 멈추게 된다. 하지만 스피노자는 이러한 자연권의 법적 양도가 갖는 현실적 효력에 의문을 제기한다. 왜냐하면 개인이 지닌 자연권, 즉 어떤 상황에서든 자신이 원하는 것, 자신이 할 수 있는 것을 할 권리는 "정치적 상태에서도 사라지지 않기 때문이다."(TP:3:3) "만일 우리가 국가에 불복종하기를 원하고 또 그럴 수 있다면, 우리 자신에게 위험천만한 일이긴 해도, 우리에겐 그럴 권리가 있다. 자연권과 권리는 동의어이다."[5]

역량이 커진다는 것

스피노자적 '신, 즉 자연의 능력은 신의 본질 자체'(E:1:34)이고, "신

---

5 알렉상드르 마트롱, 『스피노자 철학에서 개인과 공동체』(이하 Ma), 김문수·김은주 옮김, 그린비, 2018, 421쪽.

의 존재와 본질은 하나의 동일한 것"(E:1:20)이므로 신은 필연적으로 존재한다. 따라서 신의 능력은 자기원인이자 만물의 원인이고, 실존하는 모든 것은 신의 능력을 일정하게 규정된 방식으로 표현하며, "존재할 수 없는 것은 무능력"(E:1:11:또 다른 증명)이다. 그리고 "신 또는 신의 모든 속성들은 불변적"(E:1:20:계2)이므로 신의 능력은 증대하거나 감소하지 않는다. 반면 모든 개인 또는 개체들은 능력의 증감을 겪으며 기쁨과 슬픔의 감정을 경험한다.

그렇다면 개인 또는 개체의 능력이 증대된다는 것은 무엇을 의미하는 것일까? 우선 스피노자는 한 개체의 능력이 다른 것보다 유능할 수 있음을 인정하면서 유능함을 다음과 같이 규정한다. "어떤 신체가 동시에 많은 방식으로 작용을 하거나 또는 작용을 받는 데에 다른 신체들보다 더 유능할수록 그것의 정신도 동시에 많은 것을 지각하는 데 다른 정신들보다 그 만큼 더 유능하다."(E:2:13:주석) 따라서 한 개인 또는 개체는 그의 변용능력이 커질수록 그의 역량이 커진다.

또한 스피노자에 따르면 개인의 능력은 다른 사람과 힘을 합치면 증대될 수 있다. "만약 두 사람이 함께 모여 힘을 합친다면, 두 사람이 각각 혼자일 때보다 더 많은 일을 함께할 수 있으며, 그에 따라 자연에 대해 더 많은 권리를 함께 가진다. 더 많은 관계들이 이렇게 힘을 합칠수록 그만큼 더 많은 권리를 모두 함께 가진다."(TP:2:13) 다만 이 경우에는 사람들이 힘을 합침으로써 증대된 권리는 모두가 함께 갖는다는 점에서 개인적인 변용 능력의 증대와 차이가 있어 보인다.

하지만 조금 더 생각해보면 개인적인 변용능력의 증대라는 것도 현실에서 다른 물체 또는 사람과의 관계 맺음으로부터 생겨난다는 점에서, 누군가 개인적으로 증대됐다고 판단하는 그 능력도 사실은 관계를 맺은 물체 또는 사람과 공동으로 갖는 것이 더 마땅할지도 모른다. 다만 물체는 소유를 주장하지 않을 뿐이고, 사람의 경우는 자본가와 노동자 사이의 관계처럼 서로가 자기의 소유라고 다투고 있는 것은 아닐까?

한 걸음 더 나가보자. 사실 한 물체나 한 사람도 이미 수많은 부분들의 복합체 또는 통일체이다. "인간 신체는 본성을 달리 하는 수많은 개체들로 구성되어 있으며, 그 개체들 하나하나 역시 극히 복잡하다."(E:2:요청1) 또한 두 사람이 모여 힘을 합친다면, 그 두 사람은 각각의 한 사람을 부분으로 하는 또 하나의 새로운 개체라 할 수 있다. 모든 개체는 그 개체보다 낮은 수준의 부분적 개체들로 합성된 복합체이자, 동시에 그 개체보다 높은 수준의 복합적 개체를 구성하는 부분으로서의 개체이다. 이런 관점에서 발리바르는 개체를 "환원 불가능한 관개체적 차원을 지닌 개체화의 과정"[6]이라고 표현한다.

그렇다면 이제 복합체 또는 통일체로서의 개체라는 관점에서 한 개체의 능력은 어떻게 평가될 수 있는지 살펴보자. 스피노자는 우리의 역량이 증대되거나 촉진될 때 느껴지는 기쁨의 감정을 쾌감과 유쾌로 구분한다. 쾌감이란 인간의 부분들 중 하나가 다른 부

---

6 에티엔 발리바르, 『스피노자와 정치』(이하 Ba), 진태원 옮김, 그린비, 2014, 220쪽.

분들에 비해 더 많이 변용되는 것이고, 유쾌는 신체 전체가 동등하게 변용되는 것이다.(E:3:11:주석) 이어서 스피노자는 "유쾌는 과도할 수 없고 항상 선"(E:4:42)이지만, "쾌감은 과도할 수 있으며, 악일 수도 있다."(E:4:43)고 논증한다.

따라서 인간의 능력은 신체가 고르게 변용될수록 더 커지며, 작은 공동체나 큰 정치사회의 능력도 그 구성원이 함께 또는 평등하게 좋아질수록 더 커진다고 추론할 수 있다. 스피노자 또한 "신체의 모든 부분이 아니라 신체의 일부 또는 몇몇 부분에 관계되는 기쁨 또는 슬픔에서 생기는 욕망은 인간 전체의 이익을 고려하지 않는다."(E:4:60)고 말한다.

스피노자는 또한 감정과 관련한 정신의 능력에 대해서도 말하고 있다. 스피노자는 "감정을 제어하고 억제함에 있어서의 인간의 무능력을 예속"이라고 규정한다. 특정한 감정에 예속된 사람은 다른 사람보다 그 감정을 더 많이 겪거나, 스스로도 다른 감정보다 그 감정을 더 많이 겪게 된다. 이로 인해 "스스로 더 좋은 것을 보면서도 더 나쁜 것을 따르도록 종종 강제"(E:4:서문)된다. 그런데 정신은 "자기의 감정들을 질서 있게 정리하고, 그것들을 서로 연결할 수 있는"(E:5:20:주석) 능력을 지니고 있으며, 이러한 능력, 즉 이성의 능력을 통해 감정들을 억제하고 조절하는 데 일정한 지배력을 행사할 수 있다. 따라서 이성적 능력이 커질수록 자신의 능력이 더 커진다고 말할 수 있다.

그런데 개인뿐 아니라 공동체나 정치사회와 같은 '개체'도 감정을 겪는다. 마트롱에 따르면 모든 정치사회는 자기 본성과 어울리지 않는 제도나 개인들의 자생적 습관을 자기 안에 이질적 물체처럼 포함하고 있다. 그리고 "이 이질적 물체들이 산출하는 효과는 인간 개체에서 정념과 비견될 수 있다."(Ma, 496~501쪽) 따라서 공동체나 정치사회도 스스로의 감정들을 조절할 수 있는 '집합적 이성'이 발달할수록 그 역량이 더 커지게 될 것이다.

우리는 어떻게 이성적 능력을 키울 수 있을까? 이성은 '인식하고 이해하려는 충동'으로서 우리의 다른 모든 충동과 동시에 각자의 삶 속에서 작동한다. 우선 사람은 "각자가 자기의 이익을 보다 많이 추구하고, 자기를 보존하기 위해 보다 많이 노력하면 할수록 이성의 지도에 따라 생활하는 능력이 그만큼 더 커진다."(E:4:35: 계2) 우리 자신에게 고유한 유용성을 추구할수록 이성의 능력은 더 커지고, 이성의 능력이 커질수록 우리는 자신에게 고유한 유용성이 무엇인지 더 잘 인식하게 된다는 말이다. 자신에게 고유한 유용성을 추구하는 행동은 자신이 누구인지, 고유한 유용성이 무엇인지에 대한 판단과 함께 간다.

환갑을 눈앞에 둔 내 또래들에게 '고유한 유용성'이란 어떤 것일까? 무엇보다 노후의 안정적인 삶일 것이다. 나보다 서넛 연상인 한 지인이 작년 여름 '유튜버'로 데뷔했다. 퇴직 후, 대학원에서 불교학을 공부하고 두 권의 책을 내더니, '신중년 마음연구소'라는 타이틀로 방송을 시작했다. 주요 내용은 노후준비를 위한 자금설계와 마음건강이다. 살펴보니 국민연금, 기초연금, 연금저축, 최적 보험료, 펀드나 주식, 금 투자에 대한 정보가 많았고, 은퇴 우울증과 분노 치유, 평정심 키우기에서 꼰대탈출 수행법에 이르기까지 마음건강에 대한 노하우들도 다루고 있다. 방송을 많이 보진 못했지만 아마 나이 든다는 건 뭔지, 산다는 건 뭔지, 안정이란 건 뭔지에 대한 물음과 사유도 포함되어 있을 것이다. 개인적으로는 오십 대 중반까지는 우리 세대의 노후 삶에 관심이 끌렸는데, 그 이후에는 오히려 미래세대, 우리 자녀들의 미래 삶에 더 관심이 간다. 노후 삶은 그다지 불안하지 않다는 것일까?

이성의 능력을 키우는 또 다른 방법은 아마 능동적 정서를 가지려고 노력하는 것이 아닐까 생각해본다. '능동적이 되려면 적합한 관념을 가져야 되는데'라고 생각하면 어려워진다. 스피노자에 따르면 "이성의 지도에 따라서 생활하는 사람은, 가능한 한, 자기에 대한 타인의 미움, 분노, 경멸 등을 사랑이나 아량을 가지고 대응하려고 노력한다."(E:4:46) 이 말을 거꾸로 읽어보면 어떨까? 아량을 베풀수록 우리는 이성적이 되는 것은 아닐까?

스피노자에게 '아량'이란 "오직 이성의 지령에 따라서만 다른 사람들을 돕고 그들과 친교를 맺으려고 애쓰는 욕망"이다. '용기'가 행위자의 이익만을 의도하는 행동이라면 아량은 "다른 사람들의 이익도 의도하는 행동"이다. (E:3:59:주석) 이성의 인도에 따라 살아가는 방법을 추상적으로 고민하기보다 그저 아량을 베풀고 관대해지려고 노력하는 편이 빠를 것 같다. 누군가와 친교와 우정을 맺고자 하면 그와 나의 공통적인 유용함에 대해 사유하게 되고 그것을 중심으로 소통하게 될 것이다. 인식한다는 것은 그런 것이 아닐까? 자족감과 같은 감정도 마찬가지일 것이다.

'권리 즉 역량'

정치사회는 '자연상태'에서 따라 나온다. 자연상태란 사람들을 규제하는 법과 제도들이 없는 상태이다. 자연은 "어느 누구도 욕망하지 않고 어느 누구도 할 수 없는 것 외에는 아무것도 금지하지 않는다."(TP:2:8) 자연상태에서 사람들은 무엇이든 원할 수 있고 할 수 있는 힘만 있으면 자유롭게 할 수 있지만, 인간이 지닌 지배욕과 시기심으로 인해 어느 누구도 자신의 안전을 장담할 수 없다. 또한 사람들은 생존에 필요한 것들을 확보하기 위해서라도 어느 정도 서로 협력해야 할 필요를 느낀다. 정치사회는 이러한 생존의 필요와 안전에 대한 두려움에서 벗어나려는 사람들의 노력에서 생겨난다.(Ma, 428~438쪽) 자연상태와 달리 정치사회는 공동의 법과 제도에 의해 구성원들이 자유롭게 할 수 있는 것과 그렇지 못한 것을 규정하고 이로써 평화와 안전을 확보한다. 정치사회에서 사람들은 공동의 희망과 두려움 아래 살아간다.

자연의 능력은 인간에게서 코나투스가 되고, 정치사회에서는 자연권으로 이어진다. 하지만 정치사회에서 합법적으로 인정되는 권리는 자연권 자체가 아니라 법적으로 규정된 시민권 또는 국민의 권리이다. 우리 헌법에도 언론, 출판, 집회, 결사의 자유, 재산권, 교육받을 권리와 일할 권리 등이 규정되어 있다. 하지만 어떤 권리가 법에 정해져 있다고 해서 꼭 그 권리가 현실화되는 것은 아니다. 법에 '일할 권리'가 규정되어 있다고 해서 누구나 취업을 할 수 있는 것도 아니며, 노동조합을 결성할 권리가 규정되어 있어도 삼성 그룹의 일부 노동자들은 최근까지 노조를 만들지 못했다. 현실에서는 권리 위에서 잠을 자기는커녕 길고 긴 밤을 새워도 실행되지 않는 '형식적' 권리들이 있다. 어떤 권리는 아예 법적으로 금지된다. 임신중지에 대한 권리를 인정하지 않는 낙태죄는 육십육년 만에 헌법불합치 판정을 받고 현재 법 개정을 둘러싼 힘겨루기가 진행되고 있다. 또한 기업의 중대재해에 대한 책임을 물을 권리와 같은 새로운 권리에 대한 법 제정 요구도 계속된다.

자연상태에서 추상적 권리에 불과했던 사람들의 권리는 정치사회에서 법적 권리가 되었음에도 여전히 그 행사가 불투명한 형식적인 권리로 남아 있다. 스피노자는 '권리는 곧 능력'이라고 말한다. 그에 따르면 인간은 자연에 대해, 따라서 자연의 일부인 사회에 대해, 그의 능력만큼의 권리를 갖는다. 그렇다면 실질적으로 행사될 수 없거나 보장되지 못하는 법적 권리는 어떤 의미를 갖는 것일까? 권리를 행사할 수 없는 힘없는 자들에게는 법적 권리가 일종의 기만이거나 환상이라는 말일까? 비록 형식적일지라도 법에 권리가 명시된 것과 그렇지 못한 것 사이에 현실적으로 아무런 차이도 없는 것일까? 차이가 없다면 사람들은 왜 새로운 권리를 법에 명시하기 위해 그토록 노력할까? 인간은 생존을 위한 협력과 안전의 필요에 따라 '언제나 이미' 정치사회에서 살아가고 있으니, 법에 대한 무시나 무정부 상태는 답이 아닌 듯하다. 스피노자도 "이성에 의해 인도되는 사람은 자기 자신에게만 복종하는 고독 속에서보다는 공동의 결정에 따라서 생활하는 국가 내에서 더욱 자유롭다"(E:4:73)고 말하지 않는가.

자본가는 '강자'인가? 니체를 읽을 때 늘 따라다녔던 물음이다. 『도덕의 계보』에는 '맹금류와 어린 양의 우화'가 나온다. 어린 양들을 채어가는 커다란 맹금류에 대해 어린 양들은 자기들끼리 "맹금류는 사악하다. 가능한 한 맹금류가 아닌 자, 아마 그 반대인 어린 양이야말로 좋은 것이 아닌가?"(제1논문 13절)라고 비난한다. 나는 이 지점에서 '자본가가 혹시 맹금류인 것은 아닐까' 하고 멈칫했다. 그렇다면 자본가에게 무슨 문제가 있단 말인가? 다시 내게 돌아오는 물음은 이렇다. 내가 자본가에 대해 느끼는 감정은 어린 양이 맹금류에 대해 갖는 '약자의 원한 감정'인 것은 아닐까? 나는 왜 스스로를 맹금류가 아니라 어린 양과 동일시하는 것일까? 내가 사회적 약자의 입장에 서는 것이 옳다고 판단했기 때문이라면, 그것은 내가 "그것을 지향하여 노력하고 원하고 추구하고 욕구하기 때문이다."(E:3:9:주석) 나의 욕구와 욕망!

스피노자 또한 '큰 물고기가 작은 물고기를 잡아먹는 것은 큰 물고기의 자연권'[7]이라고 말하고 있다. 또 다시, 자본가가 노동자를 부리는 것도 자본가의 자연권이 아닐까 하는 의문이 든다. '권리 즉 능력', 누구나 능력만큼의 권리를 갖는 것이라면 자본가도 자신의 능력을 발휘해서 그 권리를 행사하는 것은 아닐까? 선뜻 동의가 안 되는 나의 감정은 나로 하여금 권리와 법에 대한 또 다른 해석의 여지를 찾게 만든다. 스피노자의 해석자들 역시 이런 의문을 의식해서인지 이 부분을 그냥 지나치지 않았다.

---

7   스피노자, 『신학정치론』(이하 TTP), 황태연 옮김, 비홍출판사, 2014, 255쪽.

우선 발리바르는 '권리 즉 역량'에 대해 "문제는 권리를 정당화하는 게 아니라, 권리의 규정들 및 권리가 작용하는 방식들에 대한 적합한 관념을 형성하는 것"이라고 말한다. '권리 즉 역량'은 무엇보다 "개인의 권리는 주어진 조건에서 그가 실제로 할 수 있는 것과 사고할 수 있는 것 모두를 포함한다"는 의미이다. 주어진 조건에는 아마 형식적인 법적 권리도 포함될 것이다. 그렇다면 실행되지 못하는 권리는 개인의 능력 부족으로 귀결되는 것이 아니라, 주어진 조건으로서 "변동할 수 있고 필연적으로 진화하기 마련인 세력 관계"를 어떻게 변화시킬 것인가 하는 실천의 문제로 제기된다. 발리바르에 따르면 "'이론상의' 권리라는 관념은 부조리나 신비화에 불과"하며, "역량의 증대에 대한 희망을 가리키거나, 현재는 타자에 의해 억압된, 지나간 역량에 대한 회한을 부적합하게 지시"할 뿐이다. 발리바르는 "역량관계라는 관점에서 볼 때, 권리와 사실(적 역량)의 등가성이라는 원리는 구성적 원리가 아니라 오직 결과의 측면에서만 정립될 수 있다"고 말한다. (Ba, 92~97쪽)

몬탁은 스피노자의 '물고기 이야기'가 "인간 세계와 초월적 권리의 결합을 억제할 수 없을 독자를 자극하기 위해 계획"된 것으로 추측한다. 상어들이 정어리들을 잡아먹는 것을 두고 불의하거나 위법하다고 비난하는 것은 "터무니없는 짓"이다. 하지만 몬탁은 정치체의 경우에는 "법에 따라 혹은 이론상으로 절대적인 권리를 소유할 수 있"다 해도 "현행적으로 절대권력을 행사하지 못한다"고 말한다. 그에 따르면 "절대권력이란 사법적 허구에 불과"하다. 그리고 "정치 공동체의 권리는 다중이 지닌 공동의 힘에 의해 정의

되므로"(TP:3:9) "누가 국가라는 바다에서 큰 물고기이고 누가 작은 물고기인지가 더 이상 명확하지 않게 된다"고 지적한다.[8] 자연에서와 달리 정치사회에서 큰 물고기와 작은 물고기는 힘 관계의 역동적인 변화에 따라 '결과적으로' 결정된다는 것이다.

네그리에 따르면 큰 물고기가 작은 물고기를 잡아먹는 상황은 "인간 공동체의 구성 속에서 극복된다." 네그리는 "정의는 오직 '정의를 행하는 것'으로서만 존재할 수 있다"고 말한다. 만일 정의를 행할 수 있는 가능성이 없는 상태, 곧 "물질적 불충분함의 상태가 존재한다면, 큰 물고기가 작은 것을 잡아먹든지 아니면 인간 공동체가 구성되든지 이 둘 중의 하나"가 될 것이다. 따라서 핵심은 "그런 공동체를 만들 수 있을까?"이다.

물론 네그리의 공동체는 강자가 약자를 잡아먹는 현재의 정치사회가 아니다. 네그리에 따르면 법률이란 문명화의 정도, 즉 "인류 전체의 협동과 조직화된 다중을 통해서 구축해놓은 모든 창조적 능력들의 성장 정도에 대한 전적인 신비화이다." 네그리는 스피노자의 신정정치 분석과 관련해 "법이 계명과 결사의 종합에 있어서 일정한 역할을 한다 할지라도 그것은 선험적·구성적 역할이 아니라 오히려 허구이자 환상으로서의 상상이 지니는 양면적 가치를 표현한다"고 말한다.[9]

'권리 즉 역량'이라는 스피노자의 정식이 우리에게 전해주는

---

8   워런 몬탁, 『신체, 대중들, 역량』, 정재화 옮김, 그린비, 2019, 123~125쪽.
9   안토니오 네그리, 『전복적 스피노자』(이하 Ne), 그린비, 2019, 226~228쪽.

권리에 대한 적합한 관념이란 어떤 것인가? 우선 권리는 법적 권리인 시민권 안에 제한되거나 가두어지지 않는다. 권리란 주어진 조건 하에서 개인 또는 개체가 실제로 할 수 있는 모든 것으로서, 자연권과 같은 의미로 이해되어야 한다. 둘째, 권리는 '권리를 행사하는 것'으로만 존재한다. 따라서 권리와 역량의 등가성은 결과적 측면에서만 정립될 수 있다. 역량이 원인이라면 권리는 그 원인으로부터 따라 나오는 결과로서의 자연권이라 할 수 있다. 셋째, 정치사회에서 역량 관계를 벗어난 권리나 규범은 있을 수 없다. 초월적 권리는 거부되며, 주권이나 시민권은 모두 사회 구성원 사이의 상대적 역량 관계에 의해 그 범위가 규정된다. 정치사회에 고정된 큰 물고기는 없다. 마지막으로, 우리는 자연상태의 약육강식을 완화 또는 극복할 수 있는 인간 공동체의 구성을 욕망할 수 있다. 발리바르에 따르면 진정한 '권리의 평등'은 집단적 실천에 의해 구성되는 또 하나의 '권리 즉 역량'이다.

다중의 역량과 민주주의

자연의 역량은 개인의 차원에서는 자연권으로, 집단의 차원에서는 '다중multitudo의 힘'으로 나타난다. 네그리는 "힘의 본질을 드러내주고 자연적 사회와 정치적 사회 사이의 관계를 규정해주는 것은 바로 집단적 행동"(Ne, 78쪽)이라고 말한다. 발리바르는 스피노자가 『정치론』에서 "자연권을 명시적으로 대중의 역량으로서, 따라서 힘들의 상호작용이라는 의미에서 숫자의 권리로 사고한다"(Ba, 170쪽)

고 말한다. '큰 물고기와 작은 물고기'의 논의도 사실상 주권과 다중 사이의 힘 관계로 귀결된다.

홉스를 비롯한 사회계약론자들은 국가의 절대주권을 불변하는 큰 물고기로 규정하고, 자연권을 양도한 개인에게 복종을 요구하며 권력을 정당화하려 했다. 반면 스피노자는 자연권의 절대적 양도라는 '원초적 계약' 같은 것은 있을 수 없으며, 국가의 주권을 규정하는 것은 다중의 힘이라고 논증한다. 누가 큰 물고기가 될지는 선험적으로 정해져 있는 것이 아니라 항상 힘 관계의 변화에 열려 있고, 오히려 최종적인 결정권자는 다중이다.

그렇다면 다중이란 누구인가? 국민이나 시민 전체인가 아니면 피지배 계급이나 계층인가? 또는 '한 뜻으로' 광장에 모인 대중들인가? 정권을 지지하는 다중과 반대하는 다중은 구분되는가? 절대주권을 정당화하려는 홉스는 다중을 법제도의 틀 안에서 구성된 인민과 대립하는 존재로, 적법한 정치적 지위를 갖지 못한 채 불법적인 소요와 폭력으로 정치적 질서를 위협하는 군중 내지는 무리로 파악한다. 이에 따라 홉스는 다중을 서로 독립해 있는 다수의 개인들로 해체하려고 했다.[10]

반면 스피노자는 한편으로는 주권자에게 공포를 느끼는 다중을 경멸하면서도 다른 한편으로는 주권자를 두려움에 떨게 하는 다중을 긍정했다. 스피노자에게 다중은 "군주파의 전복세력으로부터 그 대중적 토대를 박탈하기 위해서는 와해시켜야 할 세력이

---

10   진태원, 「용어해설」, 에티엔 발리바르, 앞의 책, 296쪽.

면서 동시에 공화국의 민주주의적 기초를 확장하기 위해서는 구성되어야 할 세력"[11]이었다. 예속적 다중의 해체와 해방적 다중의 구성은 어떻게 가능한 것일까?

스피노자의 시대와 달리 오늘날의 다중은 우선 "주권자로서 시민들 전체"(Ne, 185쪽, 224쪽)를 의미하며 "지배자들과 피지배자들, 주권자와 시민들은 동등하게 다중의 일부를 형성"(Ba, 107쪽)한다. 하지만 다중을 '전체 시민'으로 규정한다고 해서 다중이 개인들로 해체될 수 있는 집단이나 개인들이 모여서 형성한 집단과 등치되지는 않는다. 또한 네그리가 현대의 대중사회에서 "개인들은 법의 관점에서는 평등하지만 권력의 관점에서는 불평등하다"(Ne, 31~32쪽)고 지적하는 것처럼, 스피노자 시대의 문제의식은 아직도 '현재진행형'이다.

네그리는 다중에 대해 '파악될 수 없고, 애매모호하며 결정될 수 없는' 개념이라고 되풀이하면서 여러 방법으로 개념 규정을 시도한다. 네그리에 따르면 다중은 "법적인 주체, 사회적인 것의 필연적 전가, 정치적 구성과 단일성을 위한 가정", "정념들과 상황들의 지속적이고 모순적인 얽힘", "제도들을 구성하는 이성과 의지의 축적", "절대성과 자유, 시민권과 자연권, 이성과 존재의 구성적 운동의 모순적인 물질성 사이에 위치", "집단적 힘의 존재론적 기획으로서 주체들의 상호 얽임", "절대적이기 위해서 자신을 구성하고 있는 특이성들을 통해 스스로를 재구성하는 것이 필요한 집단"

---

11   앞의 책, 159쪽.

이다. (Ne, 84쪽, 94쪽, 99쪽, 103쪽) 발리바르 역시 다중은 "개인적 정념들의 불안정한 집합체", "인민이라는 추상이 아니라 운동하고 있는 대중과 군중들이라는 역사적·정치적 실재"라고 덧붙이고 있다. (Ba, 130쪽, 172쪽)

"정념들과 상황들의 지속적이고 모순적인 얽힘"이나 "개인적 정념들의 불안정한 집합체"와 같은 표현은 다중이 개인들로 해체될 수 있는 집단이나 개인들이 모여서 형성한 집단과 동일시될 수 없음을 보여준다. 발리바르에 따르면 부분적인 정서들의 연쇄는 '자아와 타인 사이의 관계'라는 양상을 띠지 않으며, 진정한 대상 또는 진정한 주체가 되는 것은 각각의 개인을 관통하는 정서적 변용의 연관망이다. (Ba, 192~193쪽)

네그리도 개인적 욕망들의 발전과 다중의 구성 사이의 관계야말로 정치의 대상이자 정치의 주체(Ne, 41쪽)라고 말한다. "국가 또는 최고권력의 권리를 결정하는 것은 각 사람의 힘이 아니라 마치 하나의 정신에 의한 것처럼 인도되는 다중의 힘이다."(TP:3:2) 그렇다. 개인의 힘이 아니라 '정서와 욕망의 네트워크'로서 다중의 힘이야말로 정치의 주체이자 대상이다. 다중이라는 네트워크는 불안정하게 얽히고 엮여 있어 매 순간의 이슈와 상황에 따라 지속적으로 변화한다. 나의 개체적 역량이자 욕망인 코나투스는 다중의 네트워크 속에서 '마음의 동요'[12]를 겪으며 '정서모방'[13]을 통해 끊임

---

12   "만일 우리가 우리를 보통 슬픔의 감정으로 자극하여 변화시키는 사물을 똑같은 정도의 기쁨의 감정으로 우리를 보통 자극하여 변화시키는 다른 사물과 다소 유사한 것으로 표상하면, 우리는 그 사물을 증오하며 동시에 사랑할 것이다."(E:3:17)

없이 분화한다.

　그런데 언제나 이미 다중의 네트워크 속에 위치하고 있는 내가 알게 모르게 다중을 대상화하게 되는 이유는 무엇일까? 그것은 내가 '개인적으로 다중으로부터 온전히 독립하여 존재할 수 있을 것'이라는 가상 또는 환상에 무의식적으로 사로잡혀 있기 때문이 아닐까? 이러한 가상은 알게 모르게 대중에 대한 우월의식으로 나타난다. 스피노자는 다중에 대한 편견과 우월의식을 지닌 귀족들을 향해 "모든 사람의 본성은 똑같다"고 일갈한다. 귀족은 평민에 대해, 어떤 절제도 없어서 통치자를 무서워하지 않으면 오히려 통치자를 두렵게 한다거나, 비굴하게 복종하지 않으면 오만하게 지배한다거나, 진리나 판단력이 없다고 폄훼한다. 하지만 평민만이 아니라 '모든' 사람은, 따라서 당연히 귀족도 지배할 때 교만해지고 누군가를 무서워하지 않으면 오히려 그를 두렵게 한다. "평민도 자기 자신을 절제할 수 있고 너무 적게 알려진 일에 대해서는 판단을 유보할 수 있다면, 또는 미리 알고 있는 적은 것들을 가지고 사안을 올바르게 판단할 수 있다면 다스림을 받기보다 다스리기에 더 적합할 것이다."(TP:7:27) 절제와 판단 능력이 부족한 귀족이라면 다스리기보다 다스림을 받아야 마땅하다.

　다중의 역량은 어떤 점에서 개인의 역량보다 우월해질 수 있을까? 스피노자에 따르면 민주주의 국가에서는 "한 모임의 다수

13　"우리와 유사한 것으로서, 그것에 대하여 우리가 아무런 감정도 갖고 있지 않은 것이 어떤 감정으로 자극받아 변화되는 것을 우리가 표상한다면 우리는 그것으로 인하여 유사한 감정으로 자극받아 변화된다."(E:3:27)

가, 그게 상당한 규모가 된다면, 어리석은 행위에 대해 똑같이 동의하는 일이 실질적으로 불가능"(TTP, 16장, 261쪽)하다. 다중은 필연적으로 재능이 부족한 사람들로 가득하지만 "그래도 각 사람이 자신이 오랫동안 큰 열정을 가지고 실행해온 업무에서만큼은 충분히 현명하고 영리"(TP:7:4)한 것이 확실하다. 또한 사람들은 "사안의 조사와 의견의 청취, 타인과의 논쟁을 통해 예리해지며, 또한 온갖 수단을 시험해봄으로써 마침내 원하는 것, 즉 모든 사람이 인정하고 그에 관해 이전에 어느 누구도 생각하지 못했던 것을 발견한다."(TP:9:14)

마트롱은 "개별적으로는 비이성적인 인간들도 집단적으로는 이성에 복종하겠다고 결단을 내린다"고 말한다. "함께 모여서 토의한다는 사실 그 자체"가 그들을 이성적이 되도록 강제한다. 이 과정에서 사람들을 이성에 복종하도록 추동하는 것은 이성적인 욕망의 힘이 아니라, 오히려 정념적인 명예의 야망이거나 야망의 부정적 이면인 수치에 대한 공포이다. (Ma, 441~442쪽) 상당한 규모의 다수가 서로 논쟁하고 토론하면 개인보다 더 이성적이 될 수 있다. 게다가 오늘날 다중은 정보기술의 발전을 토대로 이전 시대에는 상상도 할 수 없었던 여러 가지 새로운 실험을 진행 중이다.

다중의 역량은 정치사회의 '민주주의적 경향'을 촉진한다. 다중의 역량은 "화합의 역량일 뿐 아니라 불화의 역량"(Ba, 105쪽)이기도 하다. 스피노자에 따르면 "정치공동체는 언제나 외부의 적들보다 자신의 시민들 때문에 더 많이 위험에 처하게 된다."(TP:6:6) 따라서 통치자나 정부는 다중의 욕망, 곧 민심을 수렴하고 반영하기 위한 제도적 노력을 기울이며, 자신에 대한 다중의 불화 또는 적대를 초래하지 않도록, 특히 다중들 중 가장 큰 부분의 분노를 사는 일이 일어나지 않도록 주의한다. 이처럼 다중이 주권자에게 불러일으키는 공포는 다중의 참정권이 제한되어 있는 군주정과 귀족정 체제에서도 민주주의적 경향을 촉진한다. 발리바르는 스피노자의 『정치론』이 대중의 역량과 통치자들의 역량 사이의 균형점 또는 대중과 통치자들이 서로에 대한 공포를 제어할 수 있게 해주는 정치적 평형을 발견하려는 탐구라고 평가한다. (Ba, 177쪽)

그렇다면 다중의 참정권이 보장된 오늘날의 민주정에서는 다중의 불화 역량이 어떻게 드러날까? '촛불대중'의 대통령 탄핵이 다중과 통치자 사이의 불화를 보여준다면, 검찰 개혁을 둘러싼 촛불대중과 '태극기대중' 사이의 불화는 통치권을 매개로 한 다중 내부의 불화를 보여준다. 이런 다중 내부의 불화는 발리바르가 제기하는 '민주주의의 아포리아'를 생각나게 한다. 민주정이 시민 전체의 집합적 주권이라면 다중은 통치자인 동시에 피지배자이다. 이제 통치자인 다중 자신이 피지배자인 다중 자신에게서 느끼는 공포 또는 여당과 동일시한 다중과 야당과 동일시한 다중이 서로에게 느끼는 공포는 어떻게 조절 또는 제어될 수 있는가? 발리바르는 이러한 이중적 공포로 인해 온전한 민주주의를 구성하는 것은 불가능하다고 말하며, 스피노자가 민주정의 논의를 완성하지 못한 것도 민주주의 개념 자체의 아포리아 때문이라고 추론한다.

네그리 역시 민주주의의 아포리아에 대해 말하는데, 민주주의를 주체적인 관점에서 적극적으로 해석하는 그의 관점은 매력

적이다. 자연권의 양도 없이 '완전히 절대적인 국가'(TP:11:1), 전적
으로 절대적인 통치를 형성하는 것이 가능한가? 네그리에 따르면
"민주주의란 다중에 기반을 둔 통치이며, 이런 다중을 구성하고
있는 개인들의 자유 및 그에 따른 각자의 자유에 대한 상호존중을
토대로 하는 통치"이다. 이러한 통치에서 중요한 것은 특정한 형
태의 법률이 아니라 사회적 주체의 발전과정에서 형성되는 "자기
규범성"이다. (Ne, 94쪽, 216쪽) 네그리는 스피노자의 '도의심'으로 이
를 설명한다. 도의심이란 "이성의 지도에 따라 생활함으로 인해
생기는 선행을 하려는 욕망"(E:4:37:주석1)이다. 네그리는 도의심을
'보편성에 대한 사랑', 어떤 주체도 보편성으로부터 배제하지 않으
려는 욕망으로 해석한다. 도의심은 자신뿐만 아니라 다른 사람과
조화를 이루도록 하는 관대한 행동 속에서 펼쳐지는 "다중의 영
혼"이다. (Ne, 98쪽, 103쪽)

　　스피노자에 따르면 "인간에게는 인간만큼 유익한 것이 없다.
인간이 자신의 존재를 보존하기 위해서는 모든 사람이 모든 점에
서 일치하여 다함께 공통된 이익을 추구하는 것보다 더 가치 있는
것은 바랄 수 없다."(E:4:18주석) 네그리는 스피노자의 이 말을 믿어
의심치 않는다. 네그리 또한 "인간에 대한 인간의 유용성과 인간
공동체 내에서 덕의 존재론적 증가에 대한 신념"을 바탕으로 민주
주의를 "정치적 사회화의 가장 완전한 형태"로, "이성의 명령 아래
에 있는 자유로운 집단적 삶"으로, "자유로운 인간들의 공동체를
건설하는 운동"으로 이끌어간다. 네그리에게 민주주의는 주체들
의 구성적 운동에 열려 있는 미완성의 과정이며, "자신을 구성하는

힘이 증가함에 따라 더욱 더 복잡해지는 열려 있는 현실"이다. (Ne, 53쪽, 71쪽, 96쪽, 99쪽, 189쪽, 190쪽)

권리는 오직 역량에 의해서만 결정되기 때문에, 군주국가라 하더라도 군주 혼자의 힘으로는 국가를 운영할 수 없다. 따라서 군주는 국가의 운영을 맡길 사람들을 구해야 한다. 이런 의미에서 본다면 군주국가는 "실제로는 귀족국가"(TP:6:5)이다. 오늘날의 민주국가는 또 다른 의미에서 '실제로는 군주국가'라 할 수 있지 않을까? 스피노자 시대의 사회계약론이 '권리의 양도'라는 이름으로 절대권력을 정당화했다면, 오늘날의 법치주의는 자유의 이름으로 차별과 불평등을 정당화한다. 정치사회에서의 차별과 불평등도 스피노자적 의미에서 '완전한' 현실이 되는 것일까? 아마 차별과 불평등의 원인이 정치사회의 바깥에 있지 않다는 의미에서는 완전하겠지만, 그 완전이 정치사회에 내재적인 힘 관계의 변화까지도 배제하지는 않을 것이다.

힘 관계의 변화는 어떻게 일어나는가? 발리바르는 한 대담에서 "투쟁만이, 즉 사회적 관계의 갈등적 성격만이 경제적인 것이든, 시민적인 것이든 제도들의 변형을 가져오며, 따라서 역사적 변화의 동력을 나타낸다"는 네그리의 생각에 전적으로 동의한다고 말한다.[14] 투쟁, 갈등, 불화만이 힘 관계와 제도의 변화를 가져오며, 민주국가 안에서 민주주의적 경향을 촉진한다. 개인은 자신의 욕망에 따라 다중의 역량 속으로 분화되며 이러한 과정에 참여하게

---

14   『자본의 코뮤니즘, 우리의 코뮤니즘』, 연구공간L 엮음, 난장, 2012, 98쪽.

될 것이다.

인간의 오감을 통해 쏟아져 들어오는 정보량은 일 초에 약 사천억 비트지만 우리가 의식을 통해 처리하는 정보는 겨우 이천 비트라고 한다. 우리는 자신에게 일어나는 무수한 사건들 중 자신이 필요로 하고 욕망하는 것들에만 반응하고 변용되는 것이다. 이러한 개인적 욕망은 다중의 역량 속에서 생겨나서 다시 다중의 역량이 된다. 네그리에 따르면 주체들은 결코 개인이 아니라 언제나 "저항의 앙상블"이며, 주체의 구성을 결정하는 것은 "개체성의 마주침이 낳는 초과"이다.[15] 이 '초과'는 독립적 개인에게 귀속되지 않는 '공통개념'과 같은 것이 아닐까?

사회 현실에 대한 관심

우리가 일상에서 "그 사람 능력 있다"는 말을 사용할 때, 우리는 누군가가 독립적으로 소유한 능력을 그의 의지와 필요에 따라 홀로 사용할 수 있는 것처럼 생각한다. 하지만 스피노자가 말하는 능력이란 자연 전체의 분리 불가능한 힘, 상호작용하는 '모두의 힘'을 전제로 자연의 필연성에 따라 작용하는 것이다. 따라서 개인적으로 소유하고 있다고 생각하는 그 능력은 전체적인 능력의 동시적인 작용이 없이는 발휘될 수 없다. 이런 의미에서만 우리의 능력은 '신 즉 자연'의 능력의 일부분으로 존재한다.

---

15   앞의 책, 119쪽.

일 년 내내 '코로나 일구'에 치이다보니 처음엔 의심스럽고 불편했던 것들도 조금씩 익숙해져간다. 요즘은 강변을 산책할 때에도 맞은편에서 한두 사람만 와도 마스크를 쓰게 되고, 마스크를 한 채로 걷는 시간도 점점 길어진다. 이렇게 일 년 만에도 '코로나 일구'에 잘 적응하는데, 평생을 그 속에서 살아온 자본주의에는 오죽하랴. 자본주의적 일상을 사는 동안 우리는 자연스럽게 자본주의적 가치를 내면화한다. 무의식적으로 주고받는 말 한마디에도 자본주의적 규정성은 짙게 배어 있다. '힘, 능력, 역량'이란 말도 그렇다.

자본의 '능력'이란 '돈을 버는' 능력이며, 이윤을 창출하지 못하는 자본은 자본이 아니다. 우리는 이 자본의 논리를 그대로 사람에게도 적용한다. 그래서 능력의 기준은 '화폐와 소유'가 되고, 돈벌이를 못하는 사람은 무능력자가 된다. 반면 스피노자의 '능력'은 돈을 버는 소질이 아니라 살아가는 소질, 곧 생명력이다. 따라서 역량이 커질수록 돈을 많이 벌게 되는 것이 아니라, 기쁘고 행복한 삶을 누리게 된다. 하지만 우리는 스피노자의 '좋은 가르침'을 듣고도, 능력하면 은연중에 아파트 평수와 고액 연봉을 떠올리며 그 미로 속에 다시 갇힌다. 예속적 주체란 이런 것일 게다.

자본주의 사회에서 남에게 신세지지 않고 살아가려면 최소한의 돈은 있어야 하고, 만일의 사태에 대비하려면 얼마간의 저축도 해야 한다. 그 과정에서 욕심도 내고 경쟁도 하고 시기도 하는 것 또한 인간의 본성이다. 그렇지만 너나 할 것 없이 아파트와 연봉을 능력과 신분의 척도로 받아들이며 '올인' 경쟁에 나서는 사회라면, 그것은 '신중하지 못한 법제도와 정책'에서 비롯됐다는 것 또한 확실하다. 하지만 법제도와 정책은 저절로 변형되지 않는다. 모든 일에서 능력을 공정의 잣대로 들이대는 기득권은 좀처럼 스스로 양보하지 않는다.

이 사회는 돈이 능력이 되고 능력이 돈이 된다는 사실은 슬쩍 숨긴 채, '타고난 몸을 밑천으로 삼아 스스로를 경영하는 기업가가 되라'고 인도한다. 법제도적 변형의 길을 여는 것은 언제나 차별과 불평등을 둘러싼 '갈등과 투쟁'이다. '금수저라면 교만하지 말고, 흙수저라도 좌절하지 말라'는 자기구원의 상식은 당연히 유효하지만, 불평등한 조건을 바꾸는 법제도적 뒷받침이 없다면 '정신승리'의 벽에 부딪히기 마련이다. '권리의 평등'은 그 자체로 또 하나의 권리 또는 역량을 구성하는 실천이다. '능력, 역량'이라는 말 한마디를 어떻게 받아들이고 이해하느냐에 따라서도 예속과 해방의 길이 갈린다.

사회적 약자의 새로운 권리에 대한 법적 요구는 어떤 의미가 있는가? 새로운 권리에 대한 제도화 요구는 당사자가 공동체 내에서 위험을 감수하지 않고서도 자신의 자연권을 행사할 수 있도록 해달라는 외침이다. 이 외침에는 공동체로부터 자신의 삶을 인정받고자 하는 욕망과 시민으로서 공동의 규칙을 위반하지 않으려는 명예욕이 함께 담겨 있다. 정치사회에서도 여전히 무제한적 자유에 대한 욕망으로서의 자연권과 이에 대한 규율로서의 시민권은 긴장관계에 놓인다. 자연권에 대한 규율 욕망은 생명과 재산의 안전에 대한 두려움으로부터 나온다.

정치사회에서 자연권과 시민권을 조율하는 '제도화' 메커니즘은 시민 사이의 불화를 일정 수준에서 조절하는 매개적 기능을 한다. 물론 그 유효기간은 힘 관계에 새로운 변화가 일어날 때까지다. 역량을 '사적 소유화' 하는 사회에서 새로운 권리의 법적 생성은 대부분의 경우 기존의 이해관계를 변형시키기 때문에 시민이나 그들을 대표하는 정치세력 사이에 대립을 초래한다. 정치제도가 욕망들 사이의 경쟁을 조절하는 것이라면 '권리의 평등'이 성립하기 위해서는 당연히 욕망이 비례적으로 대표되어야 한다.

그런 점에서 한국 정치제도의 '욕망의 대표성'은 매우 불평등하다. 개인적으로는 지난 국회의 선거제도 개편 과정과 선거 결과를 경험하면서 아쉬움이 많이 남았다. 선거 후 시간이 좀 지나면서, '정의당'이 비례투표에서 자신을 지지한 삼백만 가까운 시민들과 함께 '직접' 선거제도 개편 운동을 조직하면 어떨까 하는 생각이 강하게 들었다. 사정이야 많았겠지만 드물고 아까운 기회를 놓쳤다는 느낌이다. 다만 욕망들 사이의 경쟁이 공정해지려면 선거 제도 개편에 대한 시민들의 관심이 더없이 중요하다는 것을 깊이 깨달았다. 십억 원을 훌쩍 넘는 전세 아파트에 대한 욕망과 호텔을 개조한 원룸에 대한 욕망 사이의 경쟁은 공정하게 이루어져야 한다.

정치적 제도의 변형 또는 새로운 제도화의 출발점은 자신을 슬프게 하거나 '참을 수 없게 하는' 사회적 현실에 대한 관심일 것이다. 이천오 년쯤일까 아직 학교의 무상급식이 정치적 이슈가 되지 않았던 때였는데, 당시에는 버스나 택시의 라디오 방송에서 결식아동에 대한 사연이나 캠페인을 종종 들을 수 있었다. 어느 순간 초등학교 아이들이 끼니를 굶는다는 현실에도 우리 사회가 이토록 무심할 수 있다는 것이 심한 부끄러움과 자괴감으로 몰려왔다. 정부에 민원을 넣어 전국의 결식아동 숫자를 매일 공개토록 하는 '결식아동 제로' 운동을 해보자고 주변 사람들에게 호소하거나 때로는 닦달했던 기억이 난다. 시간이 흘러 어느 해 교육감 선거에선가 무상급식이 공약으로 등장했다. 내가 한 일은 아니지만 뿌듯했다.

퇴직 후 사회에서 만난 젊은이들 서넛과 독서모임을 하면서 『엔데의 유언』이라는 책을 읽었다. 『모모』의 작가인 미하엘 엔데는 '죽지 않는 돈'에 대해 참을 수 없어 했다. 세상 만물이 모두 태어나서 죽는데 돈만은 죽지 않는다는 것이다. 그는 현대사회가 '돈'이라는 질병에 걸렸다고 지적하며 '노화하는 돈'에 대한 지성들의 탐구를 소개했다. 취득 후 일정기간 내에 사용하지 않으면 만 원짜리 돈이 구천 원이 되는 식이다. '코로나 일구' 재난 기본소득은 삼 개월 내에 사용하지 않으면 가치가 제로가 되는 돈이었다. 오늘날의 지역화폐는 이와 유사한 실험이다. 마을의 지도자가 이웃 주민들을 초대해 자신의 소유물을 한가득 쌓아놓고 아낌없이 나누어준다는 원시 부족의 포틀래치potlatch 풍습은 돈의 장례식에 모인 사람들의 축제인 듯하다.

철학과 정치는 어떻게 나누어지고 어떻게 만나는 것일까? 어쩌면 나는 지금까지 철학의 관점으로 정치를 우격다짐해왔는지도 모른다. 철학이 자기 구원의 영역이라면 정치는 집단 해방의 영역이다. 따라서 철학과 정치가 만나려면 개인의 구원과 집단의 해방이 연결되어야 한다. 몬탁의 표현대로 집합적 해방 없이는 개체의 해방은 있을 수 없다. 철학이 정치적 논의의 목적과 이유를 분명히 밝히려는 것이라면, 정치는 사람들이 함께 살아가기 위한 구체적 방법을 합의하려는 것이다. 이러한 구분을 건너뛰면 철학과 정치는 서로에게 '우격다짐'이 될 뿐이다. 카카오톡 단톡방으로 영화 인터뷰 글이 하나 들어왔다. 〈사당동 더하기 33〉의 연출자이자 사회학 교수이기도 했던 조은 감독이 천구백팔십육 년부터 삼십삼 년에 걸쳐 한 가족의 가난한 삶을 찍은 다큐멘터리라고 한다. 감독이 스스로에게 던지는 질문이 기억에 남는다.

"가난을 경험하지 않은 연구자나 영화감독이 가난을 찍는다는 건 무슨 의미일까?"

386세대 비판론과
운칠기삼運七技三의 미학

청년 세대의 글을 읽다

우리 사회의 불공정과 불평등에 대한 문제의식이 높아지면서 소위
'386세대'가 그 원인 제공자로서 자주 거론된다. 특히 독립적 생활
주체로서 사회에 첫 발을 내딛어야 하는 청년 세대는 2019년의 '조
국 사태'를 계기로 386세대 비판에 한 마음으로 동참하는 듯하다.
60년대 초반에 태어나 80년대에 대학을 다녔으며, 당시의 학생운
동이나 민주화 운동의 분위기 속에서 살아왔던 나로서는 이 비판
으로부터 자유로울 수 없다. 그래서일까, 386세대를 어떻게 정의
하느냐에 따라 그 외연이 달라지기도 하고, 또 같은 집단에 속한다
해도 각자의 사회적 경험이 동일할 리 없음에도, 386세대란 말은
적잖이 나의 정서를 건드린다.

　다 같이 잘 사는 사회, 민주주의와 민족통일 이라는 대의에 동
참하거나 그것을 지지하고 살아온 지난날들이 도대체 왜 지금 문

제가 되는 것일까? 무슨 일이 일어났던 것일까? 나는 30년대생 부모님에게서 태어나 90년대생 자녀들을 두고 있다. 자식을 키워보면 부모의 마음을 이해하게 된다고 한다. 자식 세대로부터 비판을 받아보니 내 젊은 시절이 절로 생각난다. 부모 세대의 전쟁 이야기, 보릿고개 타령, 맹목적 반공 신념에 얼마나 지루해했던가. 선거철이 되면 또 얼마나 목소리를 높여 논쟁을 했던가. 그런 면에서 보면 청년 세대의 기성세대 비판이란 서로 다른 삶의 경험에서 나오는 지극히 자연스런 현상이기도 하다.

장강의 뒷 물결이 앞 물결을 밀어내듯, 시간의 흐르면 기성세대는 퇴장하고 후배 세대가 그 자리를 대신하는 것은 자명한 이치다. 이미 60년대 초반생들의 정년퇴직이 시작됐으니 3~5년이면 386세대는 적어도 회사로 대표되는 경제적 사회에서는 주류로서의 힘을 상실하게 될 것이다. 정년이 없다는 정치권 주변에서는 어떤 흐름이 나타날지 불확실하지만 말이다. 예정된 퇴장에도 불구하고 비판이 집중되는 데는 또 그만한 이유가 있을 것이다. 거센 역풍이나 협곡을 만나면 강의 흐름이 더뎌지듯, 사회에서도 예기치 못한 사건이나 구조적 장애에 부딪치면 세대교체의 흐름은 둔화되기 마련이다.

사람은 누구나 자기중심적 성향을 지니기 때문에 자신을 있는 그대로, 객관적으로 바라보기란 어려운 일이다. 자신이 속한 세대의 경우에도 마찬가지다. 그런 점에서 386세대에 대한 청년 세대의 평가는 내가 속한 세대를 조금이라도 더 객관적으로 조망하고 스스로를 성찰하는 데 도움이 될 수 있을 것이다. 하지만 퇴직자인 나로서는 회사를 다닐 때처럼 청년들을 상시적·집단적으로 만날 기회가 없어 아쉽다. 때마침 최근 청년들이 자신의 목소리를 담아 출판한 책들이 있어, 몇 권을 찾아 읽었다. 술자리의 대화처럼 다 이내믹하진 않지만, 저자의 오랜 사유 과정을 담고 있는 책의 특성상 386세대에 대한 청년세대의 생각을 더 찬찬히 오랫동안 되짚어 볼 기회를 갖게 되었다.

이제 그들의 책을 읽고 느낀 점들을 최대한 성찰적으로 써보려 한다. '성찰적'이라 함은 우선 유체이탈적 화법을 경계함으로써, 우리 사회의 현재 모습에 대한 책임으로부터 벗어나지 않겠다는 다짐이다. 또한 나 자신으로부터 일정한 거리를 유지함으로써, 내 관점에서 볼 수 없었던 것, 보지 못했던 것을 청년 세대의 눈을 통해 보고 배우겠다는 다짐이다. 그렇게 함으로써 내가 속한 세대의 모습이나 청년 세대의 모습, 그리고 우리 사회의 모습을 조금 더 전체적으로 이해해보려 한다. 글을 쓰는 과정에서, 우리 사회의 책임적 주체로서 현 시점에서 나 스스로 '하지 않을 수 없는', 회피할 수 없는 최소한의 삶의 원칙이 무엇일 수 있는지, 단 하나라도 깨우칠 수 있기를 기대해본다.

청년의 눈에 비친 386세대

386에서 시작해 486, 586에까지 이른 '386세대'란 어떤 사람들인가? 엄밀한 논쟁을 위한 것이 아니라면, 386세대를 '60년대에 태어나 80년대에 대학을 다니며 학생운동을 지지했고 30대의 젊은 나

이부터 정치·경제·사회의 주요 세력으로 등장해, 현재 우리 사회의 기득권이자 주류가 된 사람들' 정도로 정의해도 무리가 없을 것 같다. 여기서 정치적 성향을 강조하면 그 범위가 정치 엘리트 중심의 네트워크로 좁아지고, 사회경제적 기득권을 강조하면 그 범위가 넓어진다. '386운동권'과 '86기득권층'이라 부를 수 있는 이 두 집단 사이에는 동질성 못지않게 이질성도 존재한다. 그 결과, 386세대 비판에는 집권 정치세력의 이념 또는 도덕성에 대한 비판과 10~20% 기득권층의 욕망 또는 탐욕에 대한 비판이 뒤섞이는 문제점들이 곳곳에 엿보인다. 하지만 그런 난점들이 성찰적 읽기를 거부하는 핑계가 될 수는 없을 것이다.

그렇다면 386운동권 또는 86기득권층으로서 386세대의 모습은 청년들의 눈에 어떻게 비춰질까? 386에 대한 그들의 정서와 인식에는 '꼰대'라는 말로는 충분히 설명할 수 없는 무게감이 느껴진다. 청년 세대가 바라보는 386세대는 '헬조선'의 탄생에 직간접으로 가담해 청년 세대에게 고통을 초래한 '미필적 고의의 가해자'이자, 이중사고와 이중생활이 몸에 밴, 말과 행동이 일치하지 않는 '이중인격자'이고, 국가와 민족을 위한 공적 책임자로 자임하며 스스로가 만든 빌런인 독재 세력이 퇴장할 때까지는 자신도 결코 물러서지 않으리라 다짐하는 '오만한 히어로'다.

'미필적 고의'란 자기의 어떤 행위로 인해 범죄 결과가 일어날 수 있음을 알면서도 그 행위를 행하는 심리상태를 말한다. 『386 세대유감』을 쓴 3인의 공동저자(78년생, 81년생, 87년생)에게 386은 미필적 고의에 의해 헬조선을 만든 자들이다. 그들은 "시대가 선사한 거듭된 운을 실력이라 믿으며 불운한 뒷 세대에게 '우리는 안 그랬다'며 '노오력'을 강조하는 사람들"(201쪽)이다. 돈-교육-부동산이 세트로 움직이는 사회를 특정 세대가 의도적으로 주도했다고 할 수는 없을 것이다. 저자들도 386이 고의로 세상을 이렇게 만들지는 않았을 것이라고 믿는다. 하지만 386 개개인들은 혹여 자신만 뒤처질까 싶어 한발 앞서 숟가락을 얹었고 스테인리스 숟가락을 은수저, 금수저로 만들어 자식들에게 대물림할 준비를 했다. 386세대는 큰 불의에는 맞서 싸우고 분노했지만 생활 속 작은 불의들에는 눈을 감았고, 자신의 작은 불이익에는 참지 못했다. 그러한 시간들이 쌓이고 쌓여 오늘의 헬조선을 만들었다. 저자들은 이제 "헬조선 탄생을 주동하거나 최소한 가담하고, 방관해온 386세대의 미필적 고의에 대해 '가해자성'을 물어야 할 시간"(226쪽)이라고 말한다.

『K를 생각한다』[2]의 저자인 94년생 임명묵에게 '조국 사태'는, 여전히 독재와 제국주의에 대한 저항의 뜨거운 심장으로 살아가는 386세대가, 실제로는 자산 증식과 계층 세습에 골몰하는 사람들이었음을 드라마보다 더 극적으로 보여준 사건이다. 그는 "상위 1% 기득권을 비난하면서도 그들을 동경하고 모방했던, 그러면서도 자신들의 계층 세습에는 어떻게든 도덕적 면죄부를 주려는 상위 10%, 20%의 감수성에 질겁했다"(271쪽)고 말한다. 386은 그들이 꾸었던 혁명의 꿈을 잊고, 번영하는 자본주의에서 자산 시장의 상

---

1 김정훈·심나리·김항기, 『386 세대유감』, 웅진지식하우스, 2019.

2 임명묵, 『K-를 생각한다』, 사이드웨이, 2021.

승을 즐기며, 자녀들에게 과거와는 비교할 수 없는 수월성 교육과 해외 유학을 제공하는 명실상부한 엘리트층이 되었다. 하지만 그들은 스스로 이미 새로운 주류가 되었음에도 여전히 비주류의식을 벗어나지 못하고 있다. 임명묵은 "그들이 자신들의 과거와 현재를 성찰하고 사고의 일관성을 지키기 위해 노력했다면 상류 중산층으로서 자신들이 만든 세습 사회에, 단순히 상위 1%만 비난한다는 그 이유로 자기 자신에게 손쉽게 면죄부를 줄 수는 없었을 것"(279쪽)이라고 일갈한다.

『추월의 시대』[3]의 공동저자인 80년대생 6인에게 386세대란 이미 자신의 미션을 성공적으로 수행했음에도 퇴장하지 않고 버티는 '폐쇄적인 이야기 속의 영원한 주인공'이다. 저자들은 "히어로의 위선을 지적하는 것만으로는 히어로를 퇴장시킬 수 없으니, 히어로가 이미 자신의 미션을 달성하는 데 성공했음을 깨닫게 해서"(165쪽) '집에 잘 보내드리자'고 말한다. 저자들이 보기에 민주화세대나 산업화세대의 우리 사회에 대한 이해는 극단적으로 편향적이며 단순하다. 이미 '선진국'에 진입한 우리 사회의 역량을 고려할 때, 386세대와 산업화세대가 상대방을 부인하며 서로의 공로를 인정하지 못한 채 벌이고 있는 현재의 '정치적 내전'은 한마디로 수준미달이다. '80을 위한 정치'와 '현명한 낙관론'을 표방하는 저자들은 "불평등을 완화하기 위해서는 세대간 투쟁보다 오히려 '무엇이 공정한가?'에 대해 상호 합의할 수 있는지가 중요"(180쪽)하다

---

3   김시우·백승호·양승훈·임경빈·하헌기·한윤형, 『추월의 시대』, 메디치, 2020.

고 말한다. 문제의 핵심은 386세대가 기득권이 됐다는 것이 아니라 그들이 그 기득권을 활용해 성채를 쌓으려고 시도하는 것이다.

불편한 진실 : 상위 10%

대체 386세대는 우리 사회에서 어느 정도의 기득권을 구축하였기에 젊은 세대로부터 '헬조선의 탄생을 주도한 이중적이고 오만한 히어로'라는 말까지 듣게 되었을까? 60년대에 태어나 80년대에 대학을 다닌 사람들을 붙잡고 '당신은 우리 사회에서 10%의 기득권입니다'라고 말한다면 그들은 어떤 반응을 보일까? 아마도 '설마? 내가? 그럴 리가?' 이런 식으로 반응할 가능성이 높다. 우선 우리 사회에서 386세대의 기득권 수준과 객관적 위치를 살펴보기 위해, 『세습중산층 사회』[4]의 저자인 '만11년차 회사원' 조귀동과 『불평등의 세대』[5]의 저자인 71년생 교수 이철승이 인용·분석한 자료를 참조해보자.

386세대의 최대 범위라 할 수 있는 '60년대생으로 대학을 다닌 사람'은 얼마나 될까? 인터넷 검색을 통해 계산해보면 대략 230~260만 명 정도로 추산할 수 있다. 2020년 기준, 60년대생이라 할 수 있는 50대의 인구는 865만 명(전체 인구 5,167만 명의 16.7%)이며, 4년제 대학의 재적 학생수는 1985년 93만 명, 1990년 104만 명으로 당시 매년 23~26만 명이 대학에 진학(진학률 26.5~30.0% 수준)했음

---

4   조귀동, 『세습 중산층 사회』, 생각의힘, 2020.
5   이철승, 『불평등의 세대』, 문학과지성사, 2019.

을 보여준다. 따라서 386세대는 230~260만 명으로 추산할 수 있으며, 20대~60대 인구의 6.2~7.0%에 해당한다. 참고로 2020년 전체 근로자수는 2,044 만명이고, 가구수는 전체 2,034만 가구, 그중 1인 가구(616만)를 제외하면 1,428만 가구이다. 상위 10%에 해당하는 근로자수는 204만 명이고, 가구수는 142만 가구(1인 가구 제외)이다. 잠시 386세대의 숫자와 상위 10% 계층의 숫자를 한번 비교해보고 지나가자.[6]

386세대는 정치와 경제 분야에서 어느 정도의 권력을 차지하고 있을까? 연령별 국회의원 입후보자수와 당선자수를 보면, 2016년 총선에서 50대는 524명이 입후보자를 내면서 48%의 점유율을 차지한 반면, 40대는 21%, 30대는 10% 미만이다. 당선자의 비율은 50대가 54%인 반면 40대는 17%, 30대는 1% 미만(2명)으로 차이가 더 벌어진다.(이철승, 70~73쪽) 또한 국내 100대 기업의 임원 분포(20년 연평균 4,600명 수준)를 보면, 2010년대 후반에 60~64년 출생 세대는 100대 기업 이사진의 37%를 차지하며, 65~69년 출생 세대는 35%를 기록하여 386세대의 점유율이 70%를 넘어서는 반면 70~74년 출생 세대는 9.4%에 머물고 있다.(이철승, 105~109쪽)

국회의원이나 100대 기업의 임원과 같이 피라미드의 맨 꼭대기에서 보여주는 386세대의 영향력은 피라미드의 상위 10% 수준까지 내려와도 큰 차이가 없을 것이다. 이 분석은 386세대의 정치

---

6 386세대는 230~260만 명이고, 부부가 모두 386이라면 386세대의 가구수는 115~130만가구이다. 따라서 '386세대는 상위 10% 계층'이라는 주장은 '상위 10% 계층은 모두 386'이라는 주장과 거의 동일하게 되는 문제점이 있다.

적 성향을 보여주지는 못하지만 기득권은 충분히 설명해준다. 어쨌든 20대 이상 인구의 20.1%를 차지하는 50대는 국회의원 입후보자의 48%, 당선자의 54%를 차지했고 100대 기업 이사진의 72%를 차지했다. 국회의원 당선자 300명중 대졸 이상의 학력은 294명, 98%였다. 100대 기업의 임원도 크게 다르지 않을 것이다.

386세대가 상위 10%에 속하는 기득권이라는 비판을 받는 것은 우선 우리 사회에서 그 집단이 나머지 90%에 해당하는 집단에 비해 소득이나 자산 면에서 큰 격차를 나타내기 때문이다. 그 차이는 얼마나 될까? 2016년 기준으로 소득 상위 10%의 소득 몫은 전체 가계 소득의 49.2%에 이른다. 상위 5%의 몫은 30.2%, 상위 1%의 몫은 14.4%이다. 이 비율은 1997년의 외환위기 직후인 1999년에 각각 32.8%, 18.7%, 8.5%였지만 2003년 36.3%, 21.4%, 9.3%를 거쳐 2006년 46.8%, 27.7%, 12.2%로 대폭 증가한 이후, 큰 변화 없이 2016년까지 유지되고 있다. (조귀동, 198~199쪽)

2003년~2006년 사이에 상위 10%의 분배 몫이 40~50% 수준으로 대폭 증가한 이유는 무엇일까? 그것은 1998년 2월, 외환위기 구제금융과 함께 도입된 정리해고제와 근로자 파견제가 그 기간 동안 노동현장의 갈등 속에서 실질적으로 시행·정착되었기 때문일 것이다. 정리해고와 근로자 파견이 노동현장에서 자리를 잡아감에 따라 기업과 노동자 사이의 분배 몫은 기업 쪽으로, 노동자 사이의 분배 몫은 상위 10% 쪽으로 급속히 이전된 후, 서서히 고착된다.

국회의원이나 100대 기업의 임원은 아니라도 상위 10%에 해당하는 386세대는 생각보다 많을 것 같다. 상위 10%의 소득과 자산은 실제로 얼마나 될까? 인터넷에 '상위 10%, 소득, 자산' 정도의 키워드로 검색해보면 그런대로 각자의 위치에 대해 어느 정도 접근할 수 있다. 2018년 기준 전체 근로자 1,544만 명 가운데 상위 10%의 연간 평균 소득은 9,931만 원이고 '커트라인'은 6,950만 원이다. 1억 원이면 3.2%, 8천만 원이면 6.8%, 6천만 원이면 14.3%에 해당한다. 5백만 원 이상의 월급을 받는 사람이 221만 명이라는 이야기다. 따라서 약간의 주먹구구를 동원하면 2021년 시점의 상위 10%의 평균 소득과 커트라인은 각각 1억 824만 원과 7,575만 원 정도로 추정할 수 있다.[7]

자산은 어떨까? 정부의 「2020년 가계금융복지조사」에 따르면 2020년 3월말 기준 상위 10% 가구의 순자산은 8억3,372만 원이다. 최근의 집값 상승을 감안한다면 10억 원은 훌쩍 넘길 것으로 예상된다.[8] 글을 쓰고 있는 순간 접한 뉴스에 따르면 2021년 10월 서울 아파트의 평균매매가격이 12억 1,639만 원, 중위가격이 10억 7,333만 원이라고 하니, 대출금을 감안해도 서울의 평균적인 아파

---

[7] 2018년 기준 금액을 현 시점으로 환산해보기 위해 2021년 기준 중위소득을 참조해보자. 2021년 1인 가구의 중위소득은 182만 원(2인 가구 308만 원, 3인 가구 398만 원, 4인 가구 487만 원)으로, 2018년의 1인 가구 167만 원(2인 가구 285만 원, 3인 가구 368만 원, 4인 가구 452만 원)에 비해 9.0% 증가했다. 이 증가율을 2018년 연평균 소득에 적용해보면, 상위 10%의 2021년 시점의 연평균 소득과 커트라인은 각각 1억 824만 원과 7,575만 원 정도로 추산해볼 수 있다.

[8] 2017년 5월~2021년 5월 서울의 아파트 가격 상승률이 93.8%라는 경실련의 발표를 참조하여 4년간 단순평균하면 연평균 상승률은 23.5%이다. 이를 2020년 상위 10% 가구의 순자산 8억 3,372만 원에 2년간 적용해보면 2021년 시점의 순자산은 12억 7,161만 원 정도로 추산해볼 수 있다.

트를 하나 가지고 있으면 얼추 순자산 상위 10% 언저리에 해당한다는 말이다. 이 통계는 연령과 가구원수를 감안하지 않은 것이라 젊은 1인 가구와 50대 3~4인 가구를 일률적으로 비교하는 데는 무리가 있어 보이지만, 그럼에도 분배라는 차원에서 우리 사회의 전체적인 모습을 파악하는 데는 그리 큰 문제가 되지 않는다. 기준년도나 조사기관에 따라 다소 차이가 나는 다른 통계의 경우에도 마찬가지이다. 일단, 서울시의 서울연구원 자료에 따르면 2017년 기준, 서울시의 아파트 소유가구주는 120만 명이고 그중 50대는 32만 명으로 26.9%의 비율을 차지하고 있음을 지적해두자.

구조적 불평등과 청년들의 절망감

사실 상위 10%의 소득이나 자산규모가 그 자체로 청년 세대에게 문제가 되는 것은 아니다. 문제는 지금의 청년 세대가 향후 20년 이상 아무리 열심히 살아도 그 수준에 도달할 수 없을 것이라는 '절망감'에 있다. 청년 세대는 현재 자신들에게 386세대와 같은 기회가 주어지지 않고 있으며, 앞으로도 주어지지 않을 것이라 생각한다. 그 원인의 핵심에 '386세대의 기득권 세습'이 자리하고 있으며, 그들의 세습은 '위계화된 노동시장과 명문대학 졸업장'을 중심으로 구조화되었다고 본다. 조귀동의 분석에 따르면 386이란 단어는 단순히 세대를 가리키는 게 아니라 "대기업 화이트칼라로 일하는, 세습중산층의 첫 세대를 가리키는 계급적 지위를 의미"(181쪽)한다. 그는 "지금의 20대가 586의 정치기획에 냉소를 보이는 것은 단순히 세대 차원의 기득권을 가졌거나 상류계급이기 때문이 아니라 그들이 불공정한 게임의 핵심 플레이어이기 때문"(263쪽)이라고 말한다.

현재 우리 사회의 노동시장은 기업규모와 고용지위 그리고 노조의 유무에 따라 세 계층, 8개 그룹으로 위계화·신분화되어 있다. 가장 밑에 위치하는 것은 중소기업-비정규직-유노조와 중소기업-비정규직-무노조로 이들은 전체 노동자의 거의 절반(46%)에 이른다. 두 번째 계층은 중소기업-정규직-무노조, 대기업-비정규직-무노조 그리고 대기업-비정규직-유노조로 전체 노동자의 1/3을 차지한다. 마지막 계층은 대기업-정규직-유노조(6.8%)와 중소기업-정규직-유노조(11%) 그리고 대기업-정규직-무노조(2.9%)이다.(이철승, 97~102쪽) 이 세 계층 사이의 자리 이동은 사실상 거의 불가능하다. 따라서 첫 직장이 어디냐에 따라 노동시장에서의 평생 신분이 결정된다. 이철승에 따르면 이러한 위계적 노동시장은 1997년의 외환위기를 통과하면서 386세대의 리더들이 자본과 합의한 결과이다. 그들은 합의를 통해 "상층에 이미 진입해 있는 386세대의 지위와 이익을 보호하기 위한 방패막을 구축"하는 한편 "중하층 세대를 조직 내외부에서 더 효율적으로 관리하고 조직화할 수 있는 유연화 기제를 정착"(96쪽)시켰다.

첫 직장이 연애와 결혼과 집과 그리고 평생의 삶을 좌우한다고 생각하게 되면 어느 누가 첫 직장에 목을 매지 않을 수 있겠는가? 그런데 월급 3백만 원 이상의 좋은 일자리를 구하고, 10%의 울타리 안으로 들어가기 위해서는 소위 '명문대 졸업장'이라는 출입증이 필요하다. 문제는 청년 세대에게 이 졸업장이라는 기회가 이전보다 훨씬 불평등하게 분배된다는 점이다. 그 지위를 얻느냐 마느냐는 부모의 경제력뿐만 아니라 사회적 지위와 학력에도 크게 영향을 받는다. 조귀동은 "20대에게 '아버지 뭐 하시노'만 물어봐도 서울 4년제 대학에 다니는지 아닌지 대충 짐작할 수 있는 상황"(120쪽)이라고까지 말한다.

60년대생의 상층이 386세대로서 비대졸자인 동료들보다 행운을 누렸던 것처럼, 오늘날 '인서울' 명문대를 졸업한 90년대생의 상층인 G세대는 자신들의 동료인 N포세대보다 행운을 누리고 있다. 임명묵은 "상층의 90년대생은 지위 경쟁에 계속해서 몰입하고 하층의 90년대생은 체념적인 태도로 감각적 대리만족 활동에 몰입하면서 서로 간의 갈등과 증오는 계속해서 커질 것"(91쪽)이라고 말한다. 90년대생은 "전문직이나 대기업 일자리를 가진 부모가 확보한 경제력과 사회적 네트워크, 문화자본을 바탕으로 명문대 졸업장과 괜찮은 일자리를 독식하는 '세습 중산층의 자녀 세대'를 처음으로 경험하는 집단"(조귀동, 147쪽)이다. 이들은 어릴 때부터 아파트 평수와 자가용 차종과 부모의 직업으로 서로의 차이를 확인하며 자랐다. 이들이 경험하는 불평등은 경제적 불평등을 넘어서 사회적·문화적 불평등까지 결합된 '복합적인 불평등'으로, 이전 세대가 경험한 불평등과는 실질적으로 다르다.

극단적인 모습은 이렇다. 자! 이제 N포세대 청년의 입장으로 취업 전선에 서보자. 우선 여전히 대기업과 정규직의 좋은 일자리를 차지하고 있는 50대 386들로 인해 청년 세대의 일자리는 그만큼 부족해진다. 정년이 더 연장될 것이라는 소리도 들려온다. 경쟁이 갈수록 더 심해진다는 말이다. 그런데 이건 또 무슨 일인가? N 포세대 청년의 경쟁 상대는 그 386의 자녀들인 인서울 명문대 출신의 G세대 동료들이다. 연애, 결혼, 집, 평생의 삶을 좌우할 첫 직장을 구하는 취업전선에서 N포세대 청년은 안팎으로 협공당하고 있다. 이제 노력 끝에 취업을 하고 얼마간의 자금을 모아 신혼집을 구하러 나가보자. 폭등한 전세자금을 마련하기 위해 은행을 전전하며 비싼 이자율에 대출을 해서 386집주인에게 전세를 들었더니, 그는 N포세대 청년이 비싼 이자에 빌린 그 전세자금을 무이자로 가져가서 또 다른 아파트를 갭투자로 사들인다. 그리고 그 아파트를 자신의 자녀들에게 증여한다.

선진국과 헬조선 사이에서

한국은 지금 선진국인가 헬조선인가? 세상은 참 많이 변했고, 더욱 빠른 속도로 변하고 있다. 우리 사회의 모습도 그렇다. 60년대 생들이 기억하는 한국의 이미지는 개발도상국, 중진국, 네 마리의 용, 이런 것이다. 1980년 당시 한국의 경제적 수준은 GDP 650억 달러(1인당 3,700달러)로 세계 28위(1인당 61위)였다. 그런데 2021년에는 1조 8,067억 달러(1인당 34,870달러)로 세계 10위(1인당 26위)가 되었다. 인구 5천만 명 이상으로 1인당 GDP가 3만 달러를 넘는, 소위 3050클럽에 속하는 국가는 한국을 포함해서 7개국뿐이라고 한다. SLBM(잠수함발사 탄도미사일)이나 '누리호'에서 보듯 군사력이나 과학적 수준에서도 비슷한 국력을 보여준다.

개인적 일상에서도 이런 성장을 경험할 수 있다. 90년에 회사 업무로 일본에 간 적이 있다. 서른 가까운 나이에 첫 해외 나들이였지만 당시로는 주변의 부러움을 살 만한 일이었다. 도쿄 곳곳의 전자상가에 진열된 소니 워크맨을 구경하면서 부러워하던 기억이 생생하다. 아마 80년대 중반까지만 해도 학생들에게 소니 워크맨의 인기는 오늘날의 최신 아이폰 이상이었을 것이다. 코로나19만 아니라면, 요즘 해외여행은 학생들에게도 특별한 일이 아니다. 그런데 이제 선진국을 여행할 때조차도 수시로 느려지는 현지의 인터넷 속도와 와이파이 불통에 답답해하며 한국을 그리워하는 시대가 됐다.

2000년대 중반쯤의 일이다. 국내 경제의 고도성장이 마무리되면서 저금리 시대로 접어들자, 국민연금 같은 기관투자가들이 중국, 베트남, 브라질 등 성장지역의 투자처를 찾아나섰다. 이 흐름은 곧 일반인의 해외 주식 투자로 이어졌다. 80년대에 진보적 학계에서는 당시 한국 사회의 성격을 '아류 제국주의'라고 규정하는 흐름이 있었다. 한국이 선진국의 하위 파트너 수준이 되어 개발도상국 현지에 직접 생산시설을 짓거나 간접적인 자본투자를 통해 이익을 추구하게 됐다는 것이다. 나는 회사 업무 과정 중에, 젊은 시절 머릿속에 이론으로만 존재하던 '아류 제국주의 한국'이 현실화되는 것을 보았다. 그로부터도 또 10년 이상이 훌쩍 지났다.

세상은 내가 일제 워크맨을 갖고 싶어 하던 시대에서 세계 사람들이 삼성 스마트폰을 갖고 싶어 하는 시대로 변했다. 내가 비틀즈를 듣던 시대에서 세계 사람들이 BTS와 함께 하는 시대로, 내가 할리우드 영화에 안달하던 시대에서 세계 사람들이 '기생충'에서 '오징어게임'까지 K-드라마와 영화에 열광하는 시대로 변했다. 그리고! 한국은 코로나 정국의 한복판에서 어느 순간 이미 '추격의 시대'를 지나 '추월의 시대'로 진입하고 있다.

『추월의 시대』를 쓴 80년대생 저자들은 요즘은 선진국에 대한 동경과 열등감을 벗어던지는 것에서도 현격한 세대 차이를 느낀다며, 90년대생들은 80년대생이 한때 가졌던 홍콩 대중문화에 대한 향수나 일본 대중문화에 대한 열패감이 전혀 없으며, 민주주의 정치로는 우리가 일본보다 우월하다는 의식을 갖고 있다고 말한다. (19쪽) 국가적 역량이 커진 만큼 여러 분야에서 선택의 여지도 넓어졌다. 예를 들어 중국과의 관계에서 한국은 이제 러시아나 인도, 베트남을 활용할 수 있게 되었다. 과거에는 불가능했던 일이 현재의 '글로벌 밸류 체인' 조정 과정에서 실제로 구현되고 있다. (329쪽)

하지만 나라가 부강해졌다고 국민이 저절로 잘 살게 되는 것은 아니며, 다 같이 잘 살게 되는 것은 더더욱 아니었다. 80년대에 평등을 외쳤던 60년대생들이 경험했던 것은 어쩌면 불평등이 아니라 여전히 '가난'이었을지 모른다. 그들은 부자가 예외였던 시대에, 부모의 가난을 보며 사회 정의를 외쳤다. 80년대 초반까지만 해도 대학 캠퍼스 내로 들어오는 자가용 숫자는 손에 꼽을 정도였다. 이전과 달리 지금의 청년 세대는 기본적으로 불평등을 경험하고, 거기에 가난을 더한다. 헬조선에 대한 지표는 한국이 선진국임을 보여주는 지표 못지않다.

한국은 OECD 37개 회원국 가운데 자살률, 노인 빈곤율 1위에 출산율은 꼴찌다. OECD에 따르면 한국의 자살 사망률은 인구

10만 명당 25.7명(2020년)으로 회원국 평균의 두 배가 넘는다. 한국의 상대적 빈곤율은 16.7%(2018년)로 회원국 중 네 번째로 높고, 65세 이상 노인 빈곤율은 43.4%로 가장 높다. 상대적 빈곤율이란 전체 인구 가운데 중위소득의 50%[9] 이하로 살아가는 인구 비율을 말한다. 출산율은 0.84명(2020년)으로 회원국 가운데 유일하게 1명 미만을 기록했다. 청년 실업률(15~29세)은 2009년 8.0%, 5위에서 2019년 8.9%, 20위로, 같은 기간 대졸자 실업률은 5.0%, 14위에서 5.7%, 28위로 떨어졌다. 지난 10년 동안 회원국의 실업률 평균은 개선되고 있지만 한국은 오히려 악화되는 중이다. 청년의 체감실업률은 2021년(1~2월) 27.0%를 기록했으며(국회 예산정책처), 2018년 청년 임금근로자 가운데 40.4%가 비정규직이고(보건복지부), 청소년 자살률은 2011년부터 9년 연속 청소년 사망 원인 중 1위를 차지하고 있다.(통계청) 영국의 시사주간지 「이코노미스트」가 여성의 일자리 환경을 측정하고 직장 내 여성 차별 수준을 지표화해서 매년 집계, 발표하는 '유리천장지수'에 따르면, 한국은 조사대상국 29개국 중 최하위로 9년 연속 꼴찌다.

386세대에게 요구한다!

헬조선과 관련된 많은 지표들은 사교육과 명문대 졸업장, 정규직

---

9   2022년도 기준 중위소득 50%는 1인 가구 97만 원, 2인 가구 163만 원, 3인 가구 210만 원, 4인가구 257만 원이다.

일자리, 아파트와 부동산을 둘러싼 무한 경쟁과 그로 인한 스트레스, 그 결과로서의 사회적 양극화와 맞닿아 있다. 그리고 젊은 세대의 진단에 따르면, 그 한가운데 386세대가 교육 전문가와 학부모로서, 상위 10%의 정규직 노동자로서, 아파트와 부동산으로 부와 기득권을 손에 넣고 교육을 통해 이를 자녀들에게 세습하려는 중상층으로서, 자기 세대의 이익을 옹호하는 정치권력으로서, '문제 세대'로 자리하고 있다. 선진국과 헬조선과 사이에 존재하는 이 갭은 어떻게 메워질 수 있으며, 386세대의 문제는 이와 어떻게 연결되어 있는가?

이철승은 불평등의 재생산 구조를 바꾸기 위해 세대간 형평성의 정치, 세대간 연대의 전략을 제시한다. 71년생 정규직 교수로서 그가 제안하는 첫 번째 프로젝트는 '386세대의 2차 희생'이다. 집합적인 민주화 투쟁에 이어, '자신의 살을 잘라' 자식세대의 고용과 미래를 위한 새로운 '사회적 합의'에 나서자는 것이다. 상층 정규직과 공무원은 임금상승의 포기를 넘어 임금의 일부분을 청년고용 확대를 위해 내놓아야 한다. 그리고 현재보다 더욱 강력한 임금 피크제와 직무급제를 실시하고, 낸 것보다 더 받는 과도한 연금혜택을 축소하며, 386세대의 자산증식, 증여, 상속 관련 세금을 엄격히 집행[10]하여 그 재원을 청년 주거복지로 사용해야 한다.

두 번째 프로젝트는 국가의 적극적 노동시장 정책이다. 극도로 유연화된 노동시장에 관대한 실업보조금과 재훈련, 고용보조 시스템을 도입하고, 국가가 관리하는 취업 알선 및 교육기관을 확장함으로써 실업-재취업 과정을 사회화 하고, 이를 통해 사적 자구의 영역으로 방치되어 있는 비정규직-실업-재취업/자영업의 순환 고리를 보다 견딜 만한 과정으로 만들자는 것이다. 그는 이 모든 것에 앞서 무엇보다 선행되어야 하는 최우선 과제로 사회안전망의 보강을 꼽는다. "집단 해고의 도입은 주요 선진국들 중에서도 유례가 없는 것이며, 집단 해고 시 고용보호 수준도 주요 비교 대상국들 중 한국이 압도적으로 낮다."(339쪽)

개인적으로 이철승이 제안하는 '386 양보론'과 그 방법들은 아마 진술한 386세대가 진지한 고민 끝에 도달할 수 있는 것들에 해당한다고 생각한다. 하지만 젊은 세대의 입장에서 조귀동은 '세대간 양보론'을 불가능한 프로젝트라고 말한다. 정치권이나 시민 운동권에서의 자리 양보는 개인적 결단으로 가능하다 해도, 대규모 충격과 사회적 진통을 수반하는 노동시장의 전반적 개선은 개인적 결단 차원의 사안이 아니기 때문이다. 따라서 오랜 시간에 걸쳐 제도 개선이 된다 할지라도 그 대상은 60년대생이 아닌 70년대생이 될 가능성이 크다는 것이다.

조귀동에 따르면 노동시장에 대한 이슈를 '세대간 재분배'의 해결책으로 내세우는 것은 사실 386들에게 별 피해 없이 대의명분을 확보할 수 있는 어젠다 세팅에 불과하다. 불가능하고 오랜 시간이 걸리는 이슈를 내세워서 현실에 대한 불만이 기득권을 공격하는 걸 막을 수 있다는 효과까지 있다. 일부 386이 몇 년 앞서 은퇴

---

10 386세대뿐 아니라 모든 국민을 대상으로 자산증식, 증여, 상속 관련 세금에 대한 집행을 엄격히 해야 한다는 취지로 읽어야 할 것이다.

한들 그 자리는 또 다시 386세대의 자녀들에게 돌아갈 뿐이다. 그는 "다소 위악적으로 말하자면 386의 노동시장에서의 기득권을 타파하는 가장 좋은 방법은 현재 50대인 그들에 대한 대규모 명예퇴직과 정리해고"(288쪽)라고 직격한다. 그리고 그 자리를 젊은 20대로 채우고 그들부터 직무급제도를 도입하는 것이 더 현실적이라고 말한다. 하지만 어떤 386도 인적 청산에 대해서는 이야기하지 않는다고 지적한다.

더 젊은 세대의 저자들은 노동시장 문제의 연장선상에서 능력 평가기준으로서의 '학벌'과 인력 채용 방식으로서의 '공채'에 대한 개선을 요구한다. 이는 요즘 사회 일각에서 제기되는 엘리트 능력주의에 대한 비판과 연결된다. 임명묵은 능력주의란 능력과 실적, 성취에 따라 자원을 배분하는 것이지, 시험을 한 번 통과했다고 영구적인 지대와 특혜를 주는 것이 아니라고 말한다. 또한 『추월의 시대』의 저자들에 따르면 시험이 더 공정하다는 주장은 대부분의 수험생 부모들의 생활수준이 엇비슷하고, 부유층이 극히 일부였을 때는 타당했지만, 수험 생활을 뒷받침할 수 있는 계층이 10~20%에 이르는 현 상황에서는 그렇지 않다는 것이다.

이러한 문제를 해결하기 위해 임명묵은 "기존 대학에서 평가 기능을 분리"(344쪽)시켜 "일회적 시험이 아니라, 계속해서 스스로의 능력을 측정하고 그에 맞춰 보상이 유연히 분배될 수 있는 사회"(350쪽)를 만들어야 한다고 제안한다. 정보 기술의 발전에 맞춰 대학 제도를 근본적으로 재편하고 양질의 고등교육 공급을 대폭 늘려, 학벌보다 더 나은 평가 체계를 만들어서 노동시장이 활용할 수 있도록 하자는 것이다. 한편 『추월의 시대』의 저자들은 '시험 선발'의 세상을 해체하고 '공채 공화국'을 벗어나자고 제안한다. 그들은 공채의 벽과 학벌 메리트를 더 강화해야 한다는 엘리트 공정론을 비판하고 "민간 영역에서라도 공채 대신 수시 채용으로 전환된다면 취업 준비 기간에 헛힘을 쓰지 않게 될 것"(253쪽)이라고 말한다. 중소기업에서 역량을 쌓아 대기업이나 공공부문으로 진입할수 있다면 '첫 직장'이라는 신분 장벽도 허물어질 수 있으며, 공무원의 경우에도 연금개혁이나 급여 동결 등을 우회하여 공채를 절반 정도로 줄인다면 신규 채용부터는 직무안정성을 일정부분 회수할 수 있다는 것이다.

세대론 논쟁에서 가려진 것들

세대론 논쟁은 그 성격상 한 사회의 여러 문제점에 대한 책임을 특정 세대에게 묻게 된다. 386운동권이든 86기득권층이든 우리 사회의 상위 10% 수준에 위치한 중상층이라면 사교육 이나 부동산 같은 우리 사회의 문제점에 대한 책임으로부터 자유로울 수 없다는 것은 분명한 사실이다. 그럼에도 386세대 비판론은 386운동권과 86기득권층 사이의 사회·경제적 지위나 정치적 성향의 불일치를 흐리면서, 각 집단의 정치적 성향과 도덕성, 욕망과 탐욕을 뒤섞어 비판하는 사례가 적지 않다. 아마 두 집단의 교집합에만 적절한 비판이 될 것이다. 또한 60년대생의 70% 이상에 해당하는 다수는 두 집단의 어디에도 속하지 않는다. 따라서 60년대생 상층을 대상으로 하는 386세대 비판은 자칫 세대 간의 이질성을 과대 표현하면서 다수의 청년 세대와 다수의 60년대생 사이의 동질성을 놓쳐버릴 우려도 있다. 또한 한 사회의 활동과 그 결과에 대한 책임에는 기업이나 정부의 몫도 분명히 존재함에도, 세대론은 특정 세대에게 기업과 정부가 져야 할 몫까지도 과도하게 묻는 경향이 있다.

우리 노동시장이 지금처럼 정규직과 비정규직으로 위계화·신분화된 결정적 원인은 정리해고제와 파견제의 법제화에 있다. 조금 거칠게 말하자면, 외환위기 이전에는 정리해고가 100% 불가능한 사회였는데, 그 이후에는 정리해고가 100% 자유로운 사회가 되어버렸다. 사회의 구조가 완전히 바뀌어버린 것이다. 정리해고제는 외환위기 앞에 우리 사회의 앞날이 불투명했던 98년 2월, 소위 '노사정 대타협'을 통해 시행된다. '노사정'이란 사실상 노동자와 기업과 정부 사이의 '힘겨루기'다.

정리해고제를 둘러싼 힘겨루기는 96년 초부터 서서히 시작되다가 그해 12월 26일 당시 신한국당이 노동법 개정안을 여당 단독으로 '날치기 통과'시킴으로써 본격화되었다. 노동계는 즉각 '노동악법 전면 무효화'를 내걸고 총파업에 돌입하여 97년 1월말까지 파업을 지속했다. 파업참가 연인원이 359만 명에 이른 결과, 97년 3월에 노동법은 재개정되었고, 최종적으로 정리해고는 '긴박한 경영상의 사유가 있을 때 해고 회피 노력, 공정한 대상자 선정, 노조 대표와 사전협의'를 거치도록 했으며, 시행은 2년(1999년 3월까지) 유예하기로 했다. 정리해고의 구체적인 시행을 둘러싸고 유예기간 동안 추가적인 힘겨루기가 벌어질 상황이었다. 그런데 그 와중에 외환위기 사태가 터졌다. 그리고 정리해고는 'IMF로부터 구제금융을 받기위한 조건'이라며 노사정에 강제되었다. 전 국민적 위기 앞에 노동계는 결국 힘겨루기에서 밀렸다. 386세대는 이 과정에 어느 정도의 책임이 있는 것일까?

「한겨레신문」은 최근, 한 시민단체가 IMF에 정보공개 청구를 통해 얻어낸 기밀문서 묶음 "IMF 컬렉션 : 한국의 위기"[11]를 토대로 '20년만의 IMF 기밀해제'라는 기획기사를 연재(2021.7.31~9.18)했다. 기고에서 지주형(경남대 사회학과 교수)은 "IMF 플러스 개혁안은 불가피했을까? 설사 그랬다 해도, 정리해고 등 노동시장 유연화 조처는 필수적이었을까?"라는 의문을 제기한다. "정리해고제의 도입에 정부 관료들의 책임은 없었을까?" 하고 묻는 것이다. 지주형에 따르면, 97년 12월 4일 권오규 IMF 한국 쪽 대리이사는 "IMF가 제시한 개혁조처들은 한국 정부가 실행하고 싶었지만, (국내) 이익집단의 정치적 압력 때문에 지체된 개혁과제의 요소들을 담고 있다"고 말했으며, 또한 98년 1월 8일 IMF 이사회에서 "한국 정부 정책이 때때로 IMF 프로그램의 요구를 초과한다"고 강조했다. 98년 1월 13일 'MBC 뉴스데스크'에 따르면, 캉드쉬 총재는 '정리해고는 IMF가 아니라 한국 정부가 필요하다고 판단한 것'이라고 말했다. 이갑용(전 민주노총 위원장)도 2010년 한 인터뷰에서, IMF 당시 캉드쉬를 만나 정리해고 도입 얘기를 꺼내자 "그건 너희 정부에 가서 따지라"는 말을 들었다고 회고했다. 2000년 6월에 작성된 재정경제

---

11 https://97imf.kr

부의 'IMF 외환위기 원인과 정책 대응' 자료에는 "IMF 프로그램은 한국의 경제 체질을 개선함으로써 국가 경쟁력을 제고하려는 우리의 목적에 따라 작성된 것"이라고까지 쓰여 있다.

이렇게 정부는 정리해고제를 둘러싼 노동과 기업의 힘겨루기에서 기업의 편에 섰으며, 정리해고제는 '사회적 안전망'이라는 말조차 낯선 상황에서 외환위기에 따른 기업의 구조조정에 그대로 적용되었다. 처음 경험해보는 '세계화' 과정에서 정부의 외환관리 실패는 기업의 부실과 맞물리면서 국내 은행의 부실화와 이에 따른 기업의 연쇄도산을 예고했다. 결국 정부는 국민의 혈세로 168조 원에 달하는 공적 자금을 조성하여 은행에 지원했고 이를 매개로 은행과 기업은 살아날 수 있었다. 기업의 부실한 운영이 외환위기의 한 원인이 되었음에도, 위기의 와중에 은행에 대한 공적 자금을 매개로 금융 지원을 받고 정리해고제를 통해 살아난 기업들은 그 결과로 얼마만큼의 혜택을 누리게 되었을까?

국민총소득(GNI) 중에서 가계 소득과 기업 소득이 차지하는 비중이 어떻게 변해왔는지 그 추이를 살펴보면 어느 정도 계산해볼 수 있다. 국회 입법조사처의 자료(「지표로 보는 이슈」 제136호)에 따르면, 가계 소득과 기업 소득의 비중은 98년 72.8% : 13.9%에서 2010년 60.4% : 25.7%가 될 때까지 가계 소득의 비중은 지속적으로 감소하고 기업 소득의 비중은 지속적으로 증가했다. 그 이후, 큰 변화 없이 그런 추세가 이어지면서 2017년 61.3% : 24.5%를 기록했다. 2017년 OECD 24개국 평균은 64.6% : 19.1%였다. 결론적으로 가계 소득은 1998년 대비 11.5% 포인트 감소했고 기업 소득은

10.6% 포인트 증가했다. 가계 소득의 몫이 줄어든 만큼 기업 소득의 몫이 증가한 셈이다. 2017년의 국민총소득 1,843조 원을 적용해보면 10.6~11.5%에 해당하는 금액은 195~212조 원이다. 소득 상위 10%의 몫이 1999~2016년 기간 중 16.4% 증가했다는 앞의 자료를 적용해보면 국민총소득 중에서 200조 원 정도가 기업 쪽으로 빠져 나간 후, 나머지 가계 몫 1,130조 원 중에서 다시 185조 원 정도가 상위 10% 쪽으로 더 집중되는 모습이다. 아마 기업 부문 내에서도 상위 10% 기업 쪽으로 더 집중되었을 것이다. 각종 자료를 통해 대략 이런 정도의 그림은 그려볼 수 있을 것 같다. 외환위기로부터 살아남은 기업들은 386세대만큼이나 행운을 누렸다. 기업은 모두 실력이고 386세대는 그저 행운이라 할 것인가.

운칠기삼運七技三의 미학

글을 읽고 쓰는 일은 되돌릴 수 없는 지난 삶들을 후회하고 반성하기 위한 것이 아니라, 지난 삶들이 꼬리를 물고 만들어내는 현재라는 지평 위에서 어떻게 하면 조금이라도 더 현명하게 살아갈 수 있는지를 묻기 위한 것이다. 젊은 세대의 글을 읽는 동안, 그리고 나와 내가 속한 세대의 삶을 돌아보고 글을 쓰는 동안, 내내 마음이 무거웠다. 누군가로부터, 특히나 젊은 친구들로부터 쓴 소리를 듣는 것이 유쾌한 일은 아니지만, 그보다는 계속 되돌아오는 하나의 물음 때문이다. 불평등하고 불공정한 세상에서 행운을 누렸던 사람들이 '책임을 진다'는 것은 어떤 의미일까? 하나는 확실해 보인다. 입은 닫고 지갑은 열라는 말이다.

모두들 386세대를 '행운아'라 한다. 정원이 대폭 확대된 시기에 손쉽게 대학에 들어와, 고도성장기에 손쉽게 취업하고, 외환위기 사태 때도 위기는 피하고 기회는 챙겨 오늘에 이르렀다는 것이다. 물론 386세대라고 모두 그런 행운을 누린 것은 아니다. '살아남은' 자들에게만 결과적으로 해당되는 말이다. 그래도 행운은 행운이다. 그런데 행운을 누린 것에도 책임을 물을 수 있는가? 행운에도 책임이 따르는가? '그렇다!'라고 답하겠다.

나는 '운칠기삼'運七技三이란 말을 좋아한다. '인생살이는 운이 70%요, 기가 30%'라는 이 말은 우리 삶의 이치를 압축적으로 표현하고 있다. 여기서 '기'란 자신의 능력을 말하고, '운'이란 자신의 능력으로 환원되지 않는 모든 것을 대표한다. '기와 운'은 분리불가능하다. '운'까지도 능력이라고 우기는 엘리트 능력주의나, '기'를 인정하지 않으려는 획일적 평등주의는 우리 삶의 경험과도 일치하지 않으며, 사회를 이루어 살아가는 데도 도움이 되지 않는다. '운칠기삼'을 명심한다면, 성공하고 출세했다고 우쭐할 수 없을 것이며, 삶에 어려움이 따르더라도 위축될 필요 없을 것이다. 또한 능력이 없다고 누군가를 멸시하거나, 잘 나간다고 누군가를 시기할 일도 줄어든다. 이는 개인뿐 아니라 기업이나 국가에도 적용된다. 어쩌면 정치란 '운'과 '기'를 구분하고, 울퉁불퉁한 '운'을 평평하게 잘 고르는 일인지도 모른다.

자연에서나 사회에서나 한순간 어떤 큰 힘에 의해 '구조'라는 것이 일단 만들어지면, 개인들은 그 구조가 싫더라도 우선은 그 안에서 자신의 삶을 모색해야 한다. 그렇게 살아가면서 그 구조를 바꿀 수 있는 더 큰 힘이 도래하기를 기다려야 한다. 답답하지만 어쩔 수 없는 노릇이다. 구조 안에서 구조를 바꾼다는 것이 난망하다고 생각하지만, 그럼에도 불구하고 그런 몸부림은 늘 존재한다. '젊음' 이란 그런 것이 아닐까? 구조 안에서라도 끊임없이 새로운 구조를 만들어 내려는 생명력 같은 것. 나이의 많고 적음이 아니다.

1997년 IMF 구제금융을 전후한 시기, 정리해고제를 둘러싸고 벌어진 힘의 대결이 세대론 논쟁에서 문제 삼고 있는 지금 우리 사회의 구조를 만들었다. 국가적 위기 앞에 다급히 만들어진 구조 안에서 누군가는 행운을 누렸고 누군가는 절망에 부딪쳤다. 모든 위기에는 불가피한 희생이 따른다. 오늘날 코로나19 극복에 따르는 희생이 의료진과 자영업자들에게 지워지듯, 외환위기의 극복에 따른 희생은 '비정규직'에 지워졌다. 자영업자들에 대한 보상이 논의되는 것처럼 위계화·신분화된 노동시장에 대한 개선도 논의되어야 한다. 늦어도 너무 늦었다. 외환위기는 오래 전에 극복되었다. 이제 '추월의 시대'라고, 선진국이 되었다고도 한다. 그렇다면 그 울퉁불퉁했던 '운'도 조금은 평평하게 다듬어져야 하지 않겠는가? 정리해고가 100% 불가능한 사회에서 정리해고가 100% 자유로운 사회가 됐다. 이미 끝난 일이라고 '나 몰라라' 할 것인가? 시대적 흐름에 맞춰 반이라도 복구해야 한다. 어떻게? 젊은 세대의 글을 읽으면서 내가 배운 시나리오는 이렇다.

"386세대는 스스로가 구축한 네트워크 위계로 인해 발생하고 있는 폐해를 시정하고, 그 희생자들을 어떻게 보듬을 수 있는지를 고민해야 한다."(이철승, 330쪽) "사회안전망과 유연화의 '선후'가 바뀐, 안전망 없는 유연화로 인한 지난 20년의 노동시장 개혁과 그로 인한 후과는 컸다. 지금이라도 선후가 바뀐 노동시장 개혁을 보정하는 노력을 기울여야 하며, 개별 자본과 정규직 노동자간의 '내부자 연합'에 의해 주도되는 비정규직 위주의 유연화를 지양하고 사회안전망을 덧붙여야 한다."(344~345쪽) 누구보다 우선 정치권과 정부의 경제 관료들이 이에 대한 책임을 느껴야 한다. 노동 유연성을 되돌릴 수 없다면 사회안전망으로라도 균형을 맞춰야 한다.

"지금 한국에 필요한 것은 양보와 공정이 아니라, 의무와 공평이다. 시작 단계에서부터의 공평과 그것을 위한 세습중산층의 경제적·사회적 의무 부담 말이다. 사회에서 보장해야 하는 최소 수준에 대한 합의와 그에 따른 적극적인 세원 확보를 요구해야 한다. 결과의 불평등을 개선하는 데 필요한 재원을 상위 1~10%를 대상으로 걷을 여력이 충분하다."(조귀동, 291~292쪽) 조귀동은 이와 관련하여 상위 10%의 노동자에 대한 실효세율을 상위 1% 노동자에 대한 실효세율 수준으로 높이자는 뜻의 자료를 인용하고 있다.[12] 상위 10% 노동자만이 아니라 기업과 정부도 마땅히 필요한 재원을 내놓아야 한다.

기득권자는 좀처럼 스스로 양보하지 않는다. 상위 10%의 노동자와 기업과 정부도 아마 그럴 것이다. 기득권의 양보는 다음과 같은 조건에서나 마지못해 이루어지지 않을까? "게임의 규칙 자체에 의문을 품어야 한다. 나에게 맞는 일자리를 만들어내라고 요구하자. 노동은 헌법이 규정한 국민의 의무이자 권리다. 이 정당한 권리를 가로막는 주체가 국가든 특정 세대든 간에 배려나 양보를 기대하지 못한다면 저항의 시늉이라도 해야 한다. 저항은 당사자가 할 때 가장 힘이 세다. 내가 아닌 다른 누군가가 나를 대신해 싸워주지 않는다."(『386 세대유감』, 237~238쪽) 가로막는 주체는 기업이 될 수도 있다. 구조를 바꾸는 데는 그 구조를 만든 힘보다 더 강한 힘이 필요하다. 당장에 그런 힘을 기대하기 어려울 뿐 영원한 구조나 영원한 제도는 없다. 그러니 뒷짐 지고 있을 일은 아니다. 구조 안에서라도 해볼 수 있는 일은 다 해봐야 한다.

기초연금은 65세 이상 인구(773만 명) 중 소득 및 재산 하위 70% 요건에 해당되는 장년과 노년에게 제공되는 사회안전망이다. 이는 우리 사회 구성원들에게 '현재'의 경제적 삶을 가능하게 해준 '과거'의 수고와 노력에 대한 최소한의 '감사' 표현이다. 기초연금의 수급자 비율은 67.3%인 520만 명(2019년 3월 기준)이며, 2020년 예산액은 16조 1,140억 원이다. 기초연금을 20대 청년들(669만 명)에게도 적용할 수 없을까? 여기에 무슨 특별한 명분이 필요한가? 우리 사회 구성원들의 '미래'의 경제적 삶을 가능하게 해줄 청년들에 대한 '격려'의 마음이면 충분하지 않겠는가. 재원을 핑계 삼을 생각일랑 말자! 저성장, 고용 없는 성장의 시대에 재원이 어디서 나오겠는가.

---

12   국회 예산정책처의 「2021 조세수첩」에 따르면, 2019년 근로 소득자의 소득세 평균 실효세율(결정세액)은 과세구간 4,600만 원~8,800만 원 8.7%(12.6조원), 8,800만 원~1억5,000만 원 15.0%(7.5조 원)이다. 조귀동의 제안은 4,600만 원~8,800만 원 구간 중에서 상위 10%에 해당하는 7,000만 원 수준 이상의 실효세율을 상위 1% 수준의 실효세율인 15.0%가 되도록 조정하는 것이다. 참고로 이 경우 추가로 확보되는 재원을 추산해보면 5조 원 정도가 될 듯하다.

이런 시대에는 기존 재원의 순환이 삶의 질을 높인다. 청년 세대가 최소한의 안정적 기반위에서 보다 장기적인 전망으로 자신의 삶을 준비할 수 있어야 헬조선과 선진국의 갭을 줄일 수 있다.

　개인적 차원으로 돌아와보자. 구조와 개인은 '운과 기'처럼 분리 불가능한 것이다. 따라서 구조의 이야기와 접점을 갖지 않는 개인의 이야기는 공허하다. 우선 자신의 삶이 의도치 않게 빚어낸 우리 사회의 현실과 청년 세대의 절망감에 귀 기울이자. 역지사지의 마음으로 큰 줄거리에 공감할 수 있다면, 디테일에 대해서는 입을 다물자. 다음, 만일 자신이 386운동권이나 86기득권층 또는 상위 10%에 가깝다면, 이제 지갑을 열 마음의 준비를 하자. 세금이나 증세, 이런 것에 대해 너무 예민하게 굴지말자. 이것도 삶의 훈련이다. 다만 그 세금은 청년 세대의 결정에 따라서만 사용하라 하자. 아들, 딸에게 직접 주는 생활비 가운데 일부는 국가를 통해 간접적으로 준다고 생각하자. 아들, 딸의 친구들에게도 십시일반 생활비를 좀 보태주자. 소득 없이 자산만 있는 은퇴자라면, 현금이 없으니 주택을 팔 때까지는 세금을 주택에다 붙여놓으라고 하자. 자동차도 폐차할 때 밀린 세금 다 내지 않는가.

　어느 정도 마음의 준비가 되면, 기업과 정부, 정치인들을 닦달하자. 저성장, 고용 없는 성장의 시대에 '낙숫물'은 없다. '증세 없는 복지' 같은 말에 솔깃하지 말자. 구조 안에서라도 최선을 다해보자. '최선'이란 할 수 있는 최대한이 아니라, '하지 않으면 안 되는 최소한'이다. "낡은 게임판의 주인공이 될 것인가, 새로운 게임판의 조력자가 될 것인가?"(『386 세대유감』, 239쪽)